現代EUの行政管理

福田智洋 ［著］

成文堂

はしがき

　第二次世界大戦の戦禍を二度と繰り返さないためのプロジェクトとして欧州統合は始動した。幾度にもわたる基本条約の改正を経て、その構想は EU（欧州連合）という地域的国際機構の形態を取るに至り、2009 年に発効したリスボン条約により現在の姿となった。欧州統合は、生きた現象なのである。その歴史的背景から、今や EU は域内外より「当然存在するもの」として広く認知されるに至っているが、EU の存在や機能に対する懐疑や、これに基づく逆進的な変化への唱道が展開されていることもまた事実である。2016 年の国民投票によって 2020 年にイギリスが EU を離脱したことは、その最も象徴的な一例である。

　直近でも、2024 年 6 月 6 日から同 9 日にかけて行われた欧州議会選挙にて、今後の欧州統合、とりわけ EU 域内公共政策の統合に対して反対の意思を示す各加盟国の国粋主義的な政党が引き続き一定の議席を獲得するなど、欧州懐疑主義の終息はまだ期待できない状態が続いている。しかし、2019 年夏にタニヤ・ベルツェル（Tanja A Börzel）教授が筆者に「近年 EU は危機に直面していると取り沙汰されているが、私が EU について研究を始めた時から、EU は常に何らかの危機に直面してきた。」と私信下さった通り、EU 自体の存在価値や、EU の存在故に顕在化する社会問題への主として批判的な関心は、決して突如として湧いてきたものではない。かくて、政治学的にも行政学的にも古典的な正統性を巡る論点への接近は、日々巷間に溢れる言説の収集ではなく、EU が歩んできた決して単線的でないフォーマルな変化の精緻な追跡によってなされなければならない。またそこでは、EU の正統性を、民意の入力や政策出力によって相互補完的に支えられるものではなく、ヴィヴィアン・シュミット（Vivien A Schmidt）がスループット正統性として提起したように、EU の政治行政が特定の原則に基づいて適切に機能していることによって支えられるものであると想定する必要がある。

　以上の前提に立ち、本書は、現代 EU、とりわけ現在の EU の政治行政構

ii　はしがき

造を規定するリスボン条約が発効した 2009 年以降の EU 行政を対象とし
て、EU における行政管理の通時的変化とその意味を問いたい。具体的に
は、EU 行政の機能に必要となる人事、財政、権限、情報という 4 種類の行
政資源について、欧州委員会がその管理をいかなる手続の下に行い、これに
参与する多様なアクターをどのように関係付けているか、また EU における
行政資源管理の形態が何を目的としていかに変化してきたか、という問いへ
回答を試みる。

　その分析の過程で必要となるのが、行政学と国際関係論の系譜の中に位置
付けられる国際行政学の視点であり、またとりわけ EU の行政システムを機
能させる上で必要となる各種の行政資源の調達管理の様態を捕捉する行政管
理の視点である。本文で詳述する通り、国際行政とは、単に国際機構の行政
機関のみによってなされる単に事務的・技術的なものではなく、国際機構の
行政機関と加盟国の国内行政機関との密接な関わりの中で機能するものであ
る。その一例である EU 行政は、複数の分野において EU が直接域内の諸社
会アクターを法的に拘束しうるシステムへと発展し、その市民社会への作用
は規制的な性格にとどまらず、分配・再分配的性格をも多分に帯びることと
なった。そのような「実験」とも称される先駆的な試みによって形成された
EU 行政を分析し、その類を見ない特徴を析出させることができるのが、国
際行政学なのである。

　以上を踏まえて本書は、EU に市民の声が届いていることや、EU で展開
される政策が直接間接に市民の利益になっていることではなく、EU 行政が
特定の原則に基づいて適切に機能することこそが、市民の EU に対する信頼
の増進に寄与するとの想定の上で、国際行政学の視点から EU における行政
資源の管理の静態と動態の詳解を試みるものであり、その作業を通じて EU
行政研究と EU の正統性に関する議論の架橋を目指すものである。

　本文ではその明晰性の観点から、そのような過程が担う正しさ、すなわち
スループット正統性が、EU における行政管理の変化の中でいかに確保され
てきたかという問いについても、補助的な問題として冒頭で提示する。但し
本書にまとめた一連の研究は、分析に先んじて制度変化を導く特定の因子を
想定し、これに符合する事実を EU 行政管理の変遷から抽出することを試み

るのではなく、EU における行政管理の静態と動態を第一に剔抉し、その結果として理解される現行制度とその形成過程が EU の正統性に対して有する寄与を解明することを試みるものであることを強調しておきたい。

　本書が EU を対象とする地域研究だけではなく、広く政治学・行政学に対して新たな知見を創出し示唆に富むものであること、またかく意図して脱稿した本書が読者各位の関心に悖るものでないことを心から願う次第である。

2024 年秋
ULB の鐘楼を望む早稲田大学ブリュッセルオフィスにて
福田　智洋

目　次

はしがき　i

初出論文一覧　ix

序　章……………………………………………………………………1

第1節　はじめに　1

第2節　本研究の射程及びアプローチ　3

第3節　本研究の位置付け　12

第4節　小　括　22

第一章　職員規則に見るEU官僚制の存立基盤………………27

第1節　問題の所在　27

第2節　EU官僚制の構造と原則　28

第3節　EU官僚制におけるジェンダーと職員規則　33

第4節　EU官僚制の現在とその諸原則の強靭性　41

第5節　小　括　48

第二章　キャビネに見る多国籍人事の浸透………………51

第1節　問題の所在　51

第2節　初期のキャビネとその諸課題　52

第3節　構成員に関する改革に見るキャビネの変容　58

第4節　キャビネに関する透明性強化の試みとその評価　64

第5節　小　括　70

vi　目　次

第三章　多年度財政枠組に見る予算政策の変容 ……………………73

第1節　問題の所在　73

第2節　EU における予算過程とその歴史　74

第3節　リスボン条約発効による機関間関係の変化　80

第4節　NPM から離れた財政資源管理　86

第5節　小　括　92

第四章　欧州検察局を通した財政資源管理上の統制 ……………95

第1節　問題の所在　95

第2節　EU における財政統制の基本構造　96

第3節　財政管理を巡る新たな課題認識と欧州検察局　101

第4節　欧州検察局の始動とその評価　107

第5節　小　括　112

第五章　実施規則決定手続の変化と欧州委員会による 法的資源管理 ……………………………………………………115

第1節　問題の所在　115

第2節　リスボン条約以前のコミトロジー　116

第3節　実施権限を巡るリスボン条約発効後の諸問題　122

第4節　RPS 問題の進展に見る欧州委員会の機関間交渉態度の 変化　130

第5節　小　括　136

第六章　EU エージェンシーの設立に見る選択的行政改革 ………139

第1節　問題の所在　139

第2節　EU エージェンシーと外部委託　140

vii

第3節　サンテール委員会総辞職以降の行政改革における外部委託と
　　　　その諸問題　146

第4節　リスボン条約以降の新設エージェンシーを巡る欧州委員会の
　　　　見解　151

第5節　小　括　158

第七章　共通の脅威で強化される行政情報の管理 ……………… 161

第1節　問題の所在　161

第2節　EU が調達する情報の分類と欧州委員会の基本的な立場　162

第3節　欧州統計局による社会経済情報の調達と管理　167

第4節　情報管理の射程拡大と ENISA　174

第5節　小　括　180

第八章　EU 送達規則の改正に見る情報資源管理の限界 ………… 183

第1節　問題の所在　183

第2節　国際行政機構の情報資源管理と文書送達　184

第3節　EU 送達規則改革　188

第4節　司法文書管理改革の帰結と背景的諸要因　195

第5節　小　括　202

終　章 …………………………………………………………………… 205

第1節　本研究の総括　205

第2節　本研究の含意と展望　213

第3節　おわりに　219

viii 目　次

あとがき　221

参考文献一覧 ……………………………………………………………… 225

図表一覧

　図1：EU 官僚制の階級構造 ……………………………………………… 32
　図2：EU 官僚制全体のジェンダー構成 ……………………………… 45
　表1：分析事例と各章との対応関係 …………………………………… 24
　表2：上級行政官の男女比 ……………………………………………… 47
　表3：2004 年以降の各委員会におけるキャビネの構成に関する諸要件 ……… 62
　表4：リスボン条約以降の新設エージェンシー一覧 ……………………… 152
　表5：スループット正統性の充足要件とこれを支える諸要素との対応関係 …… 212

初出論文一覧

本書の一部は、過去に公表した雑誌論文及び単行本中の原稿に基づいている。
詳細は以下の通りである。

【序章（第3節2項）】

福田智洋（2019）「欧州ガバナンスの正統性と制度的課題——危機発生メカニズムの分析から」修士論文（早稲田大学）。（特に第1章3節）

【第一章】

福田智洋（2023）「EUにおける国際人事行政とSDGs—EU官僚制におけるジェンダー平等を目指して—」、福田耕治編著『EU・欧州統合の新展開とSDGs』成文堂、179-201頁。

【第二章】

福田智洋（2022）「キャビネの変化に見る欧州委員会の透明性—構成員、活動倫理、情報公開の分析から」『日本EU学会年報』第42号、162-184頁。

【第三章】

Fukuda, T. (2022) "Enhancing Accountability in the EU Budgetary Process: Still the Decade of NPM?", *Asia Pacific Journal of EU Studies*, 20(2), pp.37-54.

【第五章】

福田智洋（2021）「EU国際公共政策の実施措置決定手続に関する一考察—欧州委員会の権限管理戦略—」『グローバル・ガバナンス』第7号、78-94頁。

【第六章】

福田智洋（2022）「国際機構による実施の外部委託とその諸課題—EUエージェンシーの行政学的存立意義」（日本国際政治学会研究大会ワーキングペーパーとして）

x　　初出論文一覧

【第八章】

福田智洋（2022）「EU 新送達規則に見る欧州委員会の情報資源管理—規則改正の背景的諸要因に着眼して—」『公益学研究』第 21 巻 1 号、57-66 頁。

序　章

第1節　はじめに

　グローバル化の進展に伴い、複数の国家に共通する課題は増加傾向にある。これと同時に、共通性の高い利益の確保を目的として、複数の国家に跨って画一的に行われる国際公共政策も多く試みられるようになった。国際公共政策の政策過程においては国際機構が大きな影響力を有するが、その実施、すなわち合意事項の履行は国家に多くを依存する間接行政[1]の形態が採られることが一般的である。しかし、EU（欧州連合）[2]では、域内政策の実施過程においてもその行政府である欧州委員会がこれに積極的に関与する状況にある。

　EUでは、各分野における政策権限が加盟国レベルから共同体レベルへと段階的に移譲されてきた。この現象は、域内政策の画一的な実施、即ち政策の実効性向上を企図した結果であり、欧州統合の主たる側面でもあった。加えて、一連の制度構築の過程では、EUが排他的に利用できる官僚組織や予算等が形成されてきた。これらに代表される行政資源の増加は、公共政策においてEU、とりわけその行政府である欧州委員会が担う機能をより強く支えてきた。またこれらの変化は、国際機構たるEUが市民に与える影響を拡大させてきた。このことは、政治的決定に服する集団がその決定過程において直接・間接に意思を表明し、決定主体を統制する能力を有するべきであるという民主的政体の根本的な原則に照らしても、また2000年以前に端を発する複数の批判を踏まえて、欧州委員会が諸改革に際して市民のEUに対する信頼を醸成することを旨としていることに照らしても、EUと加盟国との

---

[1]　Weiss, T. G. (2013) *Global Governance: Why? What? Whither?*, Polity, pp.51-54.
[2]　本研究はマーストリヒト条約発効前の状況についても必要に応じて分析の対象とするが、特に区別する必要がある場合を除いて、便宜上EUと表記する。

2　序　章

関係だけでなく、EU とその市民との関係についても検討する蓋然性を高めてきた。

　EU の政治行政構造は、共同体と国家という複層的な側面に加えて、国際機構内部の複数の機関が必要な相互作用を伴って機能している点において多元的である。そのような EU 行政は既存の研究によって複数のアプローチから検討されてきたが、後節で詳述するように、主権国家を分析単位とする、ないしはこれに主たる焦点を当てる一部の既存の行政学的研究や国際機構研究は、EU 行政の様態を必ずしも正確に捕捉してきたわけではない。EU はその多元的な構造ゆえに、その行政的側面が政治的側面と密接に結び付いている。それゆえ、EU 行政を行政学的視点から捕捉する試みは相対的に少数であった。また、EU における政治行政の基礎的構造はその基本条約によって定められ、2024 年現在法的効果を有するのは、2007 年に署名され 2009 年に発効したリスボン条約である。EU 行政、特にその行政管理の現代的課題を把握するには、同条約以降の現象を分析の対象とする研究が必要となるが、EU 行政の機能を支える各種の行政資源の管理に関連する手続や機構について、同条約以降の状況を考慮に入れて包括的に分析する試みは、未だ僅少と言わざるを得ない。

　加えて、EU における意思決定に影響を受ける市民の存在を考慮するにあたり、EU の正統性に関する議論が長く展開されてきたことにも留意する必要がある。正統性を巡る近年の議論には、統治構造に確保されるべき複数の要素について具体的な示唆のある重要な指摘も見受けられる。またこれらの先行研究の指摘は、欧州委員会が行政改革において依拠する原則として明示する内容と通底しており、EU 行政研究における有用な視点を提供している。しかし、後節で挙げる一部の研究を除き、依然大部分の既存の EU 行政研究は、EU の正統性に関する議論と十分に接続されていない。このような研究動向の中で、EU 行政を対象とする研究は、欧州委員会を中心とする EU 行政の管理的側面に対する詳細な分析と、そのような分析を正確に行うに際して、国際行政学によるアプローチと EU の正統性に関する視点の導入を必要としている。

　以上を踏まえ本研究は、欧州委員会の行政活動に必要となる各種の行政資

源に着眼し、欧州委員会による行政管理の様態を詳らかにすることを試みる。具体的には、第一に、欧州委員会が行政資源管理をいかなる手続の下に行い、これに参与する多様なアクターをどのように関係付けているか、第二に、EU における行政資源管理の形態が何を目的としていかに変化してきたか、という2つの主問題を設定し、回答の導出を試みる。また、とりわけ第二の主問題に関連する問題として、EU 行政が市民からの信頼を獲得する上で必要とする4つの要素（有効性、アカウンタビリティ、透明性、包摂性）に着眼し、欧州委員会が正統性を支える要素を諸改革の中でいかなる形で確保してきたのか、換言するならば、欧州委員会が一連の EU 行政改革をいかなる意図の下に牽引し、個別具体的な制度改革が EU の正統性にいかなる点で寄与したか、という補助問題を設定し回答を試みる。

　これらの主問題、補助問題に接近するにあたり、本章は以下の順にその分析の前提となる既存の研究について整理し、本研究の位置付けを明確にする。初めに、本研究が検討対象とする国際行政及びその行政資源について整理し、本研究の分析対象を明確にするとともに、本研究が利用する分析手法の妥当性を示す。その上で、EU 行政を対象とする先行研究の特徴と、現在までに展開されてきた EU の正統性に関する議論を概観し、従来の研究動向に照らした本研究の位置付けについて説明する。最後に、本研究の問題設定を改めて確認し、本書の構成を示す。

第2節　本研究の射程及びアプローチ

　本節では、前節で提示した研究上の問いに接近するにあたって必要となる概念や分析の視点、及び利用する研究方法とその方法論的根拠について明らかにする。

(1) 国際行政と国際行政学 ——分析対象と分析枠組——

　初めに、本研究が分析の対象とする国際行政の特徴と、これを対象とする従来の国際行政研究に認められてきた特徴について整理する。また、本研究が従来の国際行政研究と比較していかなる性質を有するかについても併せて

4 序 章

示す。

　国際行政の名が冠された初期の研究は、国際機構の官僚組織に焦点を当てたものが多い[3]。これらの研究は、従来詳細に分析されてこなかった国際機構内部の行政機能及び構造を対象として、特に制度学、管理学によるアプローチにより行われてきた。同種の研究は、従来考察されることの少なかった国際機構行政について、周知されていない事実を公表する性格を有したが、国家を対象とする行政研究の蓄積を十分に踏まえたものではなく、国際機構の組織外への作用等に関する分析を欠いていた。このような研究動向を踏まえ、特に1980年代以降、国際機構行政と国内行政の関係に焦点を当てる研究の必要性が指摘され始めた。例えばフォン＝オエルツェン（Von Oertzen 1983）は、従来の研究が国家中心的なものであり、国際機構行政と国内行政の関係に対する学術的関心が十分でなかったと指摘した上で、国内国際両官僚制の相互浸透現象、特に両官僚制の仲介的調整を担う制度に対する関心の強化が必要であると主張した[4]。同氏の指摘する国際機構行政と国内行政との関係は、その後の国際行政研究における不可欠の着眼点として共有されてきた[5]。

　このような分析対象の推移に伴い、国際行政の語が指す対象についてもこ

---

(3) 例えば、Loveday, A. (1956) *Reflections on International Administration*, Clarendon Press., Jordan, R. S. ed. (1971) *International Administration: its Evolution and Contemporary Applications*, Oxford University Press, Weiss, T. G. (1975) *International Bureaucracy: Analysis of the Operation of Functional Global International Secretariats*, Lexingdon Books. 等。

(4) Von Oertzen, H. J. (1983) *XIXth International Congress of Administrative Science*, Kluwer Law International, p.168, p.186.

(5) ここでは国際レベルと国内レベルを接続する議論に焦点を当てているが、恒常的に機能する国際行政組織の存在は無論その前提である。国際行政の定義を巡り、本文中で概観していない本邦の諸考察（西尾勝（2001）『行政学［新版］』有斐閣「行政活動を支えている行政資源《中略》の何れかに国際性があるもの（71頁）」、城山英明（2013）『国際行政論』有斐閣「国境を越えた諸活動を確保し相互依存に伴う諸課題を解決するためのさまざまな組織的試みの総体（3頁）」）は、フォン＝オエルツェンの指摘する国際行政研究の不足の補完を試みる点で意義があるが、国際行政組織の存在を国際行政の定義に反映していない点において、本研究の分析対象を特定する際にその定義を直接援用することはできない。本文次段も参照。

れと整合的な形で議論されるようになった。例えば福田耕治（1990）は、国際行政の領域が拡大する中で、国際機構行政と国内行政の関係を対象とする国際行政研究（国際行政学）が必要であると指摘[6]、この理解に基づき国際行政を「国際機構の行政機関と主権国家の国内行政機関との歯車のかみ合うような『合成』、連携・協力を前提とする『混成システム』において初めて有機的に機能し、意味をもつ、国際公益の実現のための行政活動と国際公共政策過程」[7]と定義している。この定義は、同氏のEUを対象とする研究の中で修正されることなく一貫して使用されている。本研究は、同氏による一連の研究と問題関心を共有することから、その基礎的想定としての国際行政の理解もこの定義に強く影響を受けている。またバウアーら（Bauer et al. 2017）は国際行政を、「特定の業務に責任を負い、当該国際機構の規則や規範に従って協働して業務にあたる専門家及び任命された公務員によって組織され、一定の自律性を伴う組織」[8]と捉え、国際機構の存在を前提とした説明を試みる。その一方で同氏らは、その官僚制や国際機構間の行政的相互作用をも分析対象と位置付けており、現象としての国際行政はこれらを含む概念として理解される。

　以上に概観したように、近年の国際行政研究は、国際機構行政と国内行政の関係や両者を繋ぐ諸制度へとその関心を移している。このような研究動向は、従来行政学的研究の分析対象とされてこなかった国際機構が介在する行政活動の様態に焦点を当てるだけでなく、国際行政の語を国際機構以外の事象をも内包するものとして理解することで、国際行政を研究対象とする隣接領域の発展の契機ともなった。

　他方で、国際行政研究の関心が国際機構やその行政機関の対外的関係へと移行することで、その黎明期において中心的に取り扱われてきた国際機構内

---

(6) 福田耕治（1990）『現代行政と国際化―国際行政学への序説』成文堂、157-158 頁。

(7) 福田耕治（2003）『国際行政学―国際公益と国際公共政策』有斐閣、12 頁。

(8) Bauer, M. W., Eckhard, S., Ege, J. and Knill, C. (2017) "A Public Administration Perspective on International Organizations", in Bauer, M. W., Knill, C. and Eckhard, S. (eds.) *International Bureaucracy: Challenges and Lessons for Public Administration Research*, Palgrave Macmillan, p.1.

6　序　章

部の行政管理の側面は閑却されがちである。国際機構の行政管理は、必ずしも特定の機関内部で完結しているものではない[9]。本論で詳述する通り、とりわけ EU において、本研究が分析の対象とする欧州委員会の行政資源を巡る管理機能は、国家（加盟国）及び他の EU 諸機関との密接な関係の中で維持されている[10]。そのような事実的背景を基礎とした本研究は、国際機構内部の行政管理に焦点を当てるという点において、過去の研究に見られる中心的関心を選択的に掘り起こすとともに、行政管理を巡る欧州委員会と EU 諸機関及び加盟国機関との関係をその射程に含める点において、1980 年代以降その必要性が指摘され蓄積されてきた現代の国際行政研究の要請に応えるものである。

(2) 国際行政資源 ——具体的事例——

　行政府の機能には様々な資源が必要となるが、これは国際機構の行政府も例外ではない。本項では、国際行政における行政資源について説明を与えた上で、本研究が考察の対象とする具体的な資源の種類について検討する。

　行政の資源に関する初期の研究は、資源という語を用いながらも、行政活動に直接必要となる資源と、行政活動を通して官僚組織が自らの選好に基づいて獲得しようと試みる資源とを十分に峻別してこなかった。例えば、ウィルソンとクラーク（Wilson and Clark 1961）は、官僚組織が自律的に機能するために必要とする資源について、財政、時間、労力、名声に加えて、問題

---

(9) カッシムら（Kassim, H., Peterson, J., Bauer, M. W., Connolly, S., Dehousse, R., Hooghe, L. and Thompson, A. (2013) *The European Commission of the Twenty-First Century*, Oxford University Press.）が欧州委員会を「EU 行政システムの心臓部に位置する (p.1)」と表現するように、欧州委員会は EU 条約が定めるその役割を他機関との関係の中で維持しており、その行政活動に必要な資源を委員会内部へ集積するだけでなく、EU 行政に関与する諸機関へ適切に配分している。

(10) この点において、国際行政は国際機構と国内制度の関係の中に成立する多層的な性格を持つだけではなく、国際機構内部の行政組織以外の諸機関との関係の中で維持されているという点において多元的でもある。このような認識はとりわけ EU 行政の制度改革を議論する上で前提となっている（European Commission (2002) "European Governance: Preparatory Work for The White Paper", Office for Official Publication of the European Communities, pp.5-6.）。

（争点設定能力）や原因（となるだけの影響力）を挙げているが[11]、これらは後者に関する記述である。本研究は、欧州委員会の行政管理機能に焦点を当てるため、前者、すなわち EU による行政機能の維持に直接的に必要であり、欧州委員会を中心とする諸機関による調達の対象となる資源に限定して論じる。

　国内行政を対象とする研究において、行政資源の配分や管理は行政管理研究の中心的且つ古典的な検討対象であり、これに言及する先行研究は多数存在するが、行政資源について明瞭に列挙した先行研究としては以下のものが挙げられる。西尾（2001）は、行政活動を支える資源について、権限、財源、人材、情報の4つを挙げており[12]、この整理は、以降の行政研究において大きな修正を経ることなく共有されている。例えば曽我（2013）は、民間部門から政府部門への移転の対象となる公共政策の資源として、権限、金銭、人、情報の順に列挙している[13]。また金井（2018）も、政策を通して被治者に作用する実力、法力、財力、知力という4つの権力の源泉として行政資源を捉え[14]、従来指摘されてきた4つの資源に概ね整合的な整理を行っている。以上のように、国家を基本的な分析単位とする行政研究では、行政資源として、人事、財政、権限、情報を想定することが概ね合意されてきた。

　前項でその射程について整理した国際行政研究に限定しても、行政資源に関する整理は複数存在する。福田耕治（2012）は、人事及び財政を行政資源として位置付けつつ、国際機構による情報調達の側面と、国際機構行政と国内行政の関係に関わる権限の問題に触れている。また、福田と坂根（2020）は、行政資源を、行政に付与されたマンデートを遂行するための活動と組織の維持に必要なものと位置付け、国連と EU を事例として、権限、財政資源、人的資源、情報のほかに、物資・サービスを加えた5つを考察の対象と

---

(11) Wilson, J. Q. and Clark, P. B. (1961) "Incentive Systems: A Theory of Organizations," *Administrative Science Quarterly*, 6(2), p.158.（括弧内は筆者による補足）

(12) 西尾、前掲書、71頁。

(13) 曽我謙悟（2013）『行政学』有斐閣、318頁。

(14) 金井利之（2018）『行政学講義—日本官僚制を解剖する』筑摩書房、23-26頁。

している[15]。他方で城山（2013）は、政策手段の語を用いて、ルール、情報、資金、人的資源（組織）を挙げる[16]。同氏は、OECD 加盟国間の協力に関する記述で、国際行政機構による具体的な作業をも政策手段として指摘しており[17]、同語の使用には若干の曖昧さが残るが、同氏による上の分類は国際行政活動に活用される資源を指したものと解釈することができ、国内行政を対象とする研究で共有される分類に概ね整合的な議論を展開していると言える。またバウアーら（Bauer et al. 2017）は、国際機構が自律的に機能する際の前提として法的資源、財政、人的資源を位置付けているが[18]、法的資源については狭義の行政資源に含めていない。同氏らは、行政組織の自律性を意思の自律（Autonomy of will）と行為の自律（Autonomy of action）に分けて整理し、上掲の3つを後者を支えるものと位置付ける[19]。他方で、行為の自律を支える要素は法定権力と狭義の行政資源に分けられ、法的資源は前者として整理されている。

　このように、国際機構の行政資源については、特に法的資源（権限）、情報、物資・サービスについて先行研究による見解の不一致が認められ、本研究における分析対象としての妥当性について検討が必要となる。前段で紹介した福田と坂根による権限、財政資源、人的資源、情報、物資・サービスの5つを想定する整理は、少なくとも邦語による唯一の EU を対象とする行政資源研究の中で提示されたものであることから、両氏による整理が本研究の分析対象を巡る検討の基礎となることは言を俟たない。但し、本研究の取り扱う資源については、分析の焦点が欧州委員会による行政資源管理に当てられていることと、その様態を後述する正統性の観点から分析することを考慮

---

(15) 福田耕治／坂根徹（2020）『国際行政の新展開—国連・EU・SDGs のグローバル・ガバナンス』法律文化社、74-103 頁（特に 74 頁及び 90 頁）。

(16) 城山、前掲書、3-4 頁。

(17) 同上、108-110 頁。

(18) Bauer, Eckhard, Ege and Knill (2017) *op. cit.*, p.1.

(19) Bauer, M. W. and Ege, J. (2017) "A Matter of Will and Action: The Bureaucratic Autonomy of International Public Administrations", in Bauer, M. W., Knill, C. and Eckhard, S. (eds.) *International Bureaucracy: Challenges and Lessons for Public Administration Research*, Palgrave Macmillan, pp.24-27.

し、法的資源（権限）及び情報は本研究における事例研究の対象に含め、物資・サービスは事例研究の対象からは除外する形で、両氏の整理とは異なり、国内行政を対象とする既存の研究と整合するよう対象を限定する。物資・サービスは、国連やEU等の国際機構における対外援助やPKO等の、国際機構の名の下に行われるオペレーション等が存在する政策領域において大きな重要性を持つが[20]、本研究はEUの公共政策の受け手としてその市民の存在を措定していることから、前節で提示した問いへの回答の導出に際して、物資・サービスが死活的となる政策領域の検討を絶対的に必要とするものではない。本研究は以上の考察を踏まえ、国際行政資源のうち、人事、財政、権限、情報の4つについて、欧州委員会が中心となるEU行政におけるこれらの管理の様態を分析の対象とする。

(3) 方法論的基礎と研究手法

本研究は、主として欧州委員会を中心とするEU諸機関が発行する文書を利用した記述的推論により行われる定性的研究である。また、国際行政と後述する正統性の議論を架橋する際の分析は、一部解釈的研究[21]としての性格を有している。本項では、本研究の方法について、その方法論的基礎を示しつつその妥当性を検討する。

EUを対象とする既存の研究の一部は、以下の2点において方法論上の疑義を免れない。一つは、EUの特殊性の取扱いに関する点である。次節で詳述する通り、EUを対象とする政治行政研究は、一般的な国際機構や国家と比べてEUが特異な性格を有していることから、しばしばこれを独特（*sui generis*）な存在と表現してきた。このように指摘する研究の多くはEUの統

---

(20) 福田／坂根、前掲書、85-86頁、99頁。

(21) Schwartz-Shea, P. and Yanow, D. (2012) *Interpretative Research Design: Concepts and Processes*, Routledge. の特に Chapter 1 より。同氏らの説明に照らせば、本研究において解釈的研究を援用するのは、欧州委員会がスループット正統性（本文後述）を支える要素を諸改革の中でいかなる形で確保してきたのか、という補助問題への回答導出においてである。なお、本研究にて行われる解釈的研究は定量的でないという意味で定性的であるが、両氏は解釈的研究を定性的研究でも定量的研究でもないものとして提示しているため、本文における記述も定性的研究と並列した記述としている。

10　序　章

治構造の様態に迫るものであり、本研究に示唆のある指摘も多いが、この前提を分析の起点に据えて因果推論を展開する場合、導出すべき結論がその特殊性に依存してしまう点において、推論の妥当性が損なわれかねない。

　もう一つは、既存の分析枠組の援用に必要な操作化の問題である。EU の政治行政現象を対象とする研究が蓄積されるにつれ、その大局的傾向の整理や、従来の研究成果の一般化を試みる議論も出現してきたが、その一部は不十分な概念化、操作化に起因する方法論的問題を指摘されかねない。そのような例としてウォーレス（Wallace 2000）の提示した政策過程類型論を取り上げておきたい。同氏らの政策類型は、EU の政策をマクロ、メゾ、ミクロの３レベルに分類し、各レベル及び形態の政策に関わる決定の性質を理論化したが[22]、個別具体的な政策決定がいかなる特徴を以て特定のレベルに分類されるかについて、十分な概念化、操作化を欠いている。それゆえに、同氏らの枠組に依拠して EU の公共政策全体の特徴を析出させる試みは、反証不可能性の問題を孕んでいる。同氏らの整理は、EU の公共政策を捕捉する上で極めて有用な枠組を提供するとともに、個別の研究が EU を対象とする研究の中でどのような性格を持つものであるかを明らかにする点で意義が認められるが[23]、事前の十分な操作化を欠くこの類型論は、即座に分析枠組として利用可能とは言えない[24]。

---

(22) Wallace, H. (2000) "Analysing and Explaining Policies", in Wallace H. and Wallace, W. (eds.) *Policy-Making in the European Union*, 4th edition, Oxford University Press, pp.70-71.

(23) 例えば、リンガードら（Lynggaard, K., Manners, I. and Löfgren, K. eds. (2015) *Research Methods in European Union Studies*, Palgrave Macmillan.）も EU を対象とする複数の研究を、その焦点の範囲に基づいて、マクロ、メゾ、ミクロの３レベルに分類しているが、同書はあくまで整理の域を出るものではない。

(24) なお、ウォーレスらによる例示列挙に基づいて各レベル・各形態の政策を巡る政官関係の特徴を詳説する研究も存在する（原田徹（2018）『EU における政策過程と行政官僚制』晃洋書房。ほか、本文次節詳細）。本章の記述は、同氏らの類型に基づいた研究を一概に否定するものではない。なお、同氏らによる 2005 年刊行の第５版以降は、政策レベルに関する説明は明瞭に記述されなくなっており、この点からは、同氏らが自身の提示する政策類型論が方法論的問題を抱えていることを自覚していた可能性も看取される。

第2節　本研究の射程及びアプローチ　　11

　これらの方法論的問題を回避する際には、既存の研究成果を安易に因果推論における独立変数にしないこと、すなわち、分析に先立って十分な概念化と操作化を行うか、狭義の因果推論（仮説検証）を避けるかの２つの対応が採られうるが、後者の研究は多くの場合記述的にならざるを得ない。しかし、記述的推論は、黎明期の EU 行政研究において多く用いられており、それらの研究は欧州委員会の内部に含まれる、ないしこれを取り巻く手続や機構等の要素を詳解することで、結果として特殊である EU の様態を析出させてきた。これらの研究は、他の国際機構や国際行政研究の大局的動向に関わる示唆には乏しかったが[25]、分析から生じる副次的な因果推論や、隣接領域の研究によって設定される問題の検討に必要な重要な基礎を構成してきた[26]。この点において、黎明期より採用されてきた記述的推論は、方法論的陥穽を回避できる分析手法である。近年の国際行政研究では、定量的手法を用いたものも複数見受けられるが、前節で指摘した通り、近年の EU 行政の様態が既存の研究で詳細且つ十分に検討されてきたわけではない。この事実は、アドラー＝ニッセン（Adler-Nissen 2016）が EU の日常的実践が長く着眼されてこなかったと指摘するように、従来の分析対象の設定に瑕疵があったことを示唆するものであり、古典的な研究手法自体の限界を示すものではない[27]。本研究は以上の状況を踏まえ、設定した問いに専ら記述的推

---

(25) 例えば、ワイス（Weiss（1975）*op. cit.*）の研究に対するアキンズ（Akins, M. E.（1976）"Thomas George Weiss. International Bureaucracy. Pp.vii, 187. Lexington, Mass. Lexington Books, 1975. $14.00.", *The Annals of the American Academy of Political and Social Science*, 424（1）, pp.125-127.）の書評に見られるように、同種の研究が事実の描写の域を出ないことや、理論的基礎に乏しいとの評価を受ける側面もある。

(26) ワイス（Weiss（1975）*op. cit.*）や福田耕治（（1992）『EC 行政構造と政策過程』成文堂。）のその後の研究は、当該論文で主として検討された事実に基礎付けられたものであり、当該論文の学術的意義は小さくない。

(27) Adler-Nissen, R.（2016）"Towards a Practice Turn in EU Studies: The Everyday of European Integration", *Journal of Common Market Studies*, 54（1）, p.87. なお、同論文はそのような EU の日常的実働をミクロ社会学的に解明するために他の研究領域で用いられてきた研究手法を導入する意義について言及しているが、本質的には従来の純粋に理論的な推論に対する箴諫である。この点において、本研究は同氏の問題提起に十分応答するものではないが、EU 行政を特徴付ける実践が生じる組織構造やその機能の解

12　　序　章

論を用いて回答を導出する。

第3節　本研究の位置付け

　続いて本節では、先行研究に照らした本研究の位置付けについて明らかにする。初めに EU 行政を対象とした研究動向を概観し、その特徴と限界を明らかにする。その上で、EU の正統性に関する議論の変遷を概観しつつ、両研究がどのように接続されうるか検討し、本研究の狙いについて明確にする。

(1) EU 行政を対象とする国際行政研究とその動向

　行政学的視点から行われた EU 研究は、従来大きく 2 つのアプローチによって行われてきた。それは、国内の行政を単位とする比較行政学を拡大的に適用して行政府としての欧州委員会を分析する研究と、EU 行政構造の中に加盟国行政府を位置付けて、加盟国行政府が広域の行政構造に包摂される中で取った対応や果たした役割等を明らかにする研究であった[28]。両種の研究は、国内行政の特徴を相対的に析出させたり、新出の課題に対して行われた国内行政上の変化を明らかにできたりする点で顕著な意義が認められる一方、国内行政に主として関心を寄せる研究の中で、国際行政としての EU 行政構造を中心的に検討する性格は限定的であった[29]。このような問題を

　　明の必要性を踏まえ、これに接近を試みるものである。

(28) このうち前者に相当するポリットとブカールト（Pollitt, C. and Bouckaert, G.（2017）*Public Management Reform: A Comparative Analysis - Into The Age of Austerity*, 4th Edition, Oxford University Press.（初版は 2000 年））は、1980 年代以降広く行われてきた行政改革を対象として、複数の国家の行政改革と対照しながら、欧州委員会の行政改革について、欧州委員会及び諸国家の行政改革が辿った経路と、その改革を導出した、または改革の中で機能した中心的原則を分析している。他方で、主権国家と対照した比較分析や、国際機構と加盟国の関係に関する考察は射程外である。

(29) 例えば後者の研究は、EU 行政を分析の中心に位置付けてその構造を詳述する中で、個別の EU 行政を構成する制度や手続がどの加盟国の行政文化的影響を受けて形成されてきたか、また新たな国際制度または国際公共政策の形成に際して加盟国行政府がいかなる選好を有していたか、といった問題に回答を与えてきた。この点において、同種の

第3節　本研究の位置付け　13

一定程度克服し、EUを対象とする国際行政研究が確立してきたが、以下に挙げるように、既存の国際行政研究の大部分はEU行政の管理機能に対する十分包括的な検討を欠いてきた。

　既存の研究の大部分は、以下3つの何れかの性格を有するものであった。一つ目は、EUレベルの政官関係に焦点を当てたものである[30]。国際機構は一般的に権力分立が弱いが[31]、EUでは例外的にこれが比較的明確である。しかし、欧州委員会は必要に応じて本質的な意思決定に参与する場合があるため[32]、行政機能の境界自体が研究対象となりうることもあり[33]、行政と政治の境界が曖昧であることにより、行政単独に焦点を当てる研究が僅少であった。例えばチャンとモナ（Chang and Monar eds. 2020）らは、政治的リーダーシップと政策管理の関係について検討している[34]。この手の研究は、EU諸機関間の関係を詳細に分析し、EUが関与する政策領域における欧州委員会の組織外に対する機能を明らかにする一方で、従来の国際行政研究が看過してきた行政府内部の管理機能に対する考察を、皆無ではないにしろ大きく欠く傾向にある。

　二つ目は、特定の行政資源に着眼した各論としての行政管理研究である。欧州委員会内部に焦点を当てる分析は、人的資源管理の分析を中心に展開さ

研究はEU行政を主権国家の行政とは異なる多元性をもつ国際行政として正確に捕捉する点で、同領域の研究における必要な分析上の前提を提供するものであったが、考察の中心的焦点は依然国内行政に置かれており、国際機構行政の役割やその内部で行われる管理について十分な分析を行ったものとは言えない。なお、同種の研究に国際行政研究としての性格を認めて紹介する研究も複数存在する。本文における記述は、あくまで行政学的研究の対象を国際レベルに拡大する試みの中に多く看取される典型的な分析焦点の設定について記述するものであり、同種の研究の国際行政研究としての意義を即座に否定するものではない。

(30) 例えばWallace, H., Pollack, M. A. and Young, A. R. eds. (2015) *Policy-Making in the European Union*, 7th edition, Oxford University Press. 及び原田徹、前掲書等。

(31) Von Oertzen, *op. cit.*, p.169.

(32) Coombes, D. (1970) *Politics and Bureaucracy in the European Community: A Portrait of the Commission of the E.E.C.*, Allyn and Unwin, p.240.

(33) Bauer, Eckhard, Ege and Knill (2017) *op. cit.*, pp.11-12.

(34) Chang, M. and Monar, J. eds. (2020) *The European Commission in the Post-Lisbon Era of Crisis: Between Political Leadership and Policy Management*, P.I.E. Peter Lang.

14 　序　章

れてきた。中でも、シーニ（Cini 1996）とトロンダルら（Trondal et al. 2010）は委員会内部の組織間関係に、バン（Ban 2013）とカッシムら（Kassim et al. 2013）は委員会職員の採用昇進に係る手続や官僚組織内部の相互作用の側面に焦点を当て、欧州委員会内外の部局間ないし機関間の力学やEU官僚制を構成する職員の選好を明らかにしている[35]。この他に、相対的に少数ではあるが、人的資源以外の要素に着眼して行われた欧州委員会を対象とする研究も存在する。例えば、ポラック（Pollack 2003）やエリティエら（Héritier et al. 2013）は、欧州委員会が加盟国から受ける権限の委任と執行の様態を分析している[36]。これらの研究は、欧州委員会による行政資源の調達、管理を構成する制度に焦点を当て、行政管理を巡るEUと加盟国の両レベルの諸機関と欧州委員会との関係を明らかにし、国際行政研究における中心的な問いに迫るものであるが、これらの研究がEU行政管理の様態を包括的に捕捉しているとは認めにくい。

　三つ目は、組織や手続の変化に着眼した、NPM（新公共経営）の一事例としての行政改革研究である。例えばシェーン゠キンリバン（Schön-Quinlivan 2011）は、サンテール（Jacques Santer）委員会総辞職後のキノック改革を事例として、人事や財政、権限等の問題に広汎に触れつつ、EUにおけるNPM改革の持つ意義や、欧州委員会による行政管理様式の変化に際して重視された原則等について論じている。この手の研究は、EU行政管理の変化の包括的な捕捉を試みる点で本研究とその目的を一部共有するものである

---

(35) それぞれ、Cini, M. (1996) *The European Commission: Leadership, Organisation and Culture in the EU Administration*, Manchester University Press., Trondal, J., Marcussen, M., Larsson, T. and Veggeland, F. (2010) *Unpacking International Organizations: The Dynamics of Compound Bureaucracies*, Manchester University Press., Ban, C. (2013) *Management and Culture in an Enlarged European Commission: from Diversity to Unity?*, Palgrave Macmillan., Kassim et al. *op. cit.* なお、シーニ、バン、カッシムらの研究は、後段で紹介する行政改革研究としての側面もある。

(36) それぞれ Pollack, M. A. (2003) *The Engines of European Integration: Delegation, Agency, and Agenda Setting in the EU*, Oxford University Press., Héritier, A., Moury, C., Bischoff, C. and Bergström, C. F. (2013) *Changing Rules of Delegation: A Contest For Power in Comitology*, Oxford University Press.

第3節　本研究の位置付け　　15

が、リスボン条約以降のEU行政管理の変容には同条約前と異なる性格が認められるものの、同種の研究はEUの行政改革をNPMと捕捉する研究動向を明確に修正できずにいる[37]。

　しかし、以下に挙げるように、これらの研究の陥穽を埋める試みは複数存在する。例えば福田耕治（1992）は、欧州委員会と他機関や加盟国とを接続する諸制度を分析しながらも、欧州委員会内部の人事行政や財務統制を構成する手続について詳解し、多元的な行政構造における欧州委員会の総括的な機能を明らかにしている[38]。また、スペンスとエドワードら（Spence and Edwards eds. 2006）の一連の研究では、収録する複数の論文を総合する形で、欧州委員会内部の組織構造や規則、手続について詳細に分析されている。特に、複数の政策領域における政策実施活動に重要な影響を与える事務総局についても、その機能が明らかにされている先駆的研究である[39]。またネデルガード（Nedergaard 2006）は、EU行政の共同体諸機関によって成る部分を対象に、その詳細の完全な理解に貢献することを目的として制度の記述に重きを置きつつ、その機構としての性格や、これが正統性や効率性に対して有する意義について検討している[40]。

　以上の研究が他の先行研究と異なる点は、欧州委員会内部の構造を詳細に分析しつつ、EU行政に関与する他の機関との関係についても同時に検討することで、EU行政の多元的構造の中に欧州委員会を位置付けている点である。同種の研究は、分析対象を行政に限定しつつも、行政府（欧州委員会）

---

(37) この点についてポリットとブカールトによる比較行政研究（Pollitt and Bouckaert, *op. cit.*）は、EUにおける行政改革に新ウェーバー主義国家モデルの性格を見出す点で示唆的であるが、EUを対象とする国際行政研究には同研究ほど明瞭に行政改革の性格の転換を指摘するものはない。

(38) 福田耕治（1992）『EC行政構造と政策過程』成文堂。

(39) Spence, D. and Edwards, J. eds.（2006）*The European Commission*, 3rd edition, John Harper Publishing. 所収論文のうち特にChapter 2（Kassim, H.（2006）"The Secretariat General of the Commission", in Spence, D. and Edwards, J.（eds.）*The European Commission*, 3rd edition, John Harper Publishing. pp.75-102.）

(40) Nedergaard, P.（2006）*European Union Administration: Legitimacy and Efficiency*, Martinus Nijhoff Publishers.

16　序　章

の組織内外に対する機能とその変化について詳らかにしている。他方で、同種のアプローチによって行政管理の視点から EU 行政の様態を総括的に把握する試みを、特にリスボン条約発効以降の現行法制下を対象とする EU 行政研究は欠いてきている。

(2) EU の正統性と制度への着眼

　前項で概観した一連の研究は、程度に差こそあれ EU 行政を構成する制度の変化について検討するものであった。冒頭で指摘する通り、欧州委員会は諸改革に際して EU に対する市民からの信頼の調達を企図しており、その傾向は 1990 年代後半以降特に明瞭である。それゆえ、本研究にて EU 行政の変化の背景を論じる際には、改革の具体的な契機に加えて、その背景にある民主主義や正統性に関する議論を正しく捕捉しておく必要がある。本項では、EU の正統性について従来どのような分析視角が提供され、議論が展開されてきたか整理する。

　EU の正統性を巡る議論は、正統性そのものの概念化に始まり、その後二元的な把握が試みられたのち、両者を接続する新たな形態が提唱される、という大きく 3 つの段階を経た。大規模な行政改革が企図された 1990 年代においては、正統性を 2 つの側面に分ける議論が支配的であった。

　シャルプフ（Scharpf 1999）は、インプット正統性とアウトプット正統性という 2 つの下位類型を設定して議論を展開した。前者は民意の入力に基づく正統性であり、ここでは合意や参加といった要素が強調されることで、決定に拘束される人々の間に相互に妥協可能な結論を導くことができると理解される[41]。また後者は「政治的選択が当該集団の共通の福祉を効果的に増進する」[42]という事実に基づくものであり、統治主体の問題解決能力に依存する正統性である[43]。このような正統性の把握は、1980 年代以降指摘されてきた民主主義の不足（democratic deficit）をインプット正統性の不足と読

---

(41) Scharpf, F. W. (1999) *Governing in Europe: Effective and Democratic?*, Oxford University Press, p.7.

(42) *Ibid.*, p.6.

(43) *Ibid.*, p.11.

み替えることで、従来の議論を包摂する性格があった。他方で、正統性の欠如をインプットとアウトプットの何れかに求めようとする議論と並行して、両者を介在する制度に焦点を当てた議論も同時に展開され、発展してきた。その嚆矢とも言えるツルン（Zürn 2000）は、国境を越える民主主義の実現について検討を加え、シャルプフの提示した二元的な理解とは異なる立場を示した。同氏は、超国家的な民主主義に対する国際制度の役割について、「システムの有効性、すなわちアウトプット正統性を高めるものとしてだけではなく、グローバル化によって生じた民主主義の諸問題に対して規範的に賢明な応答でもある」[44]と述べ、国内制度と国際制度を繋ぐ適切な制度設計の必要性を強調する。

　従来 EU の正統性は、民主主義（インプット）の不足を政策効果（アウトプット）が補完することでこれが維持されていると理解されてきた。その中で生じた 2000 年代以降の社会経済的変化は、EU が存在するがゆえに生じた負の効果を生み、EU の正統性は大きく揺らぎかねないものであったが、そのような危機を経ても EU に対する市民の支持は一定程度維持され、EU はその制度構造を維持している。この事実は、従来の二元的な理解とは異なる制度設計に焦点を当てた議論に一定の妥当性を付与するものであった。

　そのような中で、制度設計との明確な関係の中に新たな正統性の把握を試みたのがシュミット（Schmidt 2013）である。同氏は制度を独立した正統性の根拠として捕捉するために、インプット・アウトプット正統性とは異なる第三の概念として、スループット正統性という概念を導入した。スループット正統性は、「政治的インプットと政策アウトプットの間の空間に存する、欧州ガバナンスの『ブラックボックス』で生じている事柄」[45]に焦点を当てる過程志向的な概念であり、有効性、アカウンタビリティ、透明性、包摂性の 4 つの要素によってこれが支えられている。スループット正統性は、それ

---

(44) Zürn, M. (2000) "Democratic governance beyond the nation-state: The EU and other international institutions", *European Journal of International Relations*, 6(2), p.184.

(45) Schmidt, V. A. (2013) "Democracy and legitimacy in the European Union revisited: input, output and throughput", *Political Studies*, 61(1), p.5.

18　序　章

が充足することによって構成員の権威主体に対する意識を消し去ることができるのに対して、その不完全性が露呈すると、制度に係るすべてが非正統化されると説明される。同氏は、そのようなスループットプロセスを確立し、インプットをアウトプットに転化させることで、加盟国レベルで呈される問題を補完的に解決できると指摘する[46]。

　このような過程志向的な正統性の充足用件は、関連分野の研究において完全に合意されているわけではなく[47]、シュミットの提起したスループット正統性が、従来のアウトプット正統性との概念的な切り離しにどれほど成功しているかは議論の余地がある。しかし、そのような過程志向的なスループット正統性の視点から、EU の政治行政の制度構造の妥当性について検討する研究は同氏によるものを除いても少数ながら近年出現しており[48]、関

---

(46) *Ibid.*, p.19.

(47) 例えば有効性については、過程ではなく出力に関する指標とも捉えることができ、パパドポウロウ (Papadopoulou, L. (2017) "'All good things come in threes': from a double to a triple democratic legitimacy of the European Union", in Papadopoulou, L., Pernice, I. and Weiler, J. H. H. (eds.) *Legitimacy Issues of the European Union in the Face of Crisis*, Nomos, pp.61-94.) はシュミットによる概念化を、有効性を省いて要約する。同氏はインプットとアウトプットという二元論的理解では捕捉し得ない第三の正統性の形態として、価値に基づく正統性（Value-based Legitimacy）という概念を提起している (p.65) が、価値に基づく正統性の根拠は、シュミットによるスループット正統性の充足要件と通底する部分が多い。なおこの点を含め、スループット正統性の限界については本文次項でも触れているが、シュミット自身もこれに自覚的である (Schmidt, V. A. and Wood, M. (2019) "Conceptualizing throughput legitimacy: Procedural mechanisms of accountability, transparency, inclusiveness and openness in EU governance", *Public Administration*, 97(4), pp.727-730, pp.734-735.)。

(48) シュミットによる検討は、Schmidt, V. A. (2016) "Reinterpreting the rules 'by stealth' in times of crisis: a discursive institutionalist analysis of the European Central Bank and the European Commission", *West European Politics*, pp.1032-1052. および Schmidt, V. A. (2020) *Europe's Crisis of Legitimacy: Governing by Rules and Ruling by Numbers in the Eurozone*, Oxford University Press.。これ以外に、行政事象に限って論じられたものではないが、Fromage, D. (2018) "The European Parliament in the post-crisis era: An institution empowered on paper only?", *Journal of European Integration*, 40(3), pp.281-294., Fromage, D. and van den Brink, T. (2018) "Democratic legitimation of EU economic governance: Challenges and opportunities for European

第3節　本研究の位置付け　19

連する研究には、同概念を批判的ながら建設的に補強するものもある[49]。このような観点から、同氏が提起する正統性は、EU 行政に関する具体的な分析における有用な分析視角を提供するものであると言える。

(3) 本研究の位置付けと分析視角の妥当性

　一般に行政の役割とは、民意に根差した本質的決定を実現するために行われる実施であるため[50]、行政に市民から直接選好が入力されることは、行政府に対する統制を目的とする一部の制度を除いて想定されにくい。しかし、EU では国際行政機構の中でも権力分立が比較的明確であるとはいえ、行政府である欧州委員会はその公共政策に対する影響力が小さくないために、EU 行政は、民主的インプットが欠如しているという、時に当を得ない批判に晒されてきた[51]。その中で、シュミットによる正統性の議論における制度ないし過程への着眼には、行政及び官僚制の存立基盤となる諸価値へと分析の視点を正す意義があった。加えて、同氏によるスループット正統性の概念化は専ら理論的考察に基礎付くものであるが、その充足用件として有効性、アカウンタビリティ、透明性、包摂性を挙げる点において、EU 行政

---

legislatures", *Journal of European Integration*, 40(3), pp.235-248., Coen, D. and Katsaitis, A. (2019) "Between cheap talk and epistocracy: The logic of interest group access in the European Parliament's committee hearings", *Public Administration*, 97(4), pp.754-769. 等が挙げられる。

(49) 例えば Kröger, S. (2019) "How limited representativeness weakens throughput legitimacy in the EU: The example of interest groups", *Public Administration*, 97(4), pp.770-783. は、スループット正統性に基づいて EU のガバナンスを分析する際の基準として代表性の概念を導入し、包括概念としてのスループット正統性の充足要件を実証研究で活用する一方策を効果的に提示した。

(50) レナーテ・マインツ (1986)『行政の機能と構造―ドイツ行政社会学』(片岡寛光監修・縣公一郎訳) 成文堂、45 頁。

(51) この点について中村民雄 ((2006)「EU 立法の『民主主義の赤字』論の再設定―多元的法秩序 EU の視座から」『社会科学研究』第 57 巻 2 号、5-38 頁。) は、民主主義の赤字に関する議論の中で、EU のガバナンスを巡る従来の議論が政治的インプットに偏重して展開されてきたこと、欧州ガバナンスの多元性を十分に考慮し、国際制度と国内制度を十分に関連付けて一体のものとして議論が展開されてこなかったことの問題性を指摘する (33-36 頁)。

20　序　章

研究に正統性の議論を接続する可能性を示唆する意義が認められる。実際に、サンテール委員会の総辞職を受けた1999年以降の改革の中でプロディ委員会が発表した『欧州ガバナンス白書』では、EUのグッドガバナンスを支える原則として、公開性、参加、アカウンタビリティ、有効性、整合性が指摘されている[52]。欧州委員会自身は正統性の充足要件について一貫した見解を有しているわけではないが、分析上の概念としてのスループット正統性は、欧州委員会が現在に至るまでに推進してきた改革において自己拘束的に機能してきた原則を十分に捕捉したものであり、EU行政を対象とする研究における分析視角として一定の妥当性が認められる。

　実際に、国際行政学の視点から行われた一部のEU行政研究は、シュミットの指摘した要素について選択的に言及している。これは、ガバナンス白書を基準とした改革の評価等の試みが、結果的に過程志向的な正統性に関する議論に実証的根拠や示唆を与えうることに起因する。しかし、EU行政研究を対象とした分析において過程志向的な正統性を切り口として利用する十分な記述量を伴う研究は、前掲のネデルガード（Nedergaard 2006）の研究を除いて僅少である[53]。同氏はEUの正統性を社会的正統性（市民による決定過程の受容）と法的正統性（合規性）に分け、リスボン条約以前のEU行政がもつ正統性への貢献について論じている。同氏は、後者の確保が前者の増進に波及するとした上で、EUにおける適切な制度構築が国際行政の自律性をどの程度希求するかに依存する可能性を示唆した[54]。EU以外の事例を対象

---

(52) European Commission (2001b) "European Governance – A White Paper", COM (2001) 428 final, p.10.

(53) EU以外の個別の事例研究において国際行政と表現される国際機構が介在する諸現象とその正統性の議論との接続の試みは複数存在するが、ここで使用される国際行政（International Administration）は、前節で提示した国際行政の定義とは合致しておらず、国際機構内部の政官関係や国際機構と国内制度との接続や協働の側面が十分に考察されていない。

(54) Nedergaard, *op. cit.* 特に正統性の2つの側面及び両者の関係については pp.38-39. また、過程志向的な正統性の把握の有用性について示唆する研究として Murdoch, Z., Connolly, S. and Kassim, H. (2017) "Administrative legitimacy and the democratic deficit of the European Union", *Journal of European Public Policy*, 25(3), pp.389-408. が挙げられるが、そのような視点から行われる実証分析は註（48）に挙げる一部の研究

とした国際行政の正統性に関する分析は少数ながら存在するが、ここで論じられる正統性は行政管理の効率性と対置されるものであり、スループット正統性の充足要件や、欧州委員会の改革指針とは一部整合しない[55]。この点を踏まえても、シュミットの掲出するスループット正統性を支える諸原則は、現行のリスボン条約以降の EU における行政管理の様態の特徴を明らかにする上での視点としてより妥当なものと認められる。

このように、現代 EU 行政を対象とする研究は、過程志向的なスループット正統性をその切り口として十分に活用してきたとは言えず、また正統性に関する理論研究も、EU 行政の手続や組織への着眼の必要を指摘しながら、現在に至るまでにこれらの側面に関する十分詳細な検討を蓄積してきたとは言えない。以上の研究動向を踏まえ、本研究は EU における行政管理についてその静態及び動態をスループット正統性の観点から分析することで、EU を対象とする国際行政研究と正統性の議論を相互に補完することを試みる。この試みに寄与してきた上掲の近年の研究への指摘として、すなわち本研究も含み置くべき指摘として、スループット正統性が政治行政構造の手続的性格を絶対的に措定していることで EU の統治構造がインプットないしアウトプットの次元で抱える問題が見落とされがちである、同概念が行政システムを含む多数決に拠らない制度に対してその現状を肯定する弁明としてしか機能していない、といったものがある[56]。しかし後章で詳述する通り、欧州

を除いて試論レベルにとどまっている。

(55) 正統性を効率性の対極に位置付ける見方は、正統性と狭義の民主主義とをそれらの本質に照らして同一視する議論に基礎付けられている（この同一視を最も明瞭に示しているのは Bartolini, S. (2008) "Taking 'Constitutionalism' and 'Legitimacy' Seriously", *European Governance Papers (EUROGOV): Discussion Paper,* No.1, p.4)。ネデルガードの言う社会的正統性も同氏の研究の中で効率性と緊張関係にあるものとして位置付けられる点において同様の傾向が看取されるが、合規性が正統性を支えると想定する点において正統性と民主主義を明確に区別している。本邦における EU の正統性に関する議論でも、民主的正統性の語を用いることで、政治的インプットとは異なる側面が正統性の概念の中に含まれることを示唆する先行研究も複数存在する。この点について、原田徹（前掲書）はその分析焦点を EU 政策過程に寄せているものの、EU における正統性を民主主義と効率性の均衡と捉え（13頁）、欧州委員会が行政活動において充足を試みている要素を正確に捕捉している。

22   序　章

委員会は、EU 行政が特定の原則に依拠して機能することが EU に対する市民の信頼を獲得する上で必須であるとの認識を、本研究が焦点を当てる行政管理に関する議論の中でも展開している[57]。加えて、本研究はその目的に照らして、EU 行政が機構・アクターおよび規則・手続によって構成されているとの理解の下に、手続の存在を所与として想定しており、スループット正統性という視角の導入によってその想定を形成したわけでも強化するわけでもない。また、同概念が弁明的であるという批判に筆者は概ね同意するが、そうであるが故に、あくまで以下本論で展開する分析の第一の目的は、スループット正統性の充足要件に対応する欧州委員会の試みを選択的に抽出するものではなく、欧州委員会が中心となる EU 行政の通時的変化とその現在について詳らかにすることである。このことからも、結果としてそのような知見が創出できるとしても、またそうであるがゆえに本章にて本書を貫徹する問題として掲出するとしても、スループット正統性をいわば評価軸のような分析枠組としてではなくその視角として導入し、EU における行政資源管理を分析の対象として記述的分析を行うという本研究の作業は、上述した EU 行政研究と正統性に関する議論を架橋する試みに資するものである。

第 4 節　小　括

　最後に、本節では本研究の問いと意義について改めて明確に提示し、本書の構成を示す。

(1) 本研究の問い

　本研究を貫徹する問いは、以下の主問題、及び補助問題である。

---

(56) Steffek, J. (2019) "The limits of proceduralism: Critical remarks on the rise of 'throughput legitimacy'", *Public Administration*, 97 (4), p.793.

(57) 第五章が参照する COM 文書等においてその傾向は特に明瞭である。なお関連して、行政管理はその機能が作用する範囲及び規模に基づき、側面ではなく（しばしば下位の）レベルと表現されることもある（城山、前掲書、38 頁）が、欧州委員会による行政管理は個別の政策領域における政策決定にその重要性の観点において劣るものではない。

《主問題》

1. 欧州委員会は行政資源管理をいかなる手続の下に行い、これに参与する多様なアクターをどのように関係付けているか。

2. EUにおける行政資源管理の形態は何を目的としていかに変化してきたか。

《補助問題》

1. 欧州委員会はスループット正統性を支える要素を諸改革の中でいかなる形で確保してきたのか。

(2) 本研究の意義

　本研究は上記の問題群への回答の導出を通して、各論に分かれて展開されてきたEU行政の諸側面について、既存の議論とは異なる特徴を個別に析出させ、その変化がもつ意義を明らかにするものである。これに加えて本研究には、より具体的に以下の2つの意義がある。

　一つ目は、本研究が近年の国際行政研究において看過されがちであった国際機構内部の行政管理に焦点を当てる点である。第2節で概観した通り、従前国際行政研究の中心に位置付けられてきた国際機構内部の行政管理について十分な検討を行う研究は近年僅少である。しかし、行政管理は国際機構内部で完結するのではなく、国際機構内部の機関間及び加盟国機関との関係の中でその機能が維持されている。本研究は、国際機構の行政府である欧州委員会に焦点を当て、その行政資源管理を構成する手続と、これに参与する多様なアクターの関係についてその静態と動態を分析することで、従来共時的に検討されることの少なかった国際行政研究の新旧の研究対象を現代的文脈において総合させる意義を有している。

　二つ目は、EUを対象とした行政管理研究を、EUの正統性に関する議論と架橋させる点である。前段に示す研究動向の通り、EU行政を構成する制度を行政管理の視点から検討する研究は相対的に少数であった。またEU行政研究と正統性の議論を接合しようと試みる一部の研究も、政治的インプットと政策出力を繋ぐ過程に焦点を当てた正統性の概念を踏まえたものではなかった。他方で、従来の正統性を巡る議論も、過程への着眼の必要性を指摘

24　序　章

表1：分析事例と各章との対応関係

	人事	財政	権限	情報
規則／手続	職員規則（Staff Regulation）第一章	多年度財政枠組（MFF）第三章	コミトロジー第五章	送達規則（Service Regulation）第八章
機構／アクター	キャビネ（委員官房）第二章	欧州検察局（EPPO）第四章	EUエージェンシー第六章	欧州統計局（Eurostat）EU情報安全庁（ENISA）第七章

筆者作成

しながらも、EU行政を構成する具体的な事例について体系的な分析を欠いてきた。本研究は、上記の問題群への回答を導出するに際して検討する各事例において、欧州委員会がEUにおける行政管理の様態をいかなる考慮の下に変化させ、その通時的様態が結果としてどのようにEU行政の正統性の確保に寄与しているかを記述的に推論することで、EUにおける行政資源管理の問題をEUの正統性に関する議論に接続させ、一連の変化の意義を明らかにするものである。

（3）本書の構成

　本書は序章と終章を除き、全8章で構成される。これらの章は、第1項で提示した問題群に対する回答の導出のための分析事例に対応している。分析事例は、本研究が想定する4つの国際行政資源である人事、財政、権限、情報に関して、各資源の管理に関わる規則及び手続の側面と、機構及びアクターの側面に対応している。また各事例は、各章第1節でも触れる通り、対応する行政資源の管理の静態及び動態を特徴付ける重要性が認められるものである。

　各章と分析事例は、上に示す表1の通り対応している。人的資源については、手続の事例としてEU職員規則と、機構の事例としてキャビネ（委員官房）を、それぞれ第一章と第二章で順に取り上げる。財政資源については、手続の事例として多年度財政枠組（MFF）と、機構の事例として欧州検察局（EPPO）を、それぞれ第三章と第四章で取り上げる。権限、すなわち法的資

源については、手続の事例としてコミトロジーと、機構の事例として EU エージェンシーの変化について、それぞれ第五章と第六章で分析する。最後に、情報資源に関する機構の事例として欧州統計局（Eurostat）及び EU 情報安全庁（ENISA）と、手続の事例として EU 送達規則を、それぞれ第七章と第八章で検討する。

なお終章では、以上 8 つの事例研究で得られた知見を整理し、本研究の設定する主問題と補助問題に対して回答を提示した上で、本研究がもつ示唆と限界について整理し、本研究を総括する。

第 一 章

職員規則に見る EU 官僚制の存立基盤

第 1 節　問題の所在

　本章及び次章では、EU 官僚制を構成する人的資源の管理に関する規則及び機構の側面を分析する。本章では、EU の人事行政において長期に亘って中核的規範として維持されている職員規則（Staff Regulation）に焦点を当てる。

　EU 官僚制内部では、他の国際機構の事務局と共通する複数の原則に基づいて、職員の配員及び採用、昇進等について客観的に説明可能な形で人事決定が行われてきた。しかし、1990 年代以降国際社会において広く着目されることとなったジェンダーメインストリーミング（ジェンダー平等の主流化、Gender Mainstreaming）の発現は、従来の EU 官僚制が孕んでいた問題を露呈させ、人事行政の改善を迫った。しかし、本章で詳述する通り、ジェンダーに関わる考慮が人事政策に実質的に反映されるまでには、複数の要因によって相当の時間を要した。他方で、現在 SDGs にも掲出されるジェンダーの論点は、寧ろ EU 自身が国際社会においてその重要性を唱道し、アジェンダセッティングを牽引してきたものである。実際に、EU 社会におけるジェンダー間格差は世界的に見ても最高水準の是正を経験し、ジェンダーギャップ指数の上位 30 か国のうち半数以上は EU 加盟国が占めている[58]。この事実は、EU におけるジェンダー平等の推進過程を、世界で最も先進的な事例の一つとして参照する傾向を裏付けている。

　以上の事実からだけでも、現代 EU 官僚制の基礎となる原則の中にジェンダーに関する考慮が含まれていることは明らかであるが、その考慮が実際の

---

(58) World Economic Forum（2022）World Gender Gap Report: Insight Report 2022 July, p.10.

人事決定に反映されるためには、その実現を可能にする精緻な規則設計が必要となる。本章では、EU 官僚制内部におけるジェンダー平等が進展する過程を詳らかにするとともに、EU 人事行政におけるジェンダーの考慮が既存の諸原則といかなる優先関係の中に位置付けられ、その実質性がどのように確保されてきたか論じることで、欧州委員会が人的資源管理において重視する諸要素を明らかにすることを試みる。

　以下では初めに、EU 官僚制が設立当初から依拠する諸原則を確認した上で、その人的組織の構造について整理する。次に、ジェンダーに関わる論点が EU 社会内外でいかに発展してきたか確認した上で、成立当初の EU 官僚制が抱えていた問題を明らかにし、リスボン条約発効までに講じられた諸改革について詳細に分析する。最後に、リスボン条約以降に行われた職員規則改正について確認した上で、一連の人事行政改革によって実現した現代 EU 官僚制の特徴とその課題に触れながら、欧州委員会が人的資源管理に関わる制度構築ないし改正において重視した原則と、その通時的変化について明らかにする。

第 2 節　EU 官僚制の構造と原則

　前述の通り、本章は EU 諸機関を構成する国際官僚制におけるジェンダーを巡る問題に主として焦点を当てるが、その前提として、EU を含む国際機構の官僚組織が等しく考慮している諸原則について理解しておかなければならない。というのも、そのような謂わば伝統的な原則が、後節で述べるように、EU 官僚制内部のジェンダー平等の推進を阻害する要因になったためである。本節では、国際官僚制における一般性の高い諸原則とその内容について整理した上で、EU 官僚制が他の国際官僚制と大きく異なるその組織規模及び構造について詳解する。

(1) 国際官僚制の諸原則

　EU 官僚制を含む国際官僚制にはいくつかの原則がある。特に、公務員人事に関わる原則として、地理的配分原則と能力主義原則の 2 つが存在す

る[59]。

　地理的配分原則とは、可能な限り多様な地理的基盤から国際公務員を調達するという原則である。国際機構は、全ての構成国に共通する利益の確保を目的とするものが多く、追求される利益には高い公益性が認められる。国際公務員には、服務上の倫理規範が課せられ、建前上は超国家的な考慮に基づいて職務に従事することになる。これはEUでも同様であり、EU官僚には「共同体大の利益の考慮」がその職位を問わず求められてきた[60]。しかし実際には、国際公務員である以前に特定加盟国の一国民である者にとって、出身国に考慮が及ぶことは不自然ではない。そのため、国際公務員の任命に際しては、可能な限り多様な地理的基盤から職員を調達し、官僚制全体、又は任意の部局が特定構成国出身者で占有される事態を避ける必要があり、特にEUにおいてはしばしばこの点が問題となってきた[61]。

　能力主義原則とは、字義通り、職務に係る高い能力を有する者を官僚として任用するという原則である。民意に基づいて選出される政治家とは異なり、原則として官僚はその能力に基づいて採用される。このことは、文書主義や無人格性といった他の要素と並んで、官僚制の基本原則を構成している。国際官僚制においても例外ではなく、上述の地理的配分に関する考慮こそ要するものの、基本的には職務適性のある者が国際公務員の地位を獲得する。また能力主義原則は、より優秀な人材を国際機構が調達できるようにするために、国際公務員の処遇に関わる原則として定式化されているノーブルメイヤー原則[62]の基礎になる原則でもある。国際公務員の俸給を構成国の水準よりも高く設定することで、候補となる人材に国際公務員をキャリアパスとして選択させる誘因を維持できている。

　このほかに、「代表的官僚制（Representative Bureaucracy）」[63]という考え

---

(59) 福田耕治（2012）『国際行政学―国際公益と国際公共政策［新版］』有斐閣、91-99頁。

(60) OJ (1962) 45, Regulation No 31 (EEC), 11 (EAEC), laying down the Staff Regulations of Officials and the Conditions of Employment of Other Servants of the European Economic Community and the European Atomic Energy Community, p.140.

(61) 本文次節、並びに、福田耕治（1992）前掲書、151-152頁を参照。

(62) ノーブルメイヤー原則については福田耕治（2012）前掲書、91-92頁を参照。

30 第一章 職員規則に見る EU 官僚制の存立基盤

方も近年着目されるようになってきている。前段の通り、公務員の地位を正当化する根拠の大部分は個人の能力であり、それゆえその採用は民意を反映する手続を経ずに行われる。しかし、かくして選出される集団が、特定の社会的属性に偏り、管轄する行政単位の社会的構成と齟齬をきたす場合、その程度によっては官僚制の存立根拠に傷がつく場合がある。例えば、採用者に占める女性の割合が極端に少ない場合や、職務適性を判断する際の基準が原因となり、健常でない者の採用機会が著しく損なわれている場合である。このような事態の回避を目的として、官僚個々人が一定以上の能力を備えていることを前提として、官僚組織が社会における多様性を一定程度反映ないし代表する構成であるべきだ、との考慮が導出される。特に国際官僚制に限定すると、社会構成と官僚組織の近接性は、社会的正義の観点から市民の信頼を醸成するだけでなく、中立性の観点から加盟国の信頼を支える側面も有している[64]。このような代表的官僚制という考え方には、社会における画一的な合意があるわけではないが、後節で論じる通り、特定の属性を持つ候補者の採用、昇進に関わる判断において特別の考慮が介在することを正当化する根拠の一端を担っている。

(2) EU 官僚制の構造

次に、EU 官僚制の構造について整理する。国際機構の事務局に相当する国際官僚制の規模は、国家のものと比べて大幅に小さいことが一般的である。これは多くの国際機構がごく一部の政策分野に関する規制的な役割のみを期待されていることに起因するものである。しかし、EU 官僚制は広汎な

---

(63) 代表的官僚制の概念自体の出現は 1960 年代に遡ることができる（例えば Mosher, F. C. (1968) *Democracy and the public service*, Oxford University Press.）。EU 官僚制に関する研究の論点としてこれを明確に位置付けた代表的な研究として Gravier, M. (2008) "The 2004 Enlargement Staff Policy of the European Commission: The Case for Representative Bureaucracy", *Journal of Common Market Studies*, 46(5), pp.1025-1047. 等が挙げられる。

(64) Badache, F. (2019) "A Representative Bureaucracy Perspective on Workforce Composition in International Organizations: The case of the United Nations secretariat", *Public Administration*, 98(2), p.394.

政策領域における政策の形成及び実施を担うため、3万人を超える巨大な人的組織となっている[65]。加えて、EU官僚制の特異な点は、他の国際機構の職員の大半が構成国から派遣される任期付の職員であるのに対し、半数以上が任期の定めのない常勤の職員（官吏：Officials）であることである[66]。つまり、ユーロクラット（Eurocrat）と称されるEU官僚の大部分は、加盟国の意思とは離れて、欧州委員会を中心とするEU諸機関により、超国家的なレベルにおいて独立して選考され、配置されているのである。

　他方、EU官僚制は国家の官僚制と酷似する部分もある。その代表的な点は、EU官僚制が位階制構造を有していることである。EU職員は採用枠に応じた階級（通常最も下位）の職員として組織に配属された後、客観的な基準に基づいて昇進する経路が確保されている。2000年代前半までは、官僚組織内部で本質的な政策の起草等に関わるA級を頂点とし、各級内部で昇進する毎に番号が若くなる号俸の構成となっていたが、2004年を境に現在は日本のキャリア組に相当する行政官（AD職：最上位はAD16級で総局長に相当、最下位はAD5級。旧A類相当）、行政業務の補佐を行う補佐官（AST職：最上位がAST11級、最下位はAST1級。旧B類相当）、事務補助を行う秘書官（AST/SC職：最上位がAST/SC6級、最下位がAST/SC1級、旧C類相当）の順に構成され、級内の番号は逆になっている（図1参照）[67]。

　能力試験を前提とするEU官僚及びその他の職員に関する採用手続は、専

---

(65) European Commission "Commission Staff", URL: https://commission.europa.eu/about-european-commission/organisational-structure/commission-staff_en（2024 年 6 月 29 日最終閲覧）より。なおこの数字は、EU の主要機関以外の組織に所属する職員を計上するか否かによって揺れる場合があるが、最も狭い範囲で計上しても 2 万人以上である。

(66) European Commission (2023a) "Human Resource Key Figures on Staff Members" 01/01/2023.

(67) European Personnel Selection Office "Staff Categories", URL: https://epso.europa.eu/en/eu-careers/staff-categories（2024 年 6 月 29 日最終閲覧）なお、常勤の秘書官は極めて少数であり、2024 年時点で最上位の AST/SC6 級の職員はいない（European Commission (2024) "Statistical Bulletin – HR – July 2024 より）。また、この階級構造の変化によって、EU 官僚の号俸は、他の国際官僚制と同様に、号俸の数字が降順に若くなることとなった。

図1：EU 官僚制の階級構造

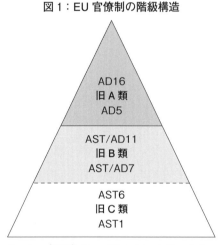

Eur-lex（2022）Consolidated text: Regulation No 31（EEC）, 11（EAEC）, laying down the Staff Regulations of Officials and the Conditions of Employment of Other Servants of the European Economic Community and the European Atomic Energy Community, 01962R0031 20200101. を基に筆者作成。

ら EU 諸機関のみによって行われるが、その手続も以下のような変化を経験している。採用手続は従来、EU の各機関が独自に選考する方式により行われ、選考基準は凡そ同じであるにも関わらず機関間で相互に決定を承認しないこととなっていた[68]。しかし現在では、2002 年に設立されて翌 2003 年 7 月に始動した欧州人事選考局（EPSO: European Personnel Selection Office）が初期段階の選考を一元的に担当している[69]。志願者は第一段階として書面審査と専門試験を受験し、一定の基準に達した者は対面でのグループワーク試験に進む。両段階を突破した候補者は合格者としてリストに掲載される。その後合格者は個別の機関との採用面接に臨み、各機関で編成される選考委員会（Selection Board）によってその採否が決定される[70]。このように、選考過程の大部分を諸機関と独立した専門部局が担当することで、選考に係る業務が効率化されるとともに、審査の客観性も維持されているのである。

---

[68] Ban, C.（2010）"Reforming the Staffing Process in the European Union Institutions: moving the sacred cow out of the road", *International Review of administrative Science*, 76(1), pp.6-7.

[69] Ban（2013）*op. cit.*, p.73.

[70] European Personnel Selection Office "How to Apply", URL: https://epso.europa.eu/en/how-apply（2020 年 12 月 9 日最終閲覧）なお、一部上級職には競争試験を経ずに選考する政治任用手続が適用される場合もあるが、その割合は年々低下している。詳細は第二章を参照。

第3節　EU官僚制におけるジェンダーと職員規則

　このようにEU官僚制では、共同体設立当初から能力主義原則と地理的配分原則に基づき、その人事上の決定が行われてきた。しかし、冒頭で述べた通り、欧州統合の進展と機を一にして、国際社会においてジェンダー間の格差是正の要請が強まることとなった。しかしEUでは、域内社会におけるジェンダー平等の法的基盤が整備される傍ら、その官僚組織内部のジェンダー間格差は時機を得て是正されてこなかった。本節では、EUにおけるジェンダー関連規範の生成と定着の状況について確認しつつ、初期のEU官僚制が抱えていた問題がリスボン条約までにいかに改善されてきたか整理する。

(1) EUにおけるジェンダー関連規範の発展

　本章が着眼するジェンダー平等は、その実現手段として女性に特化したエンパワーメントが必要になる場面こそあれ、単に女性を優遇し、特定の領域における一時的な均衡の達成に終始するものではない。このように、ジェンダー平等を多くの領域において包括的に達成しようとする考え方が、ジェンダーメインストリーミングである。ジェンダーメインストリーミングの語は、1985年にナイロビで開催された第3回国連世界女性会議の成果文書にて初めて出現した。その後、1995年の第4回会議では「北京宣言」が採択され、重大領域における女性の能力向上と女性に対する暴力の問題をそれぞれ単独で取り扱う等、その語が包摂する具体的な論点は徐々に明確化されてきた。ジェンダーメインストリーミングの促進に際し、欧州評議会は1998年にその定義を示し、EUもその定義に基づき文書を公表してきた。それによると、ジェンダーメインストリーミングとは、「ジェンダー平等の観点が、全政策領域の全レベルにおいて政策決定に通常参与するアクターによって取り込まれることを目的とする（再）組織化、改善、発展ないし政策評価」[71]であり、この定義は現在でも有効である。つまりジェンダーメインス

---

(71) Council of Europe (1998) 'Gender Mainstreaming, Conceptual Frameworks, Meth-

34 第一章 職員規則に見る EU 官僚制の存立基盤

トリーミングを支えるのは、個別領域におけるジェンダー平等の徹底に他ならず、EU ではジェンダー平等が、その設立当初から実現されるべき課題として認識され、欧州統合の初期から、以下のような法的政治的根拠を伴って、個別事例におけるジェンダー間格差の是正が推進されてきた。

1957 年のローマ条約の第 119 条には、既に「各加盟国は第一段階において、男女の労働者に対する同一労働同一賃金の原則の適用を確保しなければならず、その後もこれを維持しなければならない」[72]との規定が挿入されていた。しかし、この規定は女性の権利に関わる議論の中からではなく、市場競争における公正性確保の観点から、フランスによって主張された機会平等の観点に根差すものであった[73]。このような背景もあり、同条の規定はあくまで原則論としてしか機能しえず、同条発効以降もジェンダー平等の実現に向けた具体的な対策は講じられずにいた。しかし、EU における政策形成や実施の責を負う欧州委員会は、この条文をもとに、EU がジェンダー平等の理念を早期から有していたと一貫して主張してきている。

EU の域内社会においてジェンダー平等が具体的な法的基盤を持ち、その実効性が確保される大きな契機になったのが、ドゥフレンヌ事件[74]である。同事件は、サベナ航空（当時）に勤め、同社の年齢規定により退職した元職員の女性が、退職金及び年金の額について男性との間に不平等があることを理由としてベルギー政府を訴えた事件であった。同事件における争点はローマ条約第 119 条の適用範囲であり、欧州司法裁判所（ECJ: European Court of

---

odology and Presentation of Good Practices', Final Report of Activities of the Group of Specialists on Mainstreaming, Strasbourg, Council of Europe.

(72) Traité de Rome (CEE): Traité instituant la Communauté Économique Européenne et documents annexes, p.100.

(73) Booth, C. and Bennett, C. (2002) "Gender Mainstreaming in the European Union: Towards a New Conception and Practice of Equal Opportunities?", *The European Journal of Women's Studies*, 9(4), p.436.

(74) ドゥフレンヌ第 1 事件は Case 80/70、第 2 事件は Case 43/75 である。EU 法史上の重要判例は第 2 事件であり、中村民雄／須網隆夫編著 (2010)『EU 法基本判例集［第 2 版］』日本評論社、43-51 頁に詳しいが、本章ではジェンダー平等を巡る実効的法制度の限界を直接指摘した初例として第 1 事件について述べる。

第3節　EU官僚制におけるジェンダーと職員規則　35

Justice）は、原告が不当と主張する退職金や年金は同条の規定する賃金に該当せず、その差別的待遇は違法でないと判示し[75]、原告の主張は認められなかった。しかしこの事件を契機として、1970年代後半にEUでは、男女同一賃金指令（Council Directive 75/117/EEC）[76]、雇用労働条件に関する機会平等指令（Council Directive 76/207/EEC）[77]、社会保障上の公正処遇指令（Council Directive 79/7/EEC）[78]の3つが採択され、後の関連訴訟における根拠法として重要な意味を持つこととなった。かくしてドゥフレンヌ事件から3指令の採択に至る1960〜70年代のEUでは、ジェンダー平等に関わる議論が単に高潮期に入っただけではなく、公正に処遇されない集団がその権利確認の根拠として直接的に使用できる共同体法が、象徴的な係争を受けて整備されてきた過程を看取できる。

　上の3指令はあくまで代表的な例であるが、70年代以降複数の指令が発効してもなお、問題は積み残されていた。それは、ジェンダーメインストリーミングを巡る論点の混乱と、EU諸機関内部のジェンダー間格差の放置であった。前者については、1997年に「主流化通達に関する戦略文書」[79]が発表されたことで、機会平等、女性の権利保護、（女性に限定されない）ジェンダーに対する配慮の3点が相互補完的に機能し始めたことで、1990年代

---

(75) Curia (1971) "Judgment of the Court of 25 May 1971. - Gabrielle Defrenne v Belgian State - Reference for a preliminary ruling: Conseil d'Etat - Belgium - Equal pay - Case 80-70", pp.445-453.

(76) OJ (1975) L45, Council Directive 75/117/EEC of 10 February 1975 on the approximation of the laws of the Member States relating to the application of the principle of equal pay for men and women.

(77) OJ (1976) L39, Council Directive 76/207/EEC of 9 February 1976 on the implementation of the principle of equal treatment for men and women as regards access to employment, vocational training and promotion, and working conditions.

(78) OJ (1979) L6, Council Directive 79/7/EEC of 19 December 1978 on the progressive implementation of the principle of equal treatment for men and women in matters of social security.

(79) EQOP 02-97/rev DG V/D/5 (1997) Strategy Paper: Mainstreaming of Gender and Equal Opportunities Perspectives into All Community Policies: A Strategy for the Follow up to the Communication (COM) (96) 67 Final, January, Brussels: European Commission.

36 第一章 職員規則に見る EU 官僚制の存立基盤

に一定の解決を見たが[80]、次節で述べる通り、後者に関わる具体的な改善には長い時間を要することとなった。

(2) 創設当初の職員規則とジェンダー

かくして、EU の域内社会におけるジェンダー規範は、1970 年代頃からその根拠法が整備され定着してきた。しかし EU 官僚制内部のジェンダー格差については、1990 年代時点でその問題が認識されるにとどまり、EU の社会におけるジェンダー関連法制を牽引したはずの EU 諸機関内部におけるジェンダーの問題は、時機を得て是正されてこなかった。以下では、制定当初の職員規則が抱えていたジェンダーに関する問題点を指摘するとともに、その解消の障壁となった EU 官僚制内部の事情について整理する。

1962 年に制定された職員規則には、既に性別に基づく差別の禁止が規定されていた。当時の第 27 条には、職員が人種、信条、性別によらず選考されなくてはならないとの規定が存在した。しかし、同条の規定は EU 職員の採用に関わる原則に過ぎず、十分な実効性を伴うものではなかったため、EU 官僚制は男性中心的な組織としての性格を長く有していた。

加えて、同年の職員規則には無意識下の差別を容認するかのような条文が存在した。当時の規則 70 条、及び同条が参照する付属書 VIII の第 23 条には、家族手当について以下のように規定されていた。

《職員規則第 70 条》
　EU 職員が死亡した場合、遺族である配偶者または扶養子女は、死亡した月の 3 か月後の末日まで死亡者の報酬の全額を受け取る。その報酬は、付属書 VIII の第 23 条が適用される場合に、女性職員の夫にも支給することができる[81]。
《職員規則付属書 VIII 第 23 条》
　死亡した女性職員の夫は、自身が無収入であり、且つその妻が死亡した時点において障害ないしは重篤な病気によって生計を維持できる職に従事する能力を永続的に有しないことを証明できる場合に、以下の何れかを受け取ることができる。

---

(80) Booth and Bennett, *op. cit.*, pp.438-440.
(81) OJ (1962) 45, *op. cit.*, p.151.

—職員が死亡した時点で1年以上の婚姻関係があり、且つ当該職員が年金の受給資格を有している場合において、勤続年数によらず退職時に受け取る見込みであった金額の半分。

　—または、職員が障害年金の受給資格を得た時点で職員と婚姻関係にある場合において、職員が死亡した際に受け取る見込みであった金額の半分[82]。

　（後略）

　遺族年金に準ずる基金の受給が、当該世帯における生計維持者の所得等によって制限されうること自体は不自然なことではない。しかし1962年の職員規則は、そのような制限の該否が女性職員が死亡した場合にのみ審査の対象となる点で特異である。この点からは、各世帯が基本的に男性によって生計が維持されているという暗黙の前提の存在が指摘できよう。

　このように、当時の職員規則には無自覚な性分業意識が残存していた。しかし、とりわけ1970年代以降、EU社会においてジェンダーを巡る議論が高潮期にありながら、EUはその官僚制内部の既存課題の解決に時機を得て取り組めなかった。その要因として以下の2点が指摘されている。

　まず、官僚制内部の自浄作用に限界があったことである。官僚制の基礎は無人格性や独立性にある。その中でジェンダー平等及びジェンダーメインストリーミングの論点はイデオロギー色の強い規範として認識され、官僚制内部に目標として取り込むことに抵抗があった結果、論点として立ち消えることとなった[83]。

　他方で、当時の官僚制の知識経験不足も指摘される。官僚制の中立性という観点から全面的な受容を躊躇したとはいえ、ジェンダー平等の実現に対する理解が広がる中で、EU諸機関も自らが抱える問題に対して無自覚ではなかった。特に欧州委員会は、機会平等や女性の権利保護の問題と関連させ、ジェンダーメインストリーミングの推進に寄与する文書を1990年代以降打ち出すとともに[84]、自機関内部の政策形成及び実施活動において、女性の

---

(82) *Ibid.*, p.177.

(83) Minto, R. and Mergaert L. (2018) "Gender mainstreaming and evaluation in the EU: comparative perspectives from feminist institutionalism", *International Feminist Journal of Politics*, 20(2), p.214.

参画を確保する必要を自覚していた。しかし、一部の総局が成功裏に政策上の対応を進める一方で、従来ジェンダーの問題に関心を寄せてこなかった、または同問題に関して対応した実績がない競争総局や研究総局は、組織内にノウハウが蓄積されていなかった結果、対応に苦慮した経緯がある[85]。

　このように、欧州ガバナンス改革以前のEU官僚制は、ジェンダー平等を人事行政における原則として掲げるにとどまり、1990年代にジェンダーの問題を政策課題として明瞭に認識しながらも、具体的な策は後手に回った。しかし、同年代に顕在化した政治的混乱も相俟って、ジェンダー平等に向けた具体的な進展の機運は高まり、2000年代以降これが結実することとなった。

(3) リスボン条約以前の職員規則改正

　欧州ガバナンス改革（行政改革）の構想は1990年代前半から議論されてきたが、その迅速且つ徹底的な実施の必要性は、第四章で詳述する汚職を契機として強く認識されることとなった。サンテール委員会における公金流用事件を契機として加速した改革はNPM[86]の性格を強く帯びたものであったが、このNPMに親和的であった北欧出身の欧州委員が、同地域の伝統に基づく先進的なジェンダー平等を目指す施策を欧州委員会に進言することとなった。特に、フィンランドのリーカネン（Erkki Liikanen）委員は、当時の欧州委員会官僚制における男女構成比を問題視し、行政改革の一部としてこれを改善する余地を指摘した。また、スウェーデンのグラディン（Anita Gradin）委員は、同国の伝統的なジェンダー平等に関わる規範をEUに浸透させるべきだと主張し、リーカネンに賛同していた[87]。

---

(84) 例えば、1991年の第3次機会平等活動プログラムや、1992年の構造基金内における「女性のための新たな機会（NOW）」の創設等。詳細はBooth and Bennett, *op. cit.*. pp.437-440.

(85) Pollack, M. A. and Hafner-Burton, E. (2000) "Mainstreaming Gender in the European Union", *Journal of European Public Policy*, 7(3), p.440.

(86) NPMについては、久保木匡介（2007）「NPMから公共経営へ」、藤井浩司／縣公一郎編『コレーク行政学』成文堂、25-49頁を参照。

(87) Pollack and Hafner-Burton, *op. cit.*, pp.436-438.

第3節　EU官僚制におけるジェンダーと職員規則　　39

　以上の背景の下、プロディ委員会は、前節で紹介したEPSOの開設に加え、政治アジェンダとして女性職員の倍増を掲げるとともに、職員のワークライフバランスを確保するために休暇取得を容易にする等の対応を取った[88]。また、このようなマクロレベルでの変化があった一方で、その背後ではEU職員の配員や処遇を巡るミクロレベルの改革が着実に進行し、職員規則に関しても2004年に大規模な改正が行われた。

　2004年の職員規則改正では、以下の4点において特筆すべき改善が見受けられる。第一に、不差別規定の適用拡大である。ジェンダーに基づく差別の禁止は、従来職員の採用に関する規定にのみ存在していたが、同年の改正では、職員規則のあらゆる適用においてジェンダーを含む様々な社会的属性に基づく差別の一切を禁じる規定が一般条項に設けられた[89]。職員のジェンダーを巡る議論は主として採用に関わるものであったため、この変化は表面的には些末なものに思われるが、この変化には次のような事情で大きな意義が認められる。従前、職員の処遇を巡って地理的配分原則の適用範囲に関する論争が生じていた。ここでは、国籍に関わるEU諸機関の裁量権が、職員の採用に際して明示的に認められていたものの、昇進や異動にも適用されるか否かについては職員規則に明確な規定が存在しなかった。それゆえに、採用候補者や昇進候補者が人事決定に不服を申し立てる係争も複数発生していた。しかし、判例の蓄積により、国籍に基づく恣意的な人事決定は、採用だけではなく昇進や異動にも適用可能であるとの解釈が確立することになった[90]。しかし、この解釈は従前職員規則の中に明示的に反映されて来ず、2004年の規則改正によってジェンダーの論点が規則中に組み込まれる際には、国籍に関する言及が不差別に関する規定としてジェンダーと並置される必要があった。以上の経緯により、ジェンダーに基づく差別も、採用だけではなく昇進や異動、その他の待遇を含め、あらゆる点において禁止されると

---

(88) Ban (2013) *op. cit.*, pp.72-76.

(89) OJ (2004) L124, Council Regulation (EC, Euratom) No 723/2004 of 22 March 2004 amending the Staff Regulations of officials of the European Communities and the Conditions of Employment of other servants of the European Communities, p.5.

(90) 詳細は、福田耕治 (1992) 前掲書、141-152頁。

の規定が明記されるに至った。

　第二に、部分クオータの導入である。この点についても国籍に関する論点に重ね見る改正の経緯が指摘できる。国籍については、これに基づく差別が禁止されている一方で、多国籍人事の必要性から同一国籍職員が特定部署に偏るといった事態を避ける必要がある。しかし前者の事情から、職員規則中には、特定の職位を特定の加盟国出身者のために留保することを禁じる規定が一貫して存在する[91]。この論理に照らすと、ジェンダーについても EU 官僚制全体、ないし特定部局内におけるジェンダー構成比を可能な限り同等にすることが望ましいとの理解が共有される一方で、特定の職位を特定のジェンダーのために確保すること、すなわち職員公募の条件にジェンダーに関わる制約を付すことは不可能となる。つまり、官僚制内部のジェンダー構成比の是正という大義名分こそあれ、候補者の採否をジェンダーに基づいて決定することは、少なくとも明示的にはできない。しかし、採用を担当するEU 諸機関、特に競争試験を突破した採用候補者の選定に関わる選考委員会は、行政構造上の部局ではなく、特定目的のために編成されるチームとしての位置付けであるため、その構成員のジェンダーには踏み込んだ言及が可能である。そのため、2004 年の規則改正には、選考委員会が４人以上で構成される場合に、男女を少なくとも各２名ずつ含むとの規定が盛り込まれた[92]。各機関による採用に際して、将来の職務上のパートナーを選考する立場にある選考委員会にジェンダーの要件が加わることで、結果的に採用される集団のジェンダーバランスの改善が期待された[93]。

　第三に、ハラスメント対策の強化と救済の制度化である。従来 EU 職員に対しては、職位に悖る行動を禁じる規定こそあったが、その行為が職務として行われるものに限定されるか、倫理的な面にまで及ぶかは不明瞭であっ

---

(91) Eur-lex (2022) Consolidated text: Regulation No 31 (EEC), 11 (EAEC), laying down the Staff Regulations of Officials and the Conditions of Employment of Other Servants of the European Economic Community and the European Atomic Energy Community, 01962R0031-20200101, p.27, Article 27.

(92) OJ (2004) L124, *op. cit.*, p.34.

(93) Ban (2010) *op. cit.*, p.5. 但し、このような選考委員会の「仲間選び」的選考により専門性の観点が損なわれかねないことから、更なる改革が企図されている。

た。このような経緯から、同年の改正に先立ち、心理的ないし性的な嫌がら
せを解決する法的枠組が必要であるとの認識が共有されていた[94]。これを
受け改正規則中では、セクシュアル＝ハラスメントに関して、「当事者の気
分を害すること、または威圧的、攻撃的、敵対的ないし行動を阻害するよう
な環境を作ることを目的として行われる、当事者が望まない性に関わる行
為」[95]との定義が明示され、ハラスメントの被害者と通報者が不利益を受け
ないことが確認された。併せて、セクシュアル＝ハラスメントがジェンダー
に基づく差別を構成するとの解釈も明文化されたことで、EU 官僚制内部の
ジェンダーの問題について職員規則は予防的性格を帯びることとなった。

　第四に、職員のジェンダーに関する情報保護の強化である。EU 職員は、
一人ひとつずつパーソナルファイルを有しており、その中には個人の行政上
の地位、能力、職務効率及び行動に関する情報が含まれている。これらの情
報は、将来の昇進や異動に影響を与えかねないため、その中に個人の政治
的・宗教的思想に関する言及が含まれてはならないと従来規定されていた。
これに加えて同年の改正では、労働組合への加入状況や民族的出自、性的指
向に関しても情報を記載できないこととなった[96]。以前より人事評価に際
したジェンダーに基づく差別は禁止されていたが、同年の変更により職員個
人の職務上の評価と性的指向が同時に参照できないこととなり、評価の公正
性が担保されることとなった。

第 4 節　EU 官僚制の現在とその諸原則の強靱性

　前節の通り、EU 官僚制の人事管理の中核を担う職員規則には、当初から
不差別に関する規定が盛り込まれていたが、その実質的なジェンダー平等を
増進するほどの強靱性は認められなかった。また、1990 年代までの EU 諸
機関は、ジェンダー平等の問題を認識しながらも、既存の制度に十分な処方

---

(94) OJ (2004) L124, *op. cit.*, p.2. 及び、OJ (1992) L49, Commission Recommendation
　　92/131/EEC.

(95) OJ (2004) L124, *op. cit.*, p.10.

(96) *Ibid.*, pp.13-14.

42　第一章　職員規則に見る EU 官僚制の存立基盤

箋を提供できずにいた。その中で、1990 年代後半に始まる行政改革を契機として、EU 官僚制におけるジェンダー平等は実質的な改善を見ることになったが、その改革指針はリスボン条約以降にも引き継がれ強化されることとなった。本節では、リスボン条約発効以降の職員規則を巡る変化を追跡した上で、一連の改革の到達点について評価する。

(1)　リスボン条約以降の職員規則とその変化

　職員規則を巡る最も大きな変化は前項で詳述した 2004 年改正だが、リスボン条約以後もジェンダー平等の推進に向けた改正が続けられた。2010 年の規則改正では、諸規定の適用拡大と、実施監督の強化が施された。同年の改正の大部分は、リスボン条約の発効によって EU が単一の国際法人格を獲得したことを受けた、主として表記上の変更であったが、同条約で設立された欧州対外行動庁（EEAS: European External Action Service）や、以前より組織化されながら職員規則が直接適用されていなかった欧州オンブズマンや地域評議会等の主要機関に準ずる組織にも適用対象が拡大された[97]。これにより、新設組織に対するジェンダー平等や地理的配分等の原則の適用を推進し、従前の改革の意義が EU 官僚制全体に浸透するよう試みられた。特に EEAS を巡っては、同政策領域を担当する共通外交安全保障政策上級代表（兼欧州委員会副委員長）が、職員の構成を是正するための措置を講じ、欧州委員会、EU 理事会、欧州議会に対してその実施状況に関する中間報告を提出するというより強い規定が挿入された[98]。この他に、2013 年の改正では、第一次バローゾ（José Manuel Barroso）委員会期における職員の労働時間の増加が、官僚制内部のジェンダー構成の是正の障壁になったとの指摘を受け、婚姻及び家庭の状況による差別の禁止が明文化されるとともに、労働時間の柔軟性向上が企図された[99]。当初の労働時間制限緩和は、共同体の

---

(97) OJ (2010) L311, Regulation (EU, Euratom) No 1080/2010 of the European Parliament and of the Council of 24 November 2010 amending the Staff Regulations of Officials of the European Communities and the Conditions of Employment of Other Servants of those Communities, p.4.

(98) *Ibid.*, p.8.

財政規模を縮小する要請の中で案出されたものであり、2013年改正による
その再制限は従来のNPM的な行政改革に逆行するものであったが、家庭に
寄り添った（family-friendly）労働慣行の形成が肝要との認識に基礎付くも
のであった。かくして、EU官僚制におけるジェンダー平等は、これを推進
する規定が整備されると同時に、その直接間接の障壁が徐々に撤廃されてき
た。

　更に、全体を通して見ると、EU官僚制が性を巡る論点の多様化に対応し
た点も指摘できる。職員規則制定当初、生物学的性（Sex）として出現した
規定は、複数回に亘る改正を経て社会的性（Gender）及び性的指向（Sexual
Orientation）の語が併記されることとなった。改革以前に出現した批判が男
女平等に関するものであったこと、また当時の状況に照らして女性にとって
不公正な状況を改善することが急務であったことから、初期の改革は共同体
行政への女性の関与の強化を旨としたものであった。しかし、改革では単に
男女間の平等の促進だけではなく、両者何れにも分類されることを望まない
性的マイノリティの権利及び地位を保護する規定も並行して整備された。加
えて、職員構成に関する記述において、女性という表現が十分に代表されて
いないジェンダー（under represented gender）という表現に置換されてきた
ことからも、ジェンダー平等を巡る施策がより高次の段階へと発展している
ことが伺える。これらの点は、基本的人権という点から語られるSDGsの趣
旨にも適う変化であったと評価できよう。

　一連の改革による最も大きな変化は、ジェンダーに関する考慮が国籍に関
する条項と併記されるようになったことである。従来EUの人事行政におい
ては、第二原則である地理的配分原則がいかなる場合に第一原則である能力
主義原則に優先されるかが問題となってきた。それゆえ国籍に関わる規定は
規則中の随所に現れているが、ジェンダーに関する規定は長く考慮事項の一
つとしての位置付けであった。しかし、2010年の改正で「採用に係る権力

---

(99) OJ (2013) L287, Regulation (EU, Euratom) No 1023/2013 of the European Parlia-
　　ment and of the Council of 22 October 2013 amending the Staff Regulations of Officials
　　of the European Union and the Conditions of Employment of Other Servants of the
　　European Union, p.17, p.55.

44 第一章 職員規則に見る EU 官僚制の存立基盤

は、ジェンダー及び地理的配分を考慮した上で、能力主義に基づく選考過程を通して行使される」[100]との記述が EEAS に関する規定として初めて出現した。同規定は現在までに一般条項にこそ挿入されていないものの、一連の変化からは、ジェンダー平等に関する考慮が地理的配分原則と同等の地位を得て、国際官僚制における第三の原則とも言うべき地位を獲得したことを指摘できる。

(2) 職員規則改革による諸原則の強化とその評価

前項までに明らかにした、とりわけ 2004 年以降の職員規則の漸進的ながら着実な変化を経て、EU 官僚制におけるジェンダーを巡る各指標は以下のような状況にある。

まず、EU 官僚制全体におけるジェンダーバランスについて見ておきたい。図 2 は、EU 官僚の出身加盟国、年齢、ジェンダー別の割合を表したものである。EU 職員全体に占める女性の割合は、1995 年時点で 44%、2012 年時点で 52% と推移してきているが[101]、同図によると 2023 年時点では女性職員が全体の 56.8% を占めており、近年もその割合が継続的に上昇していることが見て取れる。2000 年代の変化は、2004 年以降本格化した EU の東方拡大によって、言語能力と学歴の高い女性が多く EU 官僚に志願したことが原因とされるが[102]、近年もなお女性職員割合が上昇を続けているという事実は、前節で概観した職員規則を中心とする人事政策上の方針転換の奏功を裏付けるものと言えよう。

これに加え、EU 官僚制の中心である欧州委員会における要職者に占める女性の割合も継続的に上昇している。第二次ドロール（Jacques Delors）委員会において、初めて女性の欧州委員と総局長が誕生して以来、現在のフォンデアライエン（Ursula von der Leyen）委員会に至るまでその割合は継続的に上昇している。正確を期すと、欧州委員は官僚ではなく政治家であるが、EU 官僚である総局長職に限定しても、その全体に占める女性の割合は 40%

---

(100) Eur-lex, *op. cit.*, p.71.

(101) Ban (2013) *op. cit.*, p.181.

(102) *Ibid.*, p.179.

第 4 節　EU 官僚制の現在とその諸原則の強靭性　45

図 2：EU 官僚制全体のジェンダー構成

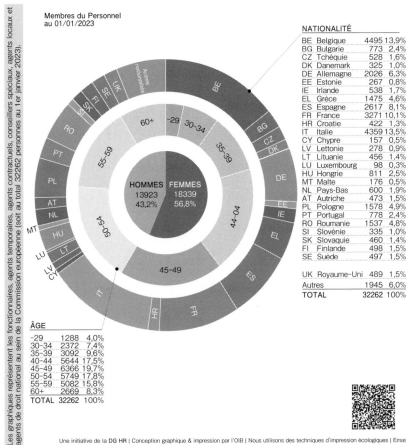

European Commission（2023a）"Human Resource Key Figures on Staff Members", 01/01/2023.

に迫る水準にある[103]。この事実が指摘された元の文脈は、要職者に占める女性の割合が継続的に上昇していることを評価しつつ、同一政策領域におい

---

(103) Hartlapp, M. and Blome, A.（2021）"Women at the Top of the European Commission - Drivers and Barriers" European Policy Analysis - 2021:6epa, p.4.

46 第一章 職員規則に見る EU 官僚制の存立基盤

て欧州委員と総局長の両方が女性である事例はなく、男性中心的な恣意的な考慮が残存している可能性を指摘する批判的なものであった[104]。しかし2022 年時点では、欧州委員、総局長、副総局長が全員女性となる事例も確認されている[105]。これらの点を踏まえると、職員規則の改正を中心とする官僚制内部のジェンダー構成比の是正に向けた一連の改革は、一定程度望ましい帰結をもたらしたと評価することができる。

このように、欧州委員会を中心とする EU 諸機関の努力によって、EU 官僚制内部におけるジェンダー平等は実質的に進展してきたが、残存する課題もある。特に以下の 3 点については、近年の変化の意義を大きく損ねかねない性質を持っており、今後 EU が真摯に取り組むべき課題と言えよう。

一点目は、上級行政官職に限定した女性割合の低さである。EU 職員全体に占める女性の割合は上昇してきたが、官僚制において特に大きな影響力を行使しうる立場に、いまだ女性が少ないことが指摘されている。表 2 に示す欧州委員会のデータによれば、AD11 級〜AD16 級の EU 職員数を男女で比較すると、全ての級において男性の職員数が上回っている。総数で見ても男性 3153 人に対して、女性は 2146 人となり、局長級相当以上（AD14 級以上）に限定すると、女性職員の数は男性職員の 7 割以下となっている。前段で紹介した通り、総局長や欧州委員における女性の割合は近年改善傾向にあるが、このようにメディアへの露出の少ない要職を巡る人事において男女の公正な処遇が確保されているとは言えず、改善が必要と言えよう。

二点目は、職員規則を EU 諸機関の外局に適用することが困難な点である。職員規則は 1962 年に制定されて以来、EU 官僚制を巡る中核的な規範として重要な役割を果たしてきており、本章で概観したその変化には EU 官僚制全体の改善に寄与する意義が認められる。他方で、職員規則は EU の主

---

(104) Hartlapp and Blome, *op. cit.*, p.6.

(105) 例えば、教育・青年・スポーツ・文化総局では、2023 年 1 月時点で、担当欧州委員（Mariya Gabriel）、総局長（Themis Christophidou）、副総局長（Viviane Hoffmann）全てを女性が務めている。(European Commission "Education, Youth, Sport and Culture", URL: https://commission.europa.eu/about-european-commission/departments-and-executive-agencies/education-youth-sport-and-culture_en#leadership-and-organisation（2023 年 1 月 5 日最終閲覧）)

第 4 節　EU 官僚制の現在とその諸原則の強靭性　47

表 2：上級行政官の男女比

	総数	うち男性	うち女性	男性を 1 とした女性の割合
AD16	39	26	13	0.296
AD15	164	99	65	0.646
AD14	699	443	256	0.472
AD14-16 小計	902	568	334	0.493
AD13	1140	727	413	0.54
AD12	2063	1190	873	0.701
AD11	1194	668	526	0.74
総計	5299	3153	2146	0.627

European Commission（2024）"Statistical Bulletin‐HR‐July 2024"より筆者作成。

要諸機関の人的組織に適用されるため、数千人に及ぶ大きな人的組織を想定して制定された経緯がある。ジェンダー平等が進展した欧州ガバナンス改革以降の一連の行政改革では、第六章で検討する EU エージェンシーと呼ばれる外局が多く設置され、EU を構成する大小の組織が増加することとなった。それらの EU エージェンシーを支える比較的小規模な人的組織にもこれを統率する規則が必要となるが、単純に職員規則を準用する（行政学的に表現すると「横出し」する）場合、新設組織の柔軟性が損なわれ、「ミニ＝コミッション化」[(106)]するとの指摘がある。流動的な行政組織改革の意義を損ねることなく、ジェンダー間格差の是正をより広汎に進めることのできる方策が模索される必要がある。

　三点目に、民族的背景の多様性に対する配慮の問題が置き去りにされている点である。民族的背景に基づく差別の禁止は、2004 年の職員規則改正によって直接的には明文化されたが、その淵源は 1962 年の職員規則で定められた人種に基づく差別的処遇の禁止に求めることができる、ジェンダーと同

---

(106) Schout, A. and Pereyra, F.（2011）"The Institutionalization of EU Agencies: Agencies as 'Mini Commissions'", *Public Administration*, 89(2), pp.430-431.

48 第一章 職員規則に見る EU 官僚制の存立基盤

等の歴史を持つ論点である。しかし、国際官僚制の従来の原則である職員の国籍の問題や、本章で検討したジェンダーの問題が積極的に議論されてきた中で、民族的背景に関する問題は十分に対処されてこなかった。実際に、EU 官僚の大部分は欧州にルーツを持つ白人であるため、近年多様化の進む EU 社会を反映した組織とは言えず、代表的官僚制の観点からこれを懸念する見方もある[107]。SDGs に掲出され、極めて明晰な国際規範として認知されるようになったジェンダーの問題だけではなく、実際に EU 官僚制が抱える内部の不均衡、不公正が包括的に匡正される必要があると言えよう。

第 5 節　小　括

　本章は、職員規則の変化を事例として、欧州委員会による人的資源管理を支える諸原則について考察するものであった。EU 官僚制では、創設当初より能力主義原則と地理的配分原則の 2 つの核となる原則に基づいて人事決定が行われてきた。他方、1970 年代以降、EU の域内社会におけるジェンダー平等は具体的な法制を伴って推進される傍ら、EU 官僚制内部のジェンダーの問題は 1990 年代まで放置されてきた。しかし、2000 年代に本格化する行政改革の中で、ジェンダーを巡る従前の課題は、部分的なクオータ制の導入や、ハラスメント対策の制度化、ワークライフバランスの強化等の具体性を伴って、漸変的ながら着実に解決され、官僚組織の包摂性は向上することとなった。

　本事例に関して得られた知見の中で最も明瞭に指摘すべきは、ジェンダーに関わる考慮という新出の要素が、EU 行政空間における人的資源管理を支える原則としての地位を獲得したということだけでなく、その考慮が既存の伝統的且つ中核的な原則の適用と常に競合する可能性を踏まえ、その適用上の優先関係が明瞭に示されたということである。これにより、EU 官僚制における人事決定を支える原則は、雇用主体となる EU 諸機関によって恣意的に運用されるリスクが縮小し、その決定の透明性は向上したと言える。ま

---

(107) Ban (2013) *op. cit.*, pp.177-178.

た、既存の原則を優先的に適用しながらも、従来官僚組織において少数であった女性が、職責に見合う一定の能力を有していることを前提として、共同体政策の立案及び実施において大きな役割を担う官僚組織に参入しやすくなったことで、EU 官僚制ないし EU の人事政策の包摂性が向上したとも評価することができる。

　EU 諸機関は一部加盟国の進言に傾聴し、結果として EU がジェンダーに関わるあらゆる不公正に対処する明確且つ一貫した指針を堅持するに至った。一連の改革からは、EU がその官僚制における問題を成功裏に解消する上で、ジェンダー平等という規範を「自分のもの」にし、官僚制内部のジェンダーを巡る不公正を「自らが改善する必要のある問題」として認識するようになった過程が看取される。第 4 節で触れた通り、EU 官僚制におけるジェンダーを巡る問題が完全に解消されたと言える状況にはない。また、ジェンダー以外の論点についても、長く言及されながらなかなか実質的な改善の機運が高まらない民族的背景等の問題も積み残されており、EU 官僚制は引き続き内部に残存する不公正に対処する要請に直面している。しかし、本章が明らかにした職員規則改革の歩みからは、透明性や包摂性という観点から、欧州委員会が EU 行政の正統性を成功裏に一定程度強化してきたと評価できる。

第二章

キャビネに見る多国籍人事の浸透

第1節　問題の所在

　本章では、欧州委員の職務補佐を担うキャビネ（Cabinet、委員官房とも）について検討する。法案発議や予算執行等の役割を担う欧州委員会は、各国1名の欧州委員で構成され、意思決定は主として欧州委員によってなされる。他方で、具体的な草案の作成等は委員会の抱える巨大な国際官僚制によって行われ、その職員人事について広く規定する職員規則の変化については、前章で検討した通りである。適切な政策草案の作成と画一的な政策実施の実現には、欧州委員と官僚組織の相互連携や、委員会外の諸アクターとの接触の機会の確保が肝要となる。これらの機能について実質的な役割を担うキャビネは、今や十分な公式性を帯びており、共同体機関の一組織としてEU行政の不可分な構成要素である。

　しかし、欧州委員の職務補佐を行うキャビネは、欧州委員会の機能の全体を下支えする重要な役割を担う内部の組織でありながら、前章で言及した地理的配分原則、すなわち多国籍人事が長く例外的に適用されず、活動の実態も十分に公開されてこなかった。しかし、現在に至るまでに、構成員の属性や費用負担、服務規程、活動記録に関する規定が整備されてきた。次節以降で詳述する通り、キャビネは1999年以降に大きな変化を遂げており、同年前後のその組織的ないし機能的側面を明らかにする研究は複数存在する。しかし、リスボン条約以降の近年の状況について、特にキャビネに関して欧州委員会が定める諸規定を詳細に検討した研究は僅少である。

　本章は、キャビネを巡る諸課題とそれらに対する欧州委員会の対応を分析することで、欧州委員会がいかなるスキームの下に人事行政改革を推進したのかについて考察し、人的資源管理の改革において重視された原則を析出させることを試みる。とりわけ、キャビネの構成員の属性に関する規定、構成

員が職務に従事する際に服する行動綱領、並びに構成員と外部団体との接触記録に関する規定の3点について、主としてリスボン条約以降に焦点を当てながら、それらの導入以来の変化と、その背景及び意義を検討する。

　以下では初めに、ドロール委員会以前のキャビネについてその特徴を明らかにする。次に、サンテール委員会以降のキャビネの構成に関する規定の変化を概観し、リスボン条約以降のキャビネの性格、及び構成員が服する倫理の変化、強化の過程を明らかにする。最後に、キャビネと外部団体との接触に関する記録の管理及び公表に関する規定を巡る議論に触れつつ、EUの正統性を強化するとされる諸要件がいかに理解され具現化してきたかを明らかにしながら、一連の改革を推進した欧州委員会の意図を考察する。

第2節　初期のキャビネとその諸課題

　欧州委員を補佐するキャビネは、設置当初よりその実態が広く明らかにされてきたわけではない。しかし、そのような不十分な公式性を帯びていたキャビネは、後述する積極的な理由から、欧州委員会の機能にとって必要な制度として維持されてきた。

　他方で、キャビネの構成員や活動実態を巡っては、設置の目的や当時期待された役割とは裏腹に、複数の問題が指摘されてきた。これらの問題に対して、欧州委員会は歴代委員長の交代に際してその制度設計に修正を加えてきたが、ドロール委員会以前は必ずしも積極的に行われてきたわけではなかった。

　本節では先行研究に依拠しながら、キャビネの成立経緯を概観し、これが欧州委員会の中で担う役割を明らかにする。その上で、2000年以前に指摘されていた批判を整理しつつ、ドロール委員会以前のキャビネを巡る状況を整理する。

(1) キャビネ成立の経緯とその基本的役割

　委員官房とも訳されるキャビネは、職務上の補佐を目的として各欧州委員が抱える少人数組織である。これは、国家における大臣官房に相当する組織

であり、複数の加盟国で発達してきた。欧州統合構想におけるフランス出身の政治家の役割が大きかったため、共同体組織の制度設計において同国の行政文化が強く影響し、キャビネはECSCの最高機関に導入され、1958年にEEC委員会が創設された際にもこれを継承する形で同様のシステムが導入された[108]。

キャビネの構成員の任命は各委員の裁量事項であり、当初は1名の委員につき職員2名、秘書官1名、タイピスト1名の計4名が、委員長に対してはアドバイザー4名と秘書官2名の計6名が任命される旨が合意されていた[109]。しかし、実際には共同体職員の身分を持たない者、特に加盟国官僚が補佐役として任命される場合があり、キャビネの組織的規模は5名から10数名に上り、その国籍は通常当該委員と同一であった[110]。このような状況は1967年の機関併合条約により単一の欧州諸共同体委員会が成立した後も存続した。尤も、キャビネの構成員が特定の加盟国からのみ調達されていたわけではなく、機関併合条約による3機関の共同体委員会の合併に際した人事上の配置転換では、14のキャビネに対して共同体職員が配員されていた[111]。しかし、各キャビネが当該委員の加盟国名を冠して呼ばれていたことや[112]、その運営に係る費用の拠出元が長く公表されなかったこと等に鑑みると、多国籍人事や資格任用を基礎とする国際官僚制の性格からは大きく離れた性格を有しており、EU官僚制の中でも極めて異質な存在であった。

キャビネの主たる任務は、各委員に対する職務遂行上の一般的補助と、委員会内外の水平的または垂直的調整に必要な補助である[113]。欧州委員は関

---

(108) Spence, D. (2006b) "The President, the College and the cabinets", in Spence, D. and Edwards, J. (eds.) *The European Commission*, 3rd edition, John Harper Publishing, pp.61-62.

(109) *Ibid.*, p.65.

(110) 福田耕治 (1986)「EC官僚制と加盟国の関係—人事政策をめぐる諸課題」『日本EC学会年報』第6号、111頁。

(111) Schön-Quinlivan, E. (2011) *Reforming the European Commission*, Palgrave Macmillan. p.24.

(112) 福田耕治 (1986) 前掲論文、111頁。Cini (1996) *op. cit.*, p.112.

(113) *Ibid.*

連する総局における行政事務を管理及び監督する責任を負っており、これに
関連する技術的業務も免れないが、委員が個人でこれらを処理することは困
難である。そのため、これらの行政組織内部における責任に関わる職務を技
術的に補佐することを目的としてキャビネは設置された[114]。加えて各委員
は、自身の管轄する政策領域に関わる政策上のまたは手続的な専門知識を調
達する必要がある。しかしEUでは、行政組織が位階制構造と専門領域別の
部局構造によって縦横に分裂していることに加え、高い多国籍性及び自律性
を有する総局の存在や、共同体の関与する政策領域が極めて広いこと等が原
因となり、部局間や機関間の調整は必須であるが委員一人での処理は困難で
ある[115]。そのため、キャビネは委員と必ずしも政策選好を共有しない総局
職員との間の垂直的関係や、合議制を原則とする委員会における他の政策領
域を管轄する欧州委員及びキャビネとの水平的関係の調整を担っている。更
に、政策形成に必要な情報を調達する際に関与する外部団体、特に加盟国及
びEUレベルの利益団体に対して定期的な接触を確保しつつ、獲得した情報
を選択的に活用するため外部団体の影響を一定程度遮蔽する役割をも果たし
ている。このように、キャビネは委員会の行政活動を実質的に支える重要な
機能を有している。

(2) 初期のキャビネに関する諸問題

上述の通り、キャビネは欧州委員の職務遂行に必要な補佐を行うことを期
待されて、導入され定着してきたが、従前その機能に対しては複数の批判が
呈されてきた。特に、ドロール委員会以前のキャビネは、制度設計に際して
期待されていた役割以外の機能を果たすことで以下の複数の問題を生み、
「構造的矛盾の根源」[116]とまで評されてきた。

第一に、欧州委員の出身加盟国の利益を増進する性格があった。各委員は

---

(114) 福田耕治（1986）前掲論文、111頁。

(115) Kassim et al. *op. cit.*, pp.183-184.

(116) McDonald, M. (1997) "Identities in the European Commission", in Nugent, N. (ed.)
At the Heart of the Union, Studies of the European Commission, Macmillan Press LTD,
p.51.

委員会提案の素案起草過程で特定の政策領域において大きな影響力を行使しうるため、各加盟国は自国の利害に死活的な影響を与える可能性のある領域を自国出身委員の管轄下に置くことを望む。そのため、各委員は合議制の原則こそあれ、管轄領域の委員会提案が出身国の利益と折衝可能な内容であることを保証する黙示的な政治的任務を負っており、委員を補佐するキャビネは、総局が委員に上程する原案を監視する役割を担っていた[117]。前項で指摘した通り、キャビネは外部団体との接触確保をも担っており、実際には複数の加盟国及び第三国の常駐代表からもロビイングを受けていた[118]。しかし、特定の加盟国との間に存する太い政治的チャンネルにより、「加盟国の飛地」「国家的な属性及び利益の代理人」といった揶揄を免れなかった[119]。

　第二に、2つの側面において共同体職員人事への介入の起点となっていた。まず、総局の上級行政官職に担当委員と政策選好の近い、多くは委員と同国籍の職員を昇進させるようキャビネが働きかけていた。キャビネは委員の管轄領域に関わる総局の上級行政官職へ自国出身の有能な人材を送り込み、共同体の意思決定に対する影響力の拡大や、実施過程における行政裁量上の好意的処遇の享受を図っていた[120]。この手の介入は、特に官房長によって行われるが、総局のA3級（現在のAD14級相当）以上のポストを意図的に空席のまま長期間放置する、行政官の人員配置を巡る交渉が官房長の業務に充てる時間の1割近くを占める等[121]、官僚組織の適切且つ効率的な機能に支障をきたす状況が生じていた。もう一つの側面として、キャビネ自体が上級行政官職への昇進経路を構成していた。キャビネの構成員は委員の任期満了後、加盟国官僚制において共同体問題を扱う部署か、委員会官僚組織に帰属していた。特に後者の場合には、委員の近くでの職務経験によって上級の職位に就くパラシュート（parachutage）が可能になる[122]。このよう

---

(117) 福田耕治（1986）前掲論文、126-127頁。

(118) Spence（2006b）*op. cit.*, p.63.

(119) Kassim et. al. *op. cit.*, pp.181-185.

(120) 福田耕治（1986）前掲論文、127頁。

(121) Spence, D. and Stevens, A.（2006）"Staff and Personnel Policy in the Commission", in Spence, D. and Edwards, J.（eds.）*The European Commission*, 3rd edition, John Harper Publishing, pp.199-200.

56　第二章　キャビネに見る多国籍人事の浸透

に、加盟国から派遣された臨時職員が能力主義原則や地理的配分原則に基づかずに共同体機関の上級職を得る「潜水艦（sousmarin）」[123]と形容された現象は、国際官僚制としての欧州委員会の存立基盤に重大な影響を与えかねなかった。

　第三に、総局職員に対する加圧行為が存在していた。キャビネは委員の政策判断に必要な情報を広く収集するが、総局職員もその情報源となる。ここで、キャビネと総局職員の間に、人事決定上の優遇と政策情報の提供という政治的交換が成立している[124]。このような構造的問題は総局職員に対して、専門性や中立性等の官僚制が依拠する価値から離れ、委員の政策選好に則した法案の起草を行う誘因を与えていた。更には、委員と総局の立場が異なる場合には、関係する部局等を含む委員会内部の必要な調整を回避して政策提案を発出する[125]等、政策立案過程における総局職員の関与を制限し、委員を官僚組織から寧ろ遮蔽する側面もあった[126]。

(3)　ドロール委員会以前のキャビネを巡る改革の機運とその帰結

　上に挙げた問題は、導入時から全く認識されていないわけではなかった。共同体行政府の併合後、初代欧州委員会委員長に就任したハルシュタイン（Walter Hallstein）は、キャビネがその性格上、委員会内で特定の加盟国の利益を引き付ける極となり、欧州委員と総局との協働関係を悪化させ、将来実現すべき欧州大のアイデンティティの醸成を阻害するとして、キャビネの組織規模拡大に反対していた[127]。しかし同氏の警鐘に反して、キャビネは創設以来その職務及び構成員数が増大してきた[128]。1979 年のシュピーレン

---

(122) Spence (2006b) *op. cit.*, p.62.

(123) Spence and Stevens (2006) *op. cit.*, p.196.

(124) 福田耕治 (1986) 前掲論文、126 頁。

(125) Kassim et. al. *op. cit.*, p.185.

(126) Spierenburg, D. (1979) "Proposals for Reform of the Commission of the European Communities and its Services", Report made at the request of the Commission by an Independent Review Body under the chairmanship of Mr Dirk Spierenburg, Brussels, 24 September 1979, p.19.

(127) Spence (2006b) *op. cit.*, p.62.

ブルグ報告では上掲の問題を踏まえ、キャビネの本来の機能を監視し、その組織的規模を厳格に制限する必要が指摘された[129]。また委員会外部（加盟国）から任命されたキャビネの構成員がその任期を終えた後に欧州委員会職員の地位を得ようとする場合は、原則として他の志願者と同様の条件に服すること、また従来政治任用が50％まで許容されていたA1-A3級職員の任命について、競争的手続に服さずに採用できる割合をキャビネの元職員を含めて20％に制限することも併せて勧告された[130]。

しかし、ドロール委員会発足以降キャビネを巡る状況は寧ろ悪化した。単一市場の形成に向けて欧州委員会の権限が拡大し、欧州委員の管轄する政策領域も拡大傾向にある中で、各委員は政策判断に際したキャビネへの依存を増大させていた。この傾向は従前の勧告に逆行する変化であったが、直接的な対策は取られなかった[131]。また、欧州委員会委員長の官房長がキャビネ間会議（inter-cabinets meeting）の議長を務めていたこともあり、政策調整の現場から総局は事実上排除されていた[132]。加えて同委員会は、委員長のキャビネが直轄下の組織人事を政治的信条に基づいて恣意的に決定していたことや[133]、任期終了後のキャビネの構成員によるパラシュートが多く生じたことから、総局職員からの不満や批判が高まっていた[134]。

---

(128) Ellinas, A. A. and Suleiman, E. (2012) *The European Commission and Bureaucratic Autonomy: Europe's Custodians*, Cambridge University Press, p.95.

(129) Spierenburg, *op. cit.*, pp.19-20.

(130) *Ibid.*, p.20, p.37. 及び OJ (1962) 45, *op. cit.*, p.143. なお、Spence (2006b) *op. cit.* は、シュピーレンブルグ報告がパラシュート問題に解決策を与えられなかった（p.69）としているが、政治任用職の割合を制限する勧告は、任期終了後の人事上の優遇を制限する点において事実上の解決策になっていたと言える。

(131) Schön-Quinlivan, *op. cit.*, pp.36-37.

(132) Joana, J. and Smith, A. (2004) "The politics of collegiality: The non-portfolio dimension", in Smith, A. (ed.) *Politics and the European Commission: Actors, Interdependence, Legitimacy*, Routledge, pp.37-38. なお、ドロール委員会におけるキャビネ間会議については Endo, K. (1999) *The Presidency of the European Commission under Jacques Delors: The Politics of Shared Leadership*, Macmillan Press LDT, pp.41-50, pp.104-121. が詳しいが、本文次節で言及するトロヤン報告に照らすと、キャビネ間会議に総局長は同席できなかった可能性が高い。

(133) Joana and Smith, *op. cit.*, pp.39-41.

58 第二章 キャビネに見る多国籍人事の浸透

　以上のように、1960年代以降キャビネに関しては複数の憂慮及び改革勧告が示されており、その多くは委員会内部から発されたものであったが、ドロール委員会では内部の行政的及び組織的問題に対して十分な注意が払われず、改革の大部分は未実施に終わった[135]。しかし、キャビネ及びこれが関与する総局職員人事に関する改革の必要性の高まりは、サンテール委員会以降の人事行政改革の布石となるものであった。

第3節　構成員に関する改革に見るキャビネの変容

　前節で概観した通り、キャビネは欧州委員の職務補佐をその旨としつつ、委員会内の垂直的及び水平的調整、並びに外部団体との接触確保という重要な役割を期待されていた。他方で、キャビネは総局職員に対する加圧行為や人事上の特権等により、機関内部の力学を歪曲して共同体主義的な政策形成に負の影響を与えかねなかった。このような状況を踏まえて出された勧告に則して実際に変革が生じたのはサンテール委員会以降である。特にキャビネの構成に関する規定の改革は、同委員会以降の状況に大きな変化を与えた。

　本節では初めに、リスボン条約前後のキャビネの構成に関する規定の変化を追跡し、構成及び活動倫理の観点から欧州委員会の具体的な対応について明らかにする。その上で、改革によってキャビネの組織及び機能が受けた影響に触れつつ、改革に対する委員会の関与について考察する。

(1)　サンテール、プロディ両委員会によるキャビネ改革

　サンテール委員会発足時のキャビネは、既に従前呈されてきた批判に一定程度応答する性格を有していた。当時のキャビネは依然特定の加盟国の職員によって成る組織としての性格が強かったが、構成員（A級行政官（当時））のうち1名を委員の国籍国以外から充当することが慣例となっていた。またキャビネの主たる機能を担う構成員のうち、副官房長を含む半数を欧州委員

---

(134) Spence and Stevens (2006) *op. cit.*, p.201.

(135) Schön-Quinlivan, *op. cit.*, p.35.

会の恒久職員とすることとなっていた。これらの規則は直接定められたものではなかったが、上の条件を満たすことを条件に6名分に相当する運営費をEU予算から拠出していた[136]ため、これらの原則は事実上の拘束力を有していた。また、競争試験を回避した委員会官僚制への侵入を防止するため、キャビネの構成員に対する行動綱領の改正によって、臨時職から恒久職への直接の切替えを禁止した[137]。他方、人数の超過分については加盟国予算からの拠出を前提として認められたことや[138]、上級行政官の任命や昇進の際にキャビネ出身の恒久職員が有利な状況が続いていたこともあり、更なる改革が必要とされていた。

以上の状況下、1999年にトロヤン事務総局長は「『明日の委員会の設計』報告（DECODE: Dessiner la Commission de Demain)」[139]を発表し、キャビネによる総局への干渉行為を抑制すること、キャビネの組織規模を縮小しパラシュートを停止すること、官房長会議（chefs de cabinet meeting）に総局長を出席させること、の3点を提起した[140]。また、同年欧州議会の制度問題委員会が採択したヘルマン報告では、キャビネの構成員数を6名に制限すること、委員と同一国籍の構成員を2名以内とすること、キャビネ出身者の採用昇進に係る特例を撤廃し、他の志願者と同一条件下に置くことの3点が勧告された[141]。

1999年5月、次期委員長に内定していたプロディは、キャビネの超国家化の必要性を指摘した[142]。9月に発足した新委員会では、欧州委員に対す

---

(136) Egeberg, M. and Heskestad, A. (2010) "The Denationalization of Cabinets in the European Commission", *Journal of Common Market Studies*, 48(4), p.777.

(137) Spence and Stevens (2006) *op. cit.*, p.201.

(138) Spence (2006b) *op. cit.*, pp.65-66.

(139) European Commission (1999) "Designing Tomorrow's Commission: A Review of the Commission's Organization and Operation."

(140) Spence (2006b) *op. cit.*, p.71.

(141) European Parliament Committee on Institutional Affairs (1999a) "Report on improvements in the functioning of the Institutions without modification of the Treaties", A4-0158/99, pp.6-7.

(142) European Parliament "Daily Notebook: 04-05-99(1)", URL: https://www.europarl.europa.eu/press/sdp/journ/en/1999/n9905041.htm（2024年6月29日最終閲覧）

60　第二章　キャビネに見る多国籍人事の浸透

る行動綱領の中で、従来慣例として参照されてきた構成員数、国籍、恒久職員数に関する基準が明示され、初めて委員長がキャビネについて直接的な通達を公布した。ここでは、官房長と副官房長の何れかを委員の国籍国以外から任命することが推奨され、キャビネの構成員が他の委員会職員と同様に委員会の利益の考慮のみに基づいて職務に当たること、及び従来パラシュートの温床となっていた加盟国から出向する専門家とその他委員会以外から出向する者について、委員が使用することを禁止する規定が盛り込まれた[143]。これにより、キャビネの構成員は委員会の恒久職員と臨時職員となり、その全員が職員規則に定める業務上の義務に服することとなった。

　プロディ委員会の任期終了を間近に控えた2004年の職員規則改正では、従来上級職の半数（新規創設ポストでは3分の2）に認められていた政治任用について、これを全新規採用者の20%に制限した[144]。これによりキャビネ出身者の入省経路が狭められ、EU官僚制における能力主義原則は強化された。

(2) バローゾ委員会以降のキャビネに関する諸規定

　バローゾ委員会以降のキャビネを巡る規定は、プロディ委員会による改革と同一の方向性を有したものであったが、第二次バローゾ委員会から現フォンデアライエン委員会に至るまでには特筆すべき変化がいくつか存在する。

　第一次・第二次バローゾ委員会では、キャビネの構成自体に関する規定は大きく変化しなかったが、キャビネの任期終了後の恒久職員の昇進に関連する規則が改正された。2013年の委員会決定では、キャビネへの出向を終えた恒久職員（AD9-AD14級職）が委員会内の各総局に戻る際に、原則として出向時と同一の職位に就くことが規定され、一部の場合を除いてキャビネでの職務経験がその後の昇進に際の評価基準に含まれないこととなった[145]。

---

(143) Commission Européenne (1999) "Code de Conduite des Commissaires: Communication de M. le President", SEC (1999) 1479, pp.11-13.

(144) OJ (2004) L124, *op. cit.*, p.15.

(145) European Commission (2014b) "Communication to the Commission: Rules governing the composition of the Cabinets of the Members of the Commission and of the

第 3 節　構成員に関する改革に見るキャビネの変容　　61

これにより、2004 年の職員規則と併せてキャビネ出身者は、恒久職か臨時職かを問わず、任期終了後に人事上の優遇を受けられる可能性が十分に低下した。

　ユンカー（Jean-Claude Juncker）委員会及びフォンデアライエン委員会では、キャビネの構成に直接関わる規則上の変化が複数認められる（表 3 参照）。ユンカー委員会では、従来推奨にとどまっていた官房長と副官房長の国籍に関する要件について、両者のうち 1 名を委員の国籍国以外から選出することが義務化された[146]。キャビネ内部だけではなく、官房長会議等を通して委員会内部の法案審議過程において大きな影響力を持つ両役のうち 1 名が委員の国籍国から選出されなくなったことで、委員会内の合議制の原則の強化が期待された。

　フォンデアライエン委員会では、委員長、上級副委員長、外務安全保障政策上級代表の 3 役のキャビネについて、上級行政官（AD13 級）の専門家の人数がそれぞれ 1 ずつ引上げられた[147]。また同 3 役について、キャビネの構成員の国籍数の下限が、3 から 5 に引き上げられ[148]、キャビネ内の国籍構成要件が段階的に厳しくなってきたことが見て取れる。これによりキャビネは、特定の国籍人によって占有された組織ではなく、管轄領域に関する十分な専門性を備えたチームとしての性格を強めることとなった。加えて、委員長のキャビネから上級連絡アドバイザーと行政調整委員長を各 1 名、その他の委員のキャビネから連絡アドバイザーを 1 名任命することとなり、キャビネ間の連携及び調整が強化された。更に同委員会は、従来努力義務であったジェンダーバランスの確保について初めて明確な基準を示し、行政官職全体の半数以上を女性とすることが規定された[149]。一連の改革によって、キャビネは欧州委員に最も近い立場でその職務を補佐する特殊な性格を帯び

Spokesperson's Service", C (2014) 9002, pp.4-5.

(146) *Ibid.*

(147) European Commission (2019c) "Communication from the President to the Commission: Rules governing the composition of the Cabinets of the Members of the Commission and of the Spokesperson's Service", P (2019) 3, pp.3-4.

(148) *Ibid.*, p.5.

(149) *Ibid.*

62　第二章　キャビネに見る多国籍人事の浸透

表3：2004年以降の各委員会におけるキャビネの構成に関する諸要件

Barroso（I）	Barroso（II）	委員会	Juncker	von der Leyen
11 – 7 3	12 2 7 3	委員長	12 2 7 3	12 3 7 5
╲	11 2 5 3	CFSP 上級代表	11 2 6 3	10 3 6 5
╲	╲	第一／上級 副委員長	8 1 4 3	10 2 6 5
6 – 3 3	6 1 3 3	副委員長	7 1 *– 3	7 1 4 3
		委員	6 1 3 3	6 1 3 3
努力義務	努力義務	委員の国籍国 出身者を避けた 官房長／副官房 長の任命	義務	義務
努力義務	努力義務	ジェンダー バランスの確保	努力義務	義務

European Commission（2004a, 2010a, 2014b, 2019c）（参考文献一覧参照）より筆者作成。
（凡例）枠内上段より、行政官の人数、AD13級の専門家の人数の上限、行政官のうち委員会恒久職員数の下限、国籍数の下限。「–」は規定なし。*：規則中で規定されていないが、前後の規則から実際には過半数の4名であり、単に記載が漏れていたものと推測される。

ながらも、他の EU 職員と同様に複数の属性に関する均衡を確保した組織へと変化してきた。

(3) キャビネ改革の帰結とその評価

前項までに概観した一連の改革により、キャビネは従前批判の対象となっていた特徴を改善する傾向にあった。特にサンテール、プロディ両委員会による改革を起点として、組織と機能の2つの側面でその状況は大きく変化した。

組織的側面については、特定の加盟国出身者によるチームから脱却し多国籍人事が定着し、同様の傾向は強化される傾向にある。特にバローゾ委員会以降のキャビネでは、委員と同一国籍の構成員数が他国籍の構成員数を初めて下回った[150]。また、同年以降の各委員会における国籍数は、委員会が公式に設定した下限を十分に上回っており[151]、キャビネの多国籍人事は強化されている。

加えて、機能的側面については、欧州化及び脱国家化[152]が進行した。従来キャビネは総局職員に対する加圧行為を行っており、政策形成段階における総局の関与や責任意識を減退させていると指摘されていたが、改革後キャビネが職務遂行の障害になっていると認識する総局の上級行政官は僅か0.4%となり[153]、総局とキャビネの関係は改善傾向にある。また、キャビネの構成員自身がもつ委員出身国の利益を保護する意識が希薄化傾向にあることも指摘されている[154]。このように、改革後のキャビネの実態は従前と大きく異なり、加盟国の手先としての性格が薄れ、名実ともに EU の組織とし

---

(150) Egeberg and Heskestad, *op. cit.*, p.776.

(151) *Ibid.*, p.781, Deckarm, R.（2017）"The countries they know best: how national principals influence European commissioners and their cabinets", *Journal of European Public Policy*, 24(3), p.458.

(152) Kassim, et. al. *op. cit.*, p.209. なおここでの欧州化とは、単に加盟国ではなく EU の制度としての性格を強めてきたことを指したものである。

(153) Ellinas and Suleiman, *op. cit.*, p.119, table 5.8. ここでの調査は 2005 年から 2006 年にかけて部長級以上の職員を対象に行われたものである（p.40）。

(154) Kassim et. al. *op. cit.*, pp.197-201.

ての性格を強く帯びてきた。

　一連の改革によるキャビネの様態に関する変化は、上のように整理できるが、前項までに整理した欧州委員会の対応については、以下のことを指摘できよう。欧州委員会は、キャビネの運営に係る費用を共同体予算から拠出することに加え、その構成に関する規則については、構成員の国籍数、官房長及び副官房長の国籍、上級行政官の専門家の人数、活動倫理の明文化と画一的且つ直接的な適用、ジェンダーバランスの確保等を試みてきた。バローゾ委員会以前のキャビネについて検討した先行研究の多くはサンテール委員会とプロディ委員会によってなされたキャビネ改革の影響を大きく評価しているが、委員会によるキャビネに関する公式的なコミットメントはリスボン条約以降も継続的に強化されてきたと評価することができる。加えて、職員規則の改正と併せて、極めて長い時間を要しながらも、1979年のシュピーレンブルグ報告と1999年のヘルマン報告で勧告された改革が、リスボン条約以降に完全に回収される形となった。これらの事実を踏まえると、先行研究で指摘されたキャビネの欧州化、機能上の脱国家化は、欧州委員会によってその必要性が認識され続け、強力に推進されてきたと言える。このような委員会内におけるキャビネの位置付けの変化は、バローゾ委員会以降の構成に関する規定の中で、従来通称であったキャビネが初めて特段の説明が付されない正式名称として英語版の規則中に出現したことに照らしても、キャビネの組織としての公式化を象徴するものであったと言える。

第4節　キャビネに関する透明性強化の試みとその評価

　前節で概観したように、リスボン条約以降キャビネを巡っては新委員会の発足に合わせて改革が行われ、その性格は超国家的なものへと変化した。この変化は、共同体権限の段階的拡大に伴ってキャビネの役割が増大してきたことに照らすと、欧州大の政策に関する議論に加盟国の利益の考慮から離れて専門性や中立性を備えた組織として関与する点において、EUにおける政策過程に正の影響を与えるものであった。しかし、キャビネの組織的、機能的性格は従前の批判に呼応する形で改善してきたものの、その具体的な活動

に関わる情報、特に政策形成段階で必要となる外部団体との接触に関する情報は、上の変化に遅れる形でその公開が実現してきた。本節では、EU の制度として高い公式性を帯びたキャビネが、情報公開をいかに強化してきたか分析することを通して、透明性という価値が EU 行政全体に対して有する意義とその変化について論じる。

(1) ユンカー委員会による対外接触記録管理の改革

欧州委員会が政策の立案や実施規則の策定を行う際には、市民グループや利益団体等のステークホルダーとの十分な対話が必要になり、キャビネは委員会がこれらの外部組織と接触する際に重要な役割を果たす。前節で指摘したように、キャビネの構成員には、一連の改革により機能上の国家性が減退し、他の共同体諸機関と同等の公式性を帯びた組織に従事する者となったことで、EU 職員と同様の権利と義務が付与され、その属性や個人の利害関係に関する情報は十分開示されてきた。しかし、外部団体との接触に関しては、リスボン条約発効後もその会合の情報が十分に開示されてきたわけではなく、その活動に関する情報公開は依然限定的であった。

以上の状況を受けて、欧州委員会委員長就任を控えたユンカーは、任期開始に先立ち 2014 年 7 月に政治ガイドラインを発表し、欧州委員会と外部団体との協議に関する情報公開を強化する指針を打ち出した[155]。また、同ガイドラインに従い、政治任用の職位である欧州委員と総局長が外部団体と接触した記録を公表する委員会決定が起草され、同年 11 月に採択された。特に前者に関わる「欧州委員会の構成員と組織ないし個人との会合に関わる情報の公開に関する委員会決定」では、情報公開の対象となる会合の当事者としてキャビネの構成員が明記された[156]。同決定では、ガイドライン中で指

---

(155) Juncker, J. C. (2014) "A New Start for Europe: My Agenda for Jobs, Growth, Fairness and Democratic Change: Political Guidelines for the next European Commission", Strasbourg, 15 July 2014, point 10.

(156) OJ (2014) L343, Commission Decision of 25 November 2014 on the publication of information on meetings held between Members of the Commission and organisations or self-employed individuals (2014/839/EU, Euratom), p.23.

66 第二章 キャビネに見る多国籍人事の浸透

摘された「共同体諸機関が立法過程の中で誰と接触しているか」[157]を明確に公表する必要性に呼応する形で、公益性や機密性の高い政策及び宗教関係の政策を除いて、協議団体となった外部団体の名称と会合の議題、臨席した人物の名前を（キャビネの構成員以外に関しては明確な同意を取り付けた上で）公表することが規定された[158]。同決定は同年12月に公表された2015年のワークプログラムにおいて、ユンカー委員会の大局的方針に合致する一成果と位置付けられた[159]。同様の文脈で必要性が指摘された、EUの政策過程において共同体機関に対して影響力の行使を試みるステークホルダーを広く公開し、協議の域を超えた不当な干渉を防止するための施策に関しても、同年に欧州委員会と欧州議会が合意し、共同体機関に接触する外部団体を管理する枠組は拡大的に適用された[160]。両機関間の合意は2018年1月の行動綱領改正により、委員及びキャビネの構成員を正式に拘束することとなった。また同改正綱領では、利益相反の取扱い、利益団体との会合、活動に係る費用の公開等、従来適用されてこなかった領域に関する規定も設けられた[161]。

(2) フォンデアライエン委員会による透明性の強化

2019年12月、新委員長に就任したフォンデアライエンは、新委員会発足に合わせて内部に向けた通達を発表し、欧州委員会が合議制とグッドガバナンスに基づいて機能すること、またその実現のために明確な責任の所在、高水準の倫理的行動と並んで、公開性と透明性の確保が必要であることに言及

---

(157) Juncker, *op. cit.*

(158) OJ (2014) L343, *op. cit.*, p.24.

(159) European Commission (2014c) "Communication from the Commission to the European Parliament, the Council, the European Economic and Social Committee and the Committee of the Regions: Commission Work Programme 2015 - A New Start", COM (2014) 910 final, p.10.

(160) OJ (2014) L277, Agreement between the European Parliament and the European Commission on the transparency register for organisations and self-employed individuals engaged in EU policy-making and policy implementation, pp.11-24.

(161) European Commission (2021a) "Annual Report on the application of the Code of Conduct for the Members of the European Commission in 2020", SEC (2021) 299, p.1.

した[(162)]。また、同日に公表されたキャビネの構成に関する規則では、各委員のキャビネから倫理と透明性に関する連絡窓口となる担当職員を1名選出することが定められた[(163)]。担当職員は官房長が指名し、担当する欧州委員の倫理及び透明性の観点から要求される義務に関する問題について、委員、官房長及び総局職員と対話を行う。具体的には、利害関係に関する宣言の定期的な更新、利益団体との会合の公表、及び透明性レジスター（Transparency Register）への協議団体の登録の事前確認、活動費用の公表等の履行状況の確認等を行う。また欧州委員会は、関係法令の遵守を促進するために各キャビネの担当職員によって成る倫理透明性担当職員ネットワーク（Network of Ethics and Transparency Contact Points）を設置し、同ネットワークを通じて、事務総局は当該担当職員と会合し、行動綱領の周知や関係する義務に関する協議を定期的に行うことで、強化された規則の遵守徹底のために必要な策を講じることとなった[(164)]。

　加えて、2020年12月に共同体機関と外部団体の接触に関する新たな機関間合意が成立した。従前の機関間合意は、共同体機関に接触を試みる外部団体に関してレジスターへの登録及び公開の対象となる基本的な情報、協議団体が遵守すべき事項、それに違反した際に講じられる一定期間の制裁措置等を定めたものであり、2011年に始まる透明性向上のための機関間の取り組みを踏襲し強化するものであった。また、2018年の改正行動綱領では、欧州委員及びキャビネの構成員が接触可能な外部団体が、レジスターに登録されている団体のみに限定されたことで[(165)]、2014年の機関間合意は委員及びキャビネを拘束する実効性のある規則となった。同合意は理事会を拘束するものではなく、公開の対象となる情報も限定的であった。このことから、欧州委員会と欧州議会は、外部団体との接触に関する情報を条件付きで公開す

---

(162) European Commission (2019b) "Communication from the President to the Commission: The Working Methods of the European Commission", P (2019) 2, p.3.

(163) European Commission (2019c) *op. cit.*, p.4.

(164) European Commission (2021a) *op. cit.*, pp.2-3.

(165) OJ (2018) C65, Commission Decision of 31 January 2018 on a Code of Conduct for the Members of the European Commission (2018/C 65/06), p.11.

ることが、ガバナンスの可視性やロビイングの適切性にとって重要であることを指摘し[166]、2016年には欧州委員会が機関間合意の改正提案を発表していた[167]。3機関による交渉は難航し、2019年の欧州議会の会期終了までに妥結に至らず交渉の中断が長期化したが、2020年6月に機関間交渉が再開され、同年12月の政治合意と2021年5月の最終決定を経て同年6月に新機関間合意は発効した[168]。同合意により理事会を含む3機関は、各機関に接触する外部団体にレジスターへの登録を条件付けることで、政策判断に影響を与えうる個人や団体に関する情報公開を強化した。欧州委員会、特にキャビネに関しては、レジスターへの登録対象が拡大されたことで、共同体組織としての機能とこれを構成する活動に関する透明性は一層強化された。

(3) キャビネに関する透明性確保の意義

　透明性は、EUにおけるアカウンタビリティを適切に機能させる際に不可欠な民主主義社会に通底する価値であり、グッドガバナンスを支える原則の一つとして、1990年代以降欧州委員会はその重要性を明示的に指摘してきた。このことは、本研究が想定するEUの正統性、すなわち過程志向的なスループット正統性を支える要素の一つとして透明性を位置付ける議論と符合している。しかし、上に概観したキャビネの透明性を巡る施策は、欧州ガバナンスにおける透明性の重要性に関する認識の発現時期に照らして、一見時

---

(166) 欧州委員会については European Commission（2015d）"Communication from the Commission to the European Parliament, the Council, the European Economic and Social Committee and the Committee of the Regions: Commission Work Programme 2016 - No time for business as usual", COM（2015）610 final, p.13. 欧州議会については European Parliament（2016）"Public access to documents for the years 2014-2015: European Parliament resolution of 28 April 2016 on public access to documents（Rule 116(7)）for the years 2014-2015（2015/2287（INI））", P8_TA（2016）0202.

(167) European Commission（2016c）"Proposal for a Interinstitutional Agreement on a mandatory Transparency Register", COM（2016）627 final.

(168) ここでは欧州議会が本件について次期委員会で機関間交渉を再開する必要を強く勧告していた（Council of the European Union（2019b）"Letter regarding the proposal for an Inter-Institutional Agreement on a mandatory Transparency Register", ST_9578_2019_INIT.）。

第4節　キャビネに関する透明性強化の試みとその評価　69

機を得たものではないようにも思われる。ここには、キャビネの組織上、機能上の特殊性が関係している。

　初期のキャビネは、委員とその管轄領域を担当する総局との垂直的調整機能に加え、キャビネ間会議における水平的政策調整機能を有していた。ここでの水平的政策調整機能は、政策領域間の整合性を担保するという建前に対し、実際には加盟国間の利益調整を図るものとして機能していた。ここでキャビネの構成員は、加盟国からの暗黙の使命を負って、任期終了後のキャリアにおいても同様の役割を期待されていながら、欧州委員会内部の組織の構成員として欧州大の利益の考慮に基づく行動と委員会における合議制原則の遵守が要求される状況にあった。このような二律背反の状況の中でキャビネの構成員から共同体大の考慮を引き出すには、身分やキャリアの保護のためにその選好や活動を秘匿する必要があった。同様の状況はEUと加盟国を繋ぐ他の組織ないし手続にも看取される[169]。

　しかし、キャビネは特に1990年代後半以降、構成員や活動費用の拠出に関する規定が委員会内部の成文化された規則によって整備されたことで、その管理責任を委員会が負うように変化した。また一連の改革により、キャビネは特定加盟国の利益代表としての性格を認めにくい構成となり、その機能も共同体利益志向のものへと変化した。このような欧州化、機能上の脱国家化を遂げたキャビネは、その透明性の欠如を正当化する根拠を失った。改革の初期より、構成員は他の共同体職員と同等の義務を負うこととなり、属性に関する情報は公開傾向にあったが、リスボン条約以前のキャビネに関して、欧州ガバナンス白書で指摘された「EUが何をしているか」[170]についての公表は不十分であった。これを受けて欧州委員会は本節で概観したキャビネの活動内容及び接触した外部団体に関する情報公開を強化する施策を推進した。

　更にフォンデアライエン委員会における、倫理と透明性に関する連絡窓口となる担当職員の任命には、単にキャビネの活動を市民が容易に確認できる

---

(169) 例えば実施措置決定手続であるコミトロジーも当初情報は秘匿傾向にあったが、手続やその位置付けの変化に伴い情報公開は強化されてきている。第五章参照。

(170) European Commission (2001b) *op. cit.*, p.10.

ようになったこと以上の意義を指摘できる。つまり、委員がキャビネの構成に関する裁量権を有し構成員に関する任命責任を負う一方で、キャビネの担当者が委員の透明性に関わる義務の履行を補助し監視する責任を事務総局と共同して負うことで、キャビネと委員が相互に責任を負う関係が構築された。以上のように、キャビネに関する欧州委員会の透明性向上に向けた改革は、リスボン条約以降に本格始動したものであるが、これはキャビネの性格の変化に伴い透明性がもつ価値が変化し、これに呼応して生じた新たな課題に対処したものであった。

第5節 小 括

　本章はキャビネに関連する諸規則の改正を事例として、その意義と、改革を推進した欧州委員会のスキームを考察するものであった。初期のキャビネは欧州委員の職務上の補佐を目的として主に委員と同国籍の職員によって構成される組織であり、その異質な性格は欧州委員会の適切な機能を阻害する要因として非難されてきた。他方で、同時期の透明性の不足の背後には、共同体レベルの利益の考慮に基づく政策判断を導出するという肯定的目的が存在していた。サンテール委員会以降の一連のキャビネ改革は、構成員の国籍に関する制限の導入や任期終了後のキャリアに関わる職員規則の改正等によって、従来看取されてきた加盟国の利益代表としての性格を減退させた。これによりキャビネは、機能上の要請を満たすレベルでその特殊性を残しつつも、EU官僚制全体との間に存在した人事上の異質性が減退したことで、EUの正統性を支える価値である透明性について、その欠如を正当化する根拠を喪失した。リスボン条約以降の改革では、従来の方針を踏襲し強化する諸規定の改正が行われ、キャビネは名実ともにEUの組織となった。同時に特にユンカー委員会以降は、キャビネがその機能上の必要に応じて行う外部団体との接触記録や、その協議相手となる団体に関する情報公開を段階的に強化することで、透明性向上のための直接的な対策が講じられた。

　前章で検討した職員規則におけるジェンダーの問題についても看取されることであるが、国際官僚制における人的組織内部の多様性が公正な政策形成

を支えている、という言説によって改革が推進され正当化される場面もある。しかし、人的資源の管理を巡る一連の改革で重視されていたことは、将来市民に大きな影響を与えかねない政策形成に参与する集団が、多様な言語的・民族的背景を持ち、客観的に職務上の能力が認められる職員によって構成されていることそのものであった。また、このような望ましい官僚組織の様態と、これに裏打ちされる適切な行政機能を、市民が可能な限り視認可能であること、また、かく紙面上で形成された人事管理の手続及び機構が恣意的な考慮によって歪曲されることを防ぐことを目的として、情報公開による透明性の向上や、政治任用の縮小と国籍規定の強化による能力主義原則、地理的配分原則の強化による包摂性の向上が実現した。またこれらを総じて、従来統制の対象ですらなかったキャビネという組織に欧州員会が案出した規則を適用したことは、キャビネを EU 行政における不可分の構成要素と認め、その人事に関する責任を欧州委員会が進んで負うようになった点において、人事決定を巡るアカウンタビリティの強化に寄与したと指摘できる。これらの点において、人的資源管理を巡る一連の改革には、EU 行政管理の正統性強化への寄与が認められる。

　他方で、透明性という要素については一定の留保を付す必要もある。透明性は市民の EU に対する信頼、ひいては EU の正統性を支える価値の一つとして早期からその重要性が認識されてきた。リスボン条約以降は、欧州委員会が透明性向上に向けた施策を主体的に推進してきたが、初期のキャビネ、及びキャビネ間会議の政策共同体としての性格に照らすと、透明性の確保が公益性の高い意思決定の障壁になる可能性を排除できなかった。キャビネの透明性向上に関するリスボン条約以降の取り組みは遅きに失したのではなく、キャビネ自体の構造的変化に合わせて新たに生じた課題に対する即妙の対応であった。EU 諸機関と加盟国統治機構による混成システム[171]である EU 行政は、両レベルの調整や協働を支える多様な制度によって構成されているため、これを構成する個別の制度の形成段階によっては透明性の意義及び評価は自明視できず、その議論には慎重を期す必要があるだろう。

---

(171) 福田／坂根、前掲書、56 頁。

第 三 章

多年度財政枠組に見る予算政策の変容

第1節　問題の所在

　本章及び次章では、欧州委員会による財政資源の管理の様態について議論する。通常国際機構の予算規模は、国際公共政策が主として規制を目的とすることも一因となり、国家の予算規模に比べて大幅に小さい。しかし、EUにおいては、政策の起草から実施に至るすべての段階において重要な貢献を行う EU 諸機関が、第一章で概観したように巨大な国際官僚制を抱えていることや、通常規制的性格に終始しがちな域内国際公共政策が一部政策領域において再分配的な性格を有していることも相俟って、その予算規模は群を抜いて大きい[172]。2019 年末に始まる COVID-19 を受けた 7 年間の多年度復興パッケージ（Recovery Package）も、本章で詳述する多年度財政枠組（MFF: Multiannual Financial Framework、以下 MFF）と次世代 EU 復興基金を合わせて 1.8 兆ユーロ規模である。

　多年度に亘る予算計画は、本邦を含めて近年極めて一般的に用いられているが、このような予算枠組の出現経緯や意義は、行政改革、特に NPM の高潮によって出現したものと論じられる。NPM の出現以前は、多くの国家において予算過程は 1 年を単位とするサイクルによって構成され EU も例外ではなかった。しかし、多年度に亘る予算枠組を導入する際の根拠の一端を担っていた NPM は、その副作用により多くの国において見直しの機運が高まった。では、EU は何を根拠に MFF を中心とする多年度予算を、修正を経ながらも維持しているのであろうか。また、かくしてリスボン条約以降も維持されている MFF は、いかなる帰結を導き、どのような意義を有してい

---

(172) 2023 年度の EU 単年度予算は、1800 億ユーロ（締結予算、2023 年 9 月 1 日時点で約 28 兆円程度）である（OJ（2023）L58, Definitive adoption（EU, Euratom）2023/278 of the European Union's annual budget for the financial year 2023, p.14）。

74 第三章 多年度財政枠組に見る予算政策の変容

るのであろうか。

　以上の問題意識の下に本章では、初めに EU の予算過程の変遷を振り返り、MFF 導入前の課題について言及しながら、MFF 導入の背景について整理する。続いて、リスボン条約の発効による MFF の変化と、同条約発効後初の MFF 交渉に見るその帰結について明らかにする。最後に、MFF の導入から現在に至るまでの意義と位置付けの変化について整理し、COVID-19 影響下の復興パッケージを巡る機関間交渉を概観しつつ、現代 EU の予算を巡る課題の変質について言及しながら、EU における財政資源管理を構成する手続が依拠する諸原則について論じる。

第2節　EU における予算過程とその歴史

　財務行政に関する主要な論点は、予算の編成及び決定に関わるものと、執行及び評価（及びこれを含む統制全般）に関わるものに大別でき、本章が検討する MFF は前者に該当する。そのため、分析に先立ち、編成・決定に関わる予算過程の前史を整理しておく必要がある。加えて、その前史となるリスボン条約以前の予算過程の変化には、NPM のアイディアが大きな影響を与えており、一連の改革における個別具体的な変化はこのアイディアに基づく概ね一貫したものであった。そのため、リスボン条約以前に散発的に出現した個別の変化の根底にある考慮や、同条約以降の変化の特徴を明らかにする前提として、NPM の特徴を概観しておく必要がある。以上を踏まえ本節では、NPM に含まれる財政管理のアイディアと、NPM における多年度予算の具体的な位置付けについて整理した後、共同体予算の出現以降の EU 予算過程に関する具体的な変化と、その変化を導いた考慮について明らかにする。

(1)　公共経営改革における多年度予算の位置付け

　NPM のアイディアは、2000 年前後に急速に進展した欧州ガバナンス改革の根幹を構成する改革方針であり、アングロ＝サクソン諸国において先行して実施されていた行政改革に端を発するものである。NPM は当初からその

第 2 節　EU における予算過程とその歴史　75

名で呼ばれていたわけではなく、1970 年代以降複数の国家において看取された小さな政府を目指す改革が共通の特徴を有していたことにより、1990 年代にその名が定着した、行政改革の一つのモデルである。

　NPM は、政府の縮小、民営化、自動化の推進といった、より広義のトレンドの中に位置付けられるものである。そのような NPM についてフッド（Hood 1991）は、その特徴を、実践的且つ専門的な管理、業績評価の明確な基準の設定、アウトプットによる統制の強調、公的機関内部の部局の分散化、公的セクター内部の競争の促進、民間型管理手法の導入、規律に基づく倹約的な資源利用、の 7 点にまとめている[173]。NPM を他の行政改革モデルとの比較の中でその特徴を相対化するならば、NPM は経済性をより強く希求する市場志向型の行政改革として理解することができる[174]。

　この点において、本章が検討する MFF を含む多年度予算は、NPM において一般に好んで導入される。財政資源の使用量を減少させる手段としては、チーズスライシングと形容される全分野における予算の一律縮減に加え、技術的なレベルにおける改革によって政策出力を維持しつつ予算を縮減する方法（効率性追求）や、中核的な政策手段を十分に保護しつつ政治的アジェンダの戦略的変更を伴う抜本的な使途改革を行う方法（中心的優先項目設定）等が挙げられる。このうち、効率性追求や中心的優先項目設定の一つの手段として、枠組予算方式（Frame-budgeting, Block-budgeting）、いわゆる多年度予算が活用されることとなる。これは、政策プログラムと予算を一体のものとして数年単位の財政枠組を決定する PPBS（Planning, Programming, Budgeting System）の性格を持つものであり、EU においてその導入は早くも 1970 年時点で欧州委員会によって意図されていた[175]。多年度予算の編成過程は一様ではないが、複数年度に及ぶ単位期間の予算上限を決定した

---

(173) Hood, C. (1991) "A Public Management for All Seasons?", *Public Administration*, 69(1), pp.4-5.

(174) Bouckaert, G. (2023) "The neo-Weberian state: From ideal type model to reality?", *Max Weber Studies*, 23(1), p.31.

(175) Commission des Communautés Européennes (1970) "Projets d'ordre du jour, procès-verbal, questions écrites, procédures écrites et annexes n° 1-17, reunion n° 138 (13 et 14 octobre 1970)", COM (70) PV138 final, p.21.

76 第三章 多年度財政枠組に見る予算政策の変容

後、その上限に合わせて各政策領域のプログラムへの支出割当を決定し、各プログラムの支出計画を踏まえて単年度予算を決定する、という順序が一般的である。この点において多年度予算は、数年度に亘る支出総額を事前に決定し、プログラムの実施計画を単年度予算に先行して固めることにより、政策実施の計画性担保と予算の膨張の抑制を狙うものである。

　このように、MFF を含む多年度予算の特徴を専ら NPM の観点から描写したが、EU における行政改革がどれほど NPM 的であったかは解釈が分かれるところである。NPM をはじめとする各種の行政改革モデルはあくまで理念系であり、各行政改革のモデルがポリットらによって「メニュー」[176]と形容されるように、異なるモデルの典型的事例にも共通する改革が看取されることには留意する必要がある。加えて、特に EU における行政システムは行政組織設計を巡る加盟国の思惑が交錯する中で制度化されてきたため、その特徴は混合的である。しかしこれらを踏まえても、2000 年代初頭に行われた欧州ガバナンス改革には強い NPM 色が認められ、本章が検討する MFF も NPM と整合的な代表的機制として理解することができる。

(2) 共同体予算出現以降の予算過程とその課題

　次に、リスボン条約以前の予算過程の変遷について整理しておきたい。初期の共同体諸機関の予算は、1967 年の機関併合条約まで ECSC、EEC、EAEC のそれぞれが個別に管理するものであった。3 共同体の設立直後は、共同体レベルでの意思決定を必要とする政策領域が限定されていたことから、予算の使途は主として各共同体の事務局の機能維持を目的とするものであった。また当時の予算は、各共同体の機能が、総合すれば広範な政策領域を所掌する性格を有していたものの、個別には一般的な国際機構と同様に特定の越境的目的の達成や国家間の政策調整を図る性格が強かったため、現在の他の多くの国際機構と同様に、その財源調達を加盟国からの拠出金[177]に

---

(176) Pollitt and Bouckaert, *op. cit.*, p.28.

(177) なお、後述の通り分担拠出金は 1970 年代以降段階的に固有財源へと置き換わることになったが、固有財源とは EU が徴収権限を有しているという意味で固有なのであり、その調達において加盟国の制度を全く介在させないという意味ではない。この点に

第2節　EUにおける予算過程とその歴史　77

依存していた。

　つまり、この時点において、共同体予算の原初的な調達権限を持つのは加盟国であり、加盟国が共同して拠出することで成立する予算の使途や執行状況に関する統制には、加盟国が第一義的に関与すべきであった。より正確には合規性に関しては共同体の各執行機関が加盟国政府に対して、予算使途を巡る加盟国の意思との整合性の観点では各加盟国議会に対してアカウンタビリティが確保される必要があった。この時、1962年に現在の名称となった欧州議会は、共同体の決定に対する民主的統制を目的として設置されたものであったものの、当時の共同体予算過程に包摂される必然性がなかった。そのため、欧州議会はEU予算が加盟国行政府の意思能力如何によらず調達されるようになるまで、予算編成及び決算統制において実質的な役割を果しえなかった[178]。しかし、1962年に始まる共通農業政策（CAP）により、1960年代後半に共同体の予算規模は急激に拡大した[179]。これを受けて、欧州委員会の提案を受けた閣僚理事会（現EU理事会、単に「理事会」）は、安定的な財源確保の観点から、1970年に「加盟国分担拠出金を共同体固有財源によって置換する決定」[180]を採択し、域外関税及び農産物と砂糖に対する課徴金による固有財源を創設した。これにより、共同体諸機関の関与が不十分な予算編成執行過程の問題性は一層鮮明になり、1970年代の2つの予算条約締結が導かれた。第一次予算条約（ルクセンブルク条約）は、共同体予算支出を義務的支出と非義務的支出に分け、当時のEC条約第272条4項に定める「条約その他法令の結果として必要な支出」の範囲を明確にするととも

関して、現在の固有財源を支える「GDPベース収入」は加盟国を通して調達されるものである。

(178) 但し、ECSCに限っては、その設立目的の中に価格制限や供給量調整等が含まれ、域内で算出する石炭鉄鋼資源に共同体自身が直接課税していたことから、欧州議会は当該財政資源の調達管理の統制に参与し得ていた。（福田耕治（1992）前掲書、165頁）

(179) Benedetto, G. (2019b) "The History of the EU Budget", European Parliament's Committee on Budgets, PE636.475, p.18.

(180) OJ (1970) L94, Council Decision 70/243/ECSC, EEC, Euratom on the Replacement of Financial Contributions from Member States by the Communities' own Resources.

78   第三章　多年度財政枠組に見る予算政策の変容

に、財源置換後の欧州議会の予算統制権限の強化を定めた。続く第二次予算条約（ブリュッセル条約）は、独立監査機関や欧州議会の予算執行に対する監査機能を強化することで、理事会の欧州委員会に対する責任解除権を相対化させることに加え、欧州議会に予算案全体に対する否決権と、非義務的支出に関して諮問的な性格を超えた実質的な予算修正権限を付与した。

　2度の予算条約による欧州議会への権限付与は極めて漸進的であったが、予算過程における欧州議会の存在感は高まり続けた。それは、1979年に第1回の欧州議会選挙が行われ、市民による公選の代表としての性格を帯びたこと、及びEUが関与できる政策領域の拡大と名目上の予算規模の通時的な拡大によって、欧州議会が独自の政策選好を有し、機関間交渉においてこれを主張するようになったことが主たる要因であった。この変化により、特に単年度予算の編成過程における欧州委員会、欧州議会、理事会の対立は1980年代以降先鋭化し、会計年度初頭までの確実な予算決定に支障が生じるようになった。

　加えて、加盟国の増加やこれに伴う域内経済格差の拡大に伴って、CAPに充てられる農産物への補助金の規模は拡大の一途を辿っていた。このような状況に明確に不満を表明していたのは、言うまでもなくイギリスをはじめとする工業国であった。更に、固有財源の第三の柱を構成していた各加盟国からの付加価値税を基準とする収入については、導入当初より個別の事情によらず一律の割合でEUが徴収していた上、その割合が導入当初の1.0%から1985年に1.4%、1988年には1.6%と段階的に引き上げられた[181]ことから、予算規模の小さい加盟国の負担が相対的に増加し、理事会内での合意形成の障壁も無視できなくなっていた。加えて、欧州委員会が共同体予算と域内政策の調整を図る決定を採択し、理事会が欧州委員会に対して多年度予算の運用を要請する等、際限ない予算規模の拡大が持続不可能であるとの認識は共同体諸機関で共有されていた[182]。これらの問題の同時解決を期待されて1988年に導入されたのが、後にMFFとなる多年度財政見通し（MFP:

---

(181) Benedetto (2019b) *op. cit.*, p.15.
(182) Schön-Quinlivan, *op. cit.*, p.29.

Multiannual Financial Perspective）であった[183]。この MFP は 5 年ないし 7 年の期間を単位として財政資源の配分と政治的アジェンダの優先順位を考慮した上で、各政策プログラムの予算上限を定める財政枠組であり、優先順位の低い非効率な事業に対する過剰な資源投下を防ぎ政策の持続可能性を高める点において、NPM 改革における多年度予算としての性格を帯びるものであった[184]。更に、MFP はその法的性格により、諸機関間の対立的な交渉力学を緩和することも期待されていた。単年度予算が立法手続と同等のフォーマルな過程を経て決定から決算まで進められるのに対し、MFP は EU 立法ではなく政治的合意としての性格を帯びていた。MFP は、欧州理事会における全会一致の賛成を前提として、欧州委員会、理事会、欧州議会による政治的拘束力のある合意により決定されるものであった。欧州理事会は事実上の加盟国首脳会議であることから、加盟国の閣僚によって成る理事会はこの合意に事実上拘束される。また、欧州理事会による政治性の高い決定は、欧州議会が各政策プログラムの原案に民主的正統性を見出す一助となる。そのため、MFP の原案を作成する欧州委員会と両機関との交渉において、合意不可能な争点は基本的に発生し得ない。かくして合意された MFP は、期間

---

(183) なお、域内諸アクターの利益保護という観点において、EU の予算規模を倍増させる必要が指摘されていた（European Commission（1977）"Report by the Study Group on the Role of Public Finance in European Integration—Volume 1: General Report", Economic and Financial Series No. A13.（通称：マクドゥーガル報告））が、ここではあくまで消極的な理由による予算規模の拡大が長期的視点から肯定的に評価できないことを踏まえての考慮であった。本章で詳細には触れないが、農業政策領域においても予算の肥大化に無策ではなかった。当初農産品への補助金を通して農業従事者を間接的に保護していた政策は、農業の近代化・企業化による効率性向上を目的とした構造基金内の地域政策へと段階的に置換され、予算規模の縮小が企図された。なお、既存政策のコストプッシュではなく、政策効果の向上を目的とした積極的な理由による予算規模の拡大の必要に対する認識は、本文で後述するように COVID-19 流行下の欧州委員会によるイニシアティブの背景要因の一つであった。

(184) EU 予算については、ローマ条約 199 条 2 項を根拠に、予算編成及び執行の両段階における財政収支均衡の確保が規定され、MFP においてもこの規定が準用されたことから、MFP は予算規模の無際限な膨張への強力な予防装置として機能することとなった。しかし後述の通り、財政均衡主義の頑なな維持は、域内政策の実効性を制限しかねなかったため、以後の機関間交渉における争点の一つとなった。

中の単年度予算の交渉余地を十分に制限することから、単年度予算の編成執行過程における機関間の対立も結果として緩和することとなった。このような複数の意図の下に導入された MFP は、1988 年に 5 年間のドロール・パッケージ I として導入されて以来、各 7 年間のドロール・パッケージ II（1993-1999 年）、アジェンダ 2000（2000-2006 年）、MFP 2007-2013[185]へと継承された。

第3節　リスボン条約発効による機関間関係の変化

　以上の経緯によりソフトガバナンス方式として導入された MFP は、本質的変更を多く伴い、リスボン条約の発効によって MFF へと改称されることになった。またリスボン条約による変更は、20 余年に亘り継承されてきた MFP の導入当初の意図を部分的に修正する性格をも有していたことから、この変更は 2014 年以降の MFF の予算過程において、旧知の問題を再燃させることにもなった。本節では初めに、リスボン条約による EU 予算に関わる変更について整理し、その変更が持つ意味について明らかにした上で、その変更が 2013 年に本格化する MFF 2014-2020 の交渉に与えた影響を明らかにする。

(1) リスボン条約による予算過程の変化

　リスボン条約における EU 立法に関わる最も大きな改革は、従来共同決定手続として導入されていた採択手続を通常立法手続に改称して、従来よりも多くの政策領域に適用し、これを EU における標準的な意思決定手続として定着させたことである。共同決定手続は、共同体レベルの決定に欧州議会が十分な関与を果たしていないという「民主主義の不足（democratic deficit）」の批判を受けて導入されたものであったが、高度な政治的論争を惹起する領域や加盟国の主権に抵触する領域において政府間的な交渉の結果を優先する

---

(185) なお、MFF 2007-2013 にも「共通の未来建設」、第 3 節で詳述する MFF 2014-2020 には「欧州 2020 の為の予算—欧州の将来への投資」という名称が付されているが、十分に定着しなかった。

という観点から導入が進んでいなかった。しかし、1990年代後半以降に議論が本格化する欧州ガバナンス改革においては、民主的な共同体の構築に向けて欧州議会の権限を強化・拡大すべきであるとの認識が共有され、共同決定手続を通常立法手続として定着させる土壌が形成されてきた。同様の考慮に基づけば、予算過程における欧州議会の関与の強化についても改革の余地を指摘されることは自然であった。

　従来のMFPの狙いは、不必要な予算規模の拡大を防止することと、単年度予算の採択を巡る機関間交渉を時間内に終結させることにあり、前者は緊縮志向の継続もあり、リスボン条約の交渉に前後する時期にも依然正当な目的の一つとして認識されていた。しかし後者についてMFPは、欧州議会による単年度予算案の拒否という民主的正統性の確保において必要不可欠なプロセスを予算案の期限内採択の障壁と見做し、予算過程の遅延を回避する手段として、政府間的な交渉が優先される政治的合意で欧州議会による事実上の拒否権の発動を封じ込める意図を含む制度設計であるとの批判を免れないものであった[186]。

　以上の経緯により、リスボン条約によってEUの予算過程には以下の変更が施された。単年度予算については、義務的支出と非義務的支出の区分が撤廃され、予算案採択の手続が改められた。これにより、予算決定過程が簡素化されるとともに、欧州議会の権限が強化された。なお、旧義務的支出はEU条約の履行のために直接的に必要となる支出であり、EU諸機関の人件費及びその他運営費が含まれる。これらに関わる論点は主として欧州委員会が継続的に検討する技術性の高いものであり、仮にこれらに関わる諸規則が通常立法手続が適用されるEU立法の形式をとった場合でも、欧州議会や理事会からその変更の本質に異議が呈される事例は僅少である[187]。それゆ

---

(186) このほかにもMFPを巡っては、予測不可能な社会経済的変化が生じた際に対応するだけの柔軟性が乏しいという指摘もあり（Cipriani, G. (2010) *The EU Budget: Responsibility without Accountability?*, Centre for European Policy Studies, p.17.）、リスボン条約以降のMFFにおいてその解決が図られた。

(187) 第一章及び第二章で検討した人事行政を巡る問題でも、その中核的な法的根拠である職員規則は通常立法手続により採択されるEU立法であるものの、内容にかかわる修正が施された2004年や2013年の改正に際しても、その審議過程において本質的な修正

82   第三章　多年度財政枠組に見る予算政策の変容

え、義務的支出と非義務的支出の区分撤廃によって、単年度予算の決定過程において欧州議会が実質的に交渉可能領域の拡大を享受できたとまでは評価できない。しかし、歳出項目によらず欧州議会が理事会による予算案の修正に拘束的な再修正提案を行えることで、欧州議会は理事会と凡そ対等な地位を獲得することとなった[188]。

　多年度予算については、MFF が特別立法手続が適用される EU 立法（規則）の形式をとることとなり、従来のソフトガバナンス方式が改められた。具体的には、欧州委員会が規則案を起草し理事会に提案し、理事会が加盟国の状況を一部考慮に入れながら独自に行う検討を経てこれを修正し、欧州議会の同意を得て理事会が最終的な規則を採択する、というものである[189]。

　一般に特別立法手続は、理事会が最終的な法案採択権限を有していることから欧州議会は諮問的な役割のみを担っており、審議に際して欧州議会と理事会の合意形成が必須となる通常立法手続に比べて欧州議会の権限は弱いとされる。但し、MFF 規則の採択に関しては、欧州議会の予算案に対する修正提案を含む意見表明と、これへの理事会の応答は手続上必須であり、従前の MFP 交渉過程に比べて欧州議会の交渉力は強化されることとなった。

　上記の予算に関する改革は、その手続における欧州議会の権限を実質的に強化するものであり、予算過程の政治的アカウンタビリティを強化する性格があった。しかし、特に MFF の交渉過程における欧州議会の権限強化は、MFP 導入時の欧州委員会と理事会の思惑の一つであった期限内の単年度予算採択の継続的実現に負の影響を与えかねないものでもあった。また、MFF が単年度予算の歳出項目とその予算配分を事実上拘束する構造は変化しておらず[190]、事後的に単年度予算を巡る交渉の余地を制限する MFF の交渉に際して各機関の妥協が引き出しにくくなることは必至であった。この

　　指針を示したのは欧州委員会の設置する専門家委員会等であり、理事会や欧州議会が規則に関わる特筆すべき修正を提案することはなかった。

(188) OJ (2007) C306, Treaty of Lisbon Amending the Treaty on European Union and the Treaty Establishing the European Community (2007/C306/01), Article 314.

(189) *Ibid.*, Article 312(2).

(190) *Ibid.*, Article 312(1).

ことは、リスボン条約発効後初となる MFF 規則の審議において表面化した。

(2) MFF 2014-2020 の交渉過程とその特徴

　MFF 2014-2020 に関する最初の欧州委員会提案は、対象期間が始まる 2 年以上前の 2011 年 6 月に公表された。この提案には、MFF と同期間に実施される複数の多年度プログラムに係る費用の概算に基づく具体的な予算上限額も含まれた。その総額は 1 兆 332 億ユーロ（対 GNI 比で 1.08％）[191] であり、1.00％ であった MFF 2007-2013 と実質的に同規模のものであった[192]。その後、同年の間に各多年度プログラムに係る立法行為に関する 57 の提案[193] を欧州委員会が起草する際に、MFF 規則の変更を示唆する内容が一部の提案に含まれた。加えて、クロアチアの EU 加盟が決定したことで、同国での多年度プログラム実施に必要となる費用の上乗せが必要となったことを受けて、2012 年 7 月に欧州委員会は MFF 規則の修正提案[194] を公表した。

　この修正提案に対して同年 10 月に欧州議会が決議を採択したが、この決議中には、規則案の本質的な内容に関してと、予算過程に関しての 2 つの側面をもつ規則案への改善要求が含まれていた。規則案の内容に関して欧州議会は、高邁な共同体目標に見合う予算額が確保されていない点を指摘した。2000 年代に実施されたリスボン戦略では、マクロレベルの経済発展や投資環境の整備と並行して、市民及び特定地域の経済状況の改善による域内格差の解消が目標として掲げられたが、十分な成果を上げるに至らなかった。そ

---

(191) European Commission (2011b) "Proposal for a Council Regulation laying down the multiannual financial framework for the years 2014-2020", COM (2011) 398 final.

(192) European Commission (2010b) "Proposal for a Council Regulation laying down the multiannual financial framework for the years 2007-2013", COM (2010) 72 final, p.18.

(193) すべての提案は、European Commission (2012a) "Communication from the Commission to the European Parliament, the Council, the European Economic and Social Committee and the Committee of the Regions: A Simplification Agenda for the MFF 2014-2020", COM (2012) 42 final. の Annex I に収録されている。

(194) European Commission (2012b) "Amended proposal for a Council Regulation laying down the multiannual financial framework for the years 2014-2020", COM (2012) 388 final.

84　第三章　多年度財政枠組に見る予算政策の変容

のため、これを受けて策定された欧州2020戦略では、その目標である成長促進と高品質な雇用を実現するために、重点領域に対する一定規模の投資が必要とされていた。しかし、MFF 2014-2020の規則案における予算規模は、対GNI比で旧世代の財政枠組と比較して十分な水準に改善されているとは言い難かった[195]。これを受けて欧州議会は、規則案中でマクロレベルの経済成長に関わる歳出を他のプログラムに充てられる予算と完全に区別することで、予算執行期間中に同領域の予算が他の予算枠を侵食し、優先度の高い共同体プログラムの実施に影響が出ることを防ぐ措置を欧州委員会が講じたことを評価しつつも、固有財源収入に対して十分な余裕を持たせたMFF予算上限の設定によって、一部の多年度プログラムの縮小ないし廃止を余儀なくされることや、予期せぬ変化への対応策に十分な財政資源を投下できないことによって、共同体レベルで行われる政策の有効性が損なわれる可能性があることを警告していた[196]。

　欧州議会は上のようにMFF規則の素案について意見を表明することはできても、その意見によって理事会を拘束することはできない。しかし、ここで着眼すべきは、MFF規則の採択が特別立法手続で行われるのに対し、MFF規則によって配分された予算によって実施される各多年度プログラムに関する法案の多くは通常立法手続で採択されるということである。つまり欧州議会は、予算関連法案が期限内に採択され予定された期日に施行が開始できることがEUの政策実施において重要であり、ひいてはEU市民の利益に適うという事実を認識しながらも、MFF規則に関わる死活的な争点に関して理事会との間に譲歩不可能な意見の不一致がある場合は、多年度プログラムの採択を謂わば人質にとることで、MFF規則の審議において理事会の譲歩を引き出すことができる[197]。

---

(195) European Parliament (2012) "European Parliament resolution of 23 October 2012 in the interests of achieving a positive outcome of the Multiannual Financial Framework 2014-2020 approval procedure", P7_TA (2012) 360, point 3, 10, 11, 18.

(196) *Ibid.*, point 20, 35.

(197) *Ibid.*, point 82-83. なお、欧州議会のこのような交渉戦略は「クロスアリーナ＝リンケージ」と呼ばれている。この戦略は、第五章で概観するコミトロジーを巡るリスボン条約以前の機関間交渉においても看取され、欧州議会が当時の共同立法手続下で採択

第3節　リスボン条約発効による機関間関係の変化　　85

　この事実を踏まえた欧州議会の態度は、決議中の予算過程、及びこれを構成する機関間関係に関する項目に明瞭に表れていた。まず、MFF 規則の採択において議会の過半数の賛成が必要である旨を強調した[198]。リスボン条約第 312 条では、理事会による採択に際して議会の同意が必要であることが規定されているものの、議会の同意を認める際の閾値は定められていなかったため、欧州議会は過半数の賛成を前提とするよう求めた。次に、MFF の採択に際しては欧州理事会における政治的合意が欧州議会を拘束し得ないことを強調し、MFF の歳出項目決定に不可欠な多年度プログラムについては通常立法手続によって審議され、これらの法案をパッケージとして見做し、一括での合意が必要であると主張した[199]。更に、MFF 規則と同時に交渉された機関間合意について、MFF 規則によっては更なる変更が必要となる場合があるとした上で、MFF 規則の採択まで機関間合意の内容を確定しない旨を明らかにした[200]。欧州議会が展開したこれらの主張は、2013 年 12月 2 日に採択された MFF 規則[201]で完全に回収されたわけではなかったが、当初緊縮傾向を堅持して MFF 予算総額を更に切詰めようとしていた理事会は、結果として予算削減を断念することとなり、事実上欧州議会が理事会から大きな譲歩を引き出す結果となった[202]。

　かくして、リスボン条約による MFF 規則採択手続の変更は、一連の法案審議を欧州議会が「長く過酷な交渉」[203]と表現するように、機関間交渉上の

　される具体的な法案の審議を停滞させることで、諸機関の権限を巡る交渉において欧州
　委員会と理事会から譲歩を引き出してきた。(Héritier, et al. *op. cit.*, pp.27-28)

(198) European Parliament (2012) *op. cit.*, point 75.

(199) *Ibid.*, point 78-80.

(200) *Ibid.*, point 82.

(201) OJ (2013) L347, Council Regulation (EU, Euratom) No 1311/2013 of 2 December 2013 laying down the multiannual financial framework for the years 2014-2020.

(202) 理事会の妥協の経緯について更なる詳細は、Benedetto, G. (2019a) "The European Parliament as a Budgetary Extractor since the Lisbon Treaty", *Journal of European Integration*, 41 (3), pp.334-335, p.341.

(203) European Parliament (2013b) "European Parliament resolution of 3 July 2013 on the political agreement on the Multiannual Financial Framework 2014-2020", P7_TA (2013) 0304, point 1, 13.

86　第三章　多年度財政枠組に見る予算政策の変容

手続的非効率を生むこととなり、同条約直後の財政枠組決定に大きな影を落とすこととなった。

第4節　NPM から離れた財政資源管理

　前節で概観した通り、リスボン条約は予算決定手続における欧州議会の権限を強化することで、政治的アカウンタビリティの向上をもたらしたが、その変更は本来旧 MFP の導入によって解決したはずの問題を再燃させる結果となった。しかし、MFF 規則の採択手続の変更によって欧州議会が機関間交渉における態度を硬化させる可能性があること、またその結果として交渉力学が対立的なものへと逆進してしまうことは十分に予測し得たことである。本節では初めに、欧州委員会が予算過程の変更によって生じる帰結について理解しつつ、従来十分に機能してきた NPM 的な財政管理の様態をいかなる考慮の下に変更したのか示す。その上で、2019 年末に始まる COVID-19 の感染拡大が MFF を含む多年度予算を巡る機関間交渉にどのような影響を与え、MFF を巡る一連の変更がどのような帰結を生んだか論じる。

(1) NPM 改革の継続と修正

　予算過程の改革の端緒を振り返ると、共同体予算が出現した際の財源は加盟国の分担拠出金であったことから、その使途が専ら共同体諸機関の運営や共通政策の実施に充てられていながら、欧州議会はその決定過程に参与できていなかった。その後固有財源の導入によって、共同体レベルの民主的基盤である欧州議会が予算過程に関与する必然性が生じた。当然、欧州議会の権限が強化される前から、理事会は欧州議会に対する諮問の義務を負い、一般会計予算の透明性は初期より確保されていた。しかし、2 度の予算条約によって欧州議会が非義務的支出を巡る予算案に関する拒否権を得たことで、予算使途に関する政治的アカウンタビリティは強化された。

　しかし、欧州議会が公選制の開始に端を発して政策選好の独自性を強めたことで、予算編成及び決定の効率性は大きく低下した。1988 年に導入され

たMFPは、EUにおける政策の費用対効果を高め、予算規模の無際限な拡大を防止するNPMに根差した狙いに加え、欧州議会の権限強化による予算過程の遅延の問題に対処するという狙いに基づくものであった。それゆえMFPはEU立法ではなく欧州理事会における全会一致の賛成に基づく政治的合意としての性格を付与されたため、欧州議会はその決定過程において諮問的な役割にとどまった。しかしMFPは単年度予算の規模及び使途を拘束するものであったため、単年度予算過程の効率性は向上したが議会を通した政治的アカウンタビリティは一定程度犠牲にされた。

　しかし、このような変化が1980年代以降の民主主義の不足という批判に逆行するものであったことに加え、次章で詳述するEU予算を巡る不正に端を発し、予算に対する監視の目を強化する必要性は強く認識されるようになった。他方で、リスボン条約の基礎となった欧州憲法条約が起草された2000年代のEUは、2004年の東方拡大により加盟国数の大幅な増加と、域内経済格差の拡大を経験したこともあり、予算規模の急激な拡大への対策は引き続きその必要に迫られていた。この状況下で、NPMに関する考慮から導入されたMFPに本質的な改変を加える必然性はなかった。これにより、多年度財政見通しはMFFとして維持された。結果として、2008年のリーマンショックや、2009年に露呈し始めたソブリン危機への対応に迫られたことで、倹約主義的な予算改革路線を一定程度維持したことは一定の評価を得ることとなった。

　政策の効率性を高めることで予算規模の拡大を防止するという方針は、リスボン条約後も維持された。この方針は2000年前後に急速に進行した欧州ガバナンス改革において核となったNPMのアイディアにも含まれるものであった。すなわちNPM改革は、行政活動が結果として市民の利益になっていることを望ましいと想定する顧客主義の原則に立ち、そのような状況を実現させる手段として業績ベース評価等を活用するものであった。この点において、リスボン条約以前の欧州委員会の行政改革方針は市民の存在を蔑ろにするものではなかったが、欧州委員会は、予算執行開始の遅延という失敗を回避し、予算サイクルの適切な運用を実現することで行政管理的アカウンタビリティを確保しつつ、結果として予算過程を含むEU行政の機能に対する

市民からの支持・信頼の獲得を試みていたのであり、市民代表である欧州議会に対する政治的アカウンタビリティの確保を第一義的に目指していたわけではなかった。

このような従前の制度上の陥穽を埋めるために、リスボン条約ではMFFにEU立法としての地位を付与した。欧州議会をその交渉過程における有意なアクターとして参与できるようにしたことで、政治的アカウンタビリティは確保されることとなった。この点において、予算編成を巡る政治的及び行政管理的アカウンタビリティの確保が財政資源の管理に対する事前統制としての機能を有することに鑑みれば、管理コストを削減する観点から事後統制を重視する従来のNPM的改革路線は一部修正されたと見ることができる。このような転換の中で副作用として生じた予算過程の粘着性の増大は、統制コストの拡大と本質的に同等であり、対立的な機関間交渉力学の再燃は十分に予期されたものであったと言える。その危惧を認識してもなお上述の改革が行われたことは、政治的アカウンタビリティの確保が財政資源の管理において相当程度優先度の高い課題であったことを意味していた。

(2) COVID-19 期の EU 予算過程における改革の副作用の偶発的軽減

以上がMFF改革を巡る欧州委員会の思惑であったが、欧州委員会が犠牲を厭わなかった予算編成効率について、近年意図せざる改善があったことも付言しておく必要がある。単年度予算決定の遅延の危機が1980年代に複数回発生したのと同様に、MFF 2021-2027の交渉過程においても欧州議会による抵抗が生じることは容易に予想し得た。しかし、2019年末に始まるCOVID-19の感染拡大によってEUを取り巻く環境が急激に変化したことが契機となり、機関間の交渉力学はリスボン条約発効直後に比べて穏やかになっていた。

MFF 2021-2027 について、欧州委員会は2018年5月に規則提案を発表していた[204]。同提案中には、歳出項目間の予算融通可能枠を10%から15%

---

(204) European Commission (2018a) "Proposal for a Council Regulation laying down the multiannual financial framework for the years 2021 to 2027", COM (2018) 322 final.

に引き上げることに加え、前会計年度の未使用予算を歳出費目を超えて繰越すための柔軟性機制（Flexibility Instrument）と、MFF 規則により予算執行開始前に定める上限額に加えて、不測の事態が発生した際に追加で支出できる域内 GNI 0.03% 分の緊急用余裕額（Contingency Margin）の創設が含まれた。旧 MFF に比べて支出の柔軟性は強化されたが、この提案は固有財源による歳入上限を超過する予算執行を容認するものではなかった。

その後、MFF 2014-2020 に係る交渉が長期化した経験を踏まえ、欧州委員会は同 2018 年 12 月に開催された欧州理事会の直前に「長期予算に関する迅速な合意に向けた通達」を発表し、改めて現代的で均衡のとれた予算の実現が必要である旨に言明した[205]。翌 2019 年 6 月には、次期 MFF に関する合意までのロードマップが示され[206]、10 月には、同月 17-18 日に迫った欧州理事会において MFF に関する期限内の合意を実現するために事前且つ確実に合意しておくべき論点が欧州委員会から提示された[207]。これらの 2018 年末から 2019 年にかけての通達中では、欧州委員会の第一 MFF 規則提案中で既に意図されていた予算の柔軟性向上と、財政均衡の確保、予算の簡素化や合理化、及び透明性の向上が必要である旨も指摘された。

しかし、2019 年に始まる COVID-19 の蔓延は、中小企業と個人単位の市民の双方に甚大な影響を与えた。これらの予期せぬ経済環境の変化を受けて、欧州議会は 2020 年 4 月から 5 月にかけて、MFF に加えて緊急対応を目的とする復興計画と、両者に充当される固有財源について 2 つの決議を採択し、欧州委員会に対応を迫った。その結果、欧州委員会は 4 月中に実施最

---

(205) European Commission（2018c）"Communication from the Commission to the European Parliament, the European Council and the Council: Towards a swift agreement on a long-term budget for Europe's priorities", COM（2018）814 final.

(206) European Commission（2019a）"Communication from the Commission to the European Parliament, the European Council and the Council Roadmap to an agreement on the Union's long-term budget for 2021-2027 The European Commission's contribution to the European Council meeting on 20-21 June 2019", COM（2019）295 final.

(207) European Commission（2019d）"Communication from the Commission to the European Parliament, the European Council and the Council: Time to decide on the Union's financial framework for 2021-2027", COM（2019）456 final.

90　第三章　多年度財政枠組に見る予算政策の変容

終年度にあった MFF 2014-2020 の再修正案を提示し[208]、翌 4 月に第二提案を公表するとともに[209]、従来通り域内 GNI の 1.0% 前後の規模である次期 MFF に加えて[210]、新たに 7500 億ユーロ規模の「次世代 EU 復興パッケージ（NGEU）」の策定に関する提案を行ったことで、初めて金融市場からの大規模な資金の借入れを伴う長期予算を編成することとなった[211]。MFF と NGEU について財政均衡主義一辺倒を修正する提案を行った欧州委員会の方針は、欧州議会の要求と方向性が概ね合致することとなり、原案作成を担う欧州委員会と、民意代表として従来その原案の緊縮的性格を批判してきた欧州議会との従来の対立的な関係に変化が生じることとなった[212]。

　旧 MFF の交渉時と同様に、機関間交渉における理事会の立場を制限する欧州理事会は、欧州委員会による MFF 規則提案に緊縮志向の修正を加え、NGEU についても臨時措置としての必要性に鑑みて、その全体像を維持し

---

(208) European Commission (2020b) "Proposal for a Council Regulation amending Regulation (EU, Euratom) No 1311/2013 laying down the multiannual financial framework for the years 2014-2020", COM (2020) 174 final.

(209) European Commission (2020g) "Proposal for a Council Regulation amending Council Regulation (EU, Euratom) No 1311/2013 laying down the multiannual financial framework for the years 2014-2020", COM (2020) 446 final.

(210) European Commission (2020f) "Amended proposal for a Council Regulation laying down the multiannual financial framework for the years 2021 to 2027", COM (2020) 443 final.

(211) European Commission (2020h) "Communication from the Commission to the European Parliament, the European Council, the Council, the European Economic and Social Committee and the Committee of the Regions: Europe's moment: Repair and Prepare for the Next Generation", COM (2020) 456 final, p.5.

(212) なお、NGEU はあくまで域内経済の復興を主たる目的とするものであったが、欧州委員会は全世界におけるワクチン開発及び分配へのコミットとして、対外政策に充当される区分も設けた。従来欧州議会が予算規模の拡大を要求していたのは、域内市民の利益の観点に基づくものであり、予算の増額分が完全には域内に向けられていない点において議会の意図と完璧に整合するものではなかったが、欧州委員会は近隣第三国（特に加盟候補国）における衛生環境の改善が、同地域に対する投資リスクの軽減に寄与するとしてその方針を維持し、議会も最終的にこの説明を受け入れた（European Commission (2020j) "Questions and answers: the EU budget for external action in the next Multiannual Financial Framework", Brussels, 2 June 2020, QANDA/20/988.）。

つつも、NGEU の 9 割を占める復興強靱化ファシリティに含まれる交付金を削減する修正を施した上でこれに合意した。これについて即座に欧州議会は決議を採択しこれに抗議するとともに、NGEU に関する交渉が政府間的に行われていると批判した[213]。ここまでは、欧州議会の意見表明に予算案の内容に関わる論点と予算過程に関わる論点が併存している点で、従来と同様であった。ところが、NGEU が EU 条約上に採択要領が規定されるものでなく、欧州議会の抗議が現状変更要求の体をなさなかったことや、旧 MFF 規則発効直後の 2014-2015 年にかけて生じた予算執行遅延の混乱が及ぼした影響が COVID-19 蔓延下で繰り返されることへの危惧から、早くも翌 8 月 27 日には欧州議会の代表団と理事会輪番議長、予算担当欧州委員の 3 者間で調整会合が開始された[214]。この会合は同年 11 月までに計 12 回実施され、同月に 3 機関の代表が合意に達した後、翌 12 月 17 日に理事会で MFF 規則が採択された。

　結果的に採択された MFF 2021-2027 規則中では、柔軟性機制の上限額が年間 9 億 1500 万ユーロ、繰越可能な期間が未執行であった年度の翌々年度までとされた[215]。また、調整会合の過程で理事会は、MFF と NGEU に含まれるプログラムについて 5 億～40 億ユーロの予算増に応じた[216]。これは当初の欧州委員会提案よりも限定的なものであったが、これらの点からは、理事会が欧州議会の要求を踏まえて当初の欧州委員会提案に近い形で修正方針を変更したことが見て取れる。NGEU の決定過程において欧州議会は拘束力のある意見表明ができなかったが、同過程におけるフォーマルな立場の要求を行う一方で、唯一の市民代表の機関として欧州委員会に対して情報共

---

(213) European Parliament (2020a) "European Parliament resolution of 23 July 2020 on the conclusions of the extraordinary European Council meeting of 17-21 July 2020", P9_TA (2020) 0206, point.19-23.

(214) European Parliament (2020b) "Recommendation on the draft Council regulation laying down the multiannual financial framework for the years 2021 to 2027", P9_A (2020) 0260, p.39.

(215) OJ (2020) LI433, Council Regulation (EU, Euratom) 2020/2093 of 17 December 2020 laying down the multiannual financial framework for the years 2021 to 2027, p.18.

(216) European Parliament (2020b) *op. cit.*, p.34.

92   第三章   多年度財政枠組に見る予算政策の変容

有を求めるという現実的な要請も行っていた。

　MFF と NGEU を総合して見た場合に、欧州委員会が EU 債の発行を前提とする予算案を提示したことは、従来緩和と緊縮の対立軸において理事会と大局的方針を一にしていた欧州委員会が、結果として欧州議会側に近接することとなったことを意味していた。また、COVID-19 の EU 域内に対する影響が広く及んだことや、長期予算の執行開始が遅れた際の影響が EU 予算の大部分を執行する加盟国に強く及んだ旧 MFF の経験から、EU 諸機関の政策選好が一定程度収斂することとなった。かくして、リスボン条約以降の多年度予算を巡っては、過去の失敗と偶発的な事態が、財政管理に係る制度変更に際して予期された副作用を一定程度軽減した。

第 5 節　　小　　括

　本章では、多年度財政枠組（MFF）を中心とする予算過程を事例として、欧州委員会による財政資源の管理を巡る手続の側面を明らかにした。EU 予算の歳入が固有財源へと置き換えられたことで、共同体予算を統制する必然性を得た欧州議会は単年度予算過程における権限を強めたが、このことは却って議会独自の選好形成を促し、予算過程の粘着性は高まった。1988 年に導入された MFP は、財政規模の抑制と予算過程の効率性向上を目的とした NPM 的性格を有するものであったが、リスボン条約で改称された MFF は、理事会規則というハードな立法としての地位を得たため、多年度予算過程における議会権限は強まった。これは、従来の民主主義の不足への対応として政治的アカウンタビリティを確保する観点から施された変化であったが、予算過程の遅延という旧知の問題を再燃させた。

　本章で概観した MFF 改革において、欧州委員会はその変更によって引き起こされる帰結について十分予測可能な状況にあった。予算過程の効率性低下の虞が認識されながら、多年度予算過程における欧州議会の権限強化が図られたのは、NPM において重要度が相対的に低かった政治的アカウンタビリティの確保がそれだけ強い規範として機能していたことの証左と言えよう。かくして、その間接的な関与の拡大により、EU 予算の編成及び決定過

程において、市民はよりパワフルで近い存在となった[217]。

　他方、欧州委員会以外の機関によってもリスボン条約直後から認識が共有
されていた通り、財政資源の執行において核となるのは、効率性、経済性、
有効性であり、主として費用対効果の向上を旨とする要素であった。また、
NGEU と対をなす MFF について欧州委員会がその方針を堅持したように、
本章で中心的に議論しなかった各加盟国に対する要請を含む財政規律等の適
用について 2020 年 3 月にその適用が暫定的に停止され[218]、同 6 月以降コロ
ナ禍の社会的経済的影響を前提とした規則改正が重ねられながら[219]、EU
予算を巡る財政均衡主義が固く維持されていることからも、コロナ禍におけ
る例外的措置もリスボン条約以降の制度構築の主旨を反故にするものではな
く、NPM 的なアイディアは制度設計の中核に残っていると言える。しかし
これと同時に、欧州議会が理事会や欧州委員会に対して展開した抗議ともと
れる意見表明にいみじくも反映されている通り、予算とその過程の双方の形
成を中心的に担う欧州委員会は、他機関の関与による政治的アカウンタビリ
ティの確保を企図しており、理念系としての NPM を超えたリスボン条約以
降の MFF の意義は EU 行政の正統性の強化に寄与するものであったと言え
よう。

---

(217) Mulgan, R. (2003) *Holding Power to Account: Accountability in Modern Democracies*, Palgrave Macmillan, p.1. より、市民が直接間接にパワフルであることはアカウンタビリティの基礎である。

(218) European Commission (2020c) "Communication from the Commission to the Council on the activation of the general escape clause of the Stability and Growth Pact", COM (2020) 123 final.

(219) OJ (2020) L204, "Regulation (EU) 2020/873 of the European Parliament and of the Council of 24 June 2020 amending Regulations (EU) No 575/2013 and (EU) 2019/876 as regards certain adjustments in response to the COVID-19 pandemic". なお、財政規則の暫定的適用停止は、2024 年 6 月の欧州委員会のドンブロフスキス (Valdis Dombrovskis) 副委員長が示した見解 (European Commission "Remarks by Executive Vice-President Dombrovskis, Commissioner Schmit and Commissioner Gentiloni at the press conference of the 2024 European Semester: Spring Package", 19 June 2024, URL: https://ec.europa.eu/commission/presscorner/detail/en/statement_24_3381, (2024 年 6 月 29 日最終閲覧。)) によって事実上解除され、加盟国予算についてもコロナ禍以前の状況への回帰が求められている。

94　　第三章　多年度財政枠組に見る予算政策の変容

　なお、財政資源管理のシステムにおける他機関の関与の拡大は、政治的ア
カウンタビリティだけでなく、客観性の確保等による行政管理的アカウンタ
ビリティの強化への寄与も認められる。これが明瞭に看取される事例とし
て、次章では欧州検察局（EPPO）の設立及び始動の経緯について検討する。

第 四 章

欧州検察局を通した財政資源管理上の統制

第1節　問題の所在

　本章では、EU における財政資源管理について、その執行及び監査の過程に関わる制度を分析する。国際機構の予算過程は、前章で検討した予算決定のフェーズに続き、予算執行、決算会計検査、決算審議の計4段階で構成されており、EU において欧州議会による政治的統制は、予算決定と決算審議に対して及ぶ[220]。但し、結果的に欧州議会による行政府の責任解除によって一連の予算過程が終了するとはいえ、行政管理の側面において必要となるのは、責任解除の事実ではなく、寧ろその根拠となる予算執行の十分な適切性の確保である。複数の先行研究が関心を寄せてきたように、EU 予算の適切な執行と財政的利益に対する不正の防止に資する制度構築は早くも 1970年代に開始されており、リスボン条約以前の段階で既に一定の統制メカニズムは完成していた。しかし、欧州ガバナンス改革の契機ともなった 1990 年代の大規模な財政上の不正から、既存の財政管理システムに未だ欠陥があるという認識が広まることとなった。

　財政上の不正は、予見的規制による字義通りの不正防止に加え、実際に不正が生じた際の事後的制裁による不正対応によっても是正されうる。この点に鑑みると、監査過程の緻密な構築はこの双方に対する寄与が認められるが、特に前者を巡る制度設計は監査に先行する予算執行段階にも及ばなければならない。不正対策の原語である Anti-Fraud は、この予見的規制と事後的対応の双方を包摂する概念であり、後述する不正対策局（OLAF: Office Européen de Lutte Antifraude, European Anti-Fraud Office）を含む制度設計の議論においても両方の視点から具体的な議論が展開されてきた。

（220）　福田耕治（2012）前掲書、115頁。

96　第四章　欧州検察局を通した財政資源管理上の統制

　本章で詳述する通り、EU 予算の執行及び監査の適切性確保を図る制度は、欧州議会や欧州会計検査院（ECA: European Court of Auditors）等の EU 諸機関に加え、加盟国の行政機関によっても支えられている。ここでは、予算の執行と監査の両過程において、欧州委員会は条約上その責任を一元的ないし部分的に負い、その制度設計を主導する機関としてこれらを十分に統御することが必要となる。しかし実際には、財政資源管理上の統制に関わる制度の総体は、多様なアクターを包摂する構造を有していながらも、統一的なシステムとして機能していないという問題があった。この問題は、その大半が加盟国で執行される EU 予算における永続的な課題である一方で、リスボン条約以降には前例のない改善も認められる。その一つが、2017 年に設立が決定し、2021 年に始動した欧州検察局（EPPO: European Public Prosecutor's Office）である。

　以上を踏まえて本章では、EU 予算の執行過程と監査過程において、不正の防止及び事後的対策として機能する制度構造についてその変遷を概観した後、特に EPPO 設立の背景と行政学的意義に着眼し、EU の財政資源管理を担う制度設計の意図をその機構的側面から分析する。

第 2 節　EU における財政統制の基本構造

　サンテール委員会において公金の私的流用という重大な汚職事案が露見したとはいえ、EU 財政を巡る不正は突如として出現したものではない。またそれゆえに、財政資源の適切な管理に資する制度構築は早期に開始されており、複数の先行研究にて検討されてきた。冒頭に述べた通り、財政上の不正に対する取り組みは執行過程と監査過程の双方において具体化し、予見的規制と事後対応は目的を同じくしながら、それぞれの性格に見合う制度設計が進められてきた。この点において、両者を峻別して予算過程を詳解する研究は過去に存在したものの、現行法制下の財政管理の実情について正しく評価するには、同様の視点で予算統制のための制度構築の様態を整理し直す必要があると言えよう。

　本節では、EU 予算の統制のためのメカニズムがいかなる想定に基づいて

成立したか概観し、共同体財政の出現からリスボン条約発効までの期間を対象に、予算の執行及び監査の各フェーズにおける不正の防止と事後対応に関わる規定の変遷について整理する。

(1) EU 予算の統制

EU 財政統制を巡っては、当初フランスの行政慣行をモデルとして事前内部統制システムが採用されたが、その後ドイツの行政構造に倣って独立機関が関与する事後的外部統制の監査システムが導入され、最後にイギリスにおける制度的伝統の影響を受けて議会統制の過程が生み出されたとされる[221]。かくして 1970 年代に早くも成立した事前、事後、議会による財政統制は現在においても凡そ維持されている。より正確には、欧州議会による責任解除を除いても、EU と加盟国の両レベルにおいて、内部及び外部からの統制経路が確保されている。

欧州委員会は EU 条約上、加盟国と協力しつつ予算を執行する機関とされ、事実上その責任を単独で負っている[222]。しかし実際には、リスボン条約以前に義務的支出と呼ばれていた EU 諸機関が条約上の義務を履行するために直接的に必要とする歳出項目を除いて、EU 予算の大部分は何れかの加盟国において支出される。そのため、EU 予算の 80% 以上は共同体の名の下に加盟国が執行しているのが現実である[223]。この構造は、予算執行において加盟国政府を不可避的に仲介する共通農業政策（CAP）関連予算と、導入当時加盟国からの拠出金にも歳入の一部を依存しており、その執行責任を加

---

(221) 福田耕治（1992）前掲書、238 頁。及び Strasser, D.（1991）*The Finances of Europe: The budgetary and financial law of the European Communities*, Seventh Edition, p.298.

(222) ECSC 条約では共同体予算に関して欧州委員会の前身である最高機関に完全な執行権を付与すると規定されていたが、ローマ条約以降では、文言が修正されている（Strasser, *op. cit.*, p.218）。リスボン条約については、OJ（2007）C306, *op. cit.*, Article 317 を参照。

(223) Laffan, B. and Lindner, J.（2015）"The Budget: Who Gets What, When, and How?", in Wallace, H., Pollack, M. A. and Young, A. R.（eds.）*Policy-Making in the European Union*, Seventh Edition, Oxford University Press, p.239.

盟国と EU が共同で負っていた地域政策関連予算が二大歳出項目となった
1970 年代前後に既に生じていた。両政策が農産品価格の安定と域内格差の
是正を目的とした再分配政策であったことが、かくも早期に欧州委員会の予
算執行責任が加盟国の行政府に事実上移転されてしまった原因の一つでも
あった。このような執行過程における国際機構と加盟国の関係は、執行過程
に関わる規制を困難にするだけでなく、執行後の監査過程にも国家とは異な
る複雑な制度構築を強いることとなった。

　このような背景に加え、EU 財政に関わる不正が 1960 年代初頭の段階で
既に指摘されていたことから[224]、欧州委員会は同時期から予算統制システ
ムの構築・改良に着手していた。以下では、対象となる機関の公式情報[225]
や関連する複数の先行研究[226]を手掛かりとして、リスボン条約に至るまで
の予算の執行過程及び統制過程に関わる制度設計について、その背景事情に
触れながら詳解する。

(2) 予算執行段階における統制システムの発展

　1970 年の第一予算条約と固有財源決定により、加盟国の分担拠出金で賄
われていた共同体予算は、徐々に固有財源によって置き換えられることと
なった。この変化により、従来加盟国によって行われてきた予算統制が、
EU 諸機関によって行われる必然性が生じたことは前章で概観した通りであ
るが、前章で検討した予算編成過程の他に、予算の執行・監査過程における
統制の様態も同年以降変化していくこととなった。

　その嚆矢となったのが、1970 年代に予算条約によって設立された欧州会
計検査院（ECA）である。ECA は、予算実施状況に関する報告書を定期的
に作成し、必要に応じて臨時にこれを行う機能を付与された。ECA は共同

---

(224) 山本直（2016）「EU 不正防止政策と欧州不正防止局」、福田耕治編著『EU・欧州統
　　　合研究［改訂版］―Brexit 以降の欧州ガバナンス』成文堂、190 頁。
(225) OLAF "History", URL: https://anti-fraud.ec.europa.eu/about-us/history_en（2024
　　　年 6 月 29 日最終閲覧）
(226) Strasser, *op. cit.,* 福田耕治（1992）前掲書。特に執行過程については Schön-Quin-
　　　livan, *op. cit.,* 監査過程については 山本、前掲論文に拠る。

体機関ではあるものの、欧州委員会とは独立した監査機関であり、EU 財政の執行状況について合規性や経済性の観点から監査を行う。ECA によって行われた監査報告は、欧州委員会に対する予算執行責任解除の過程で欧州議会がその可否を判断する際の重要な根拠として機能する。そのため ECA は、EU 財政に関する事後監査の重要な一翼を担うこととなっていた。

　ECA が財政資源の執行の適切性を積極的に追及するための評価活動を担う一方で、早期から指摘されていた共同体財政に対する不正への対応もその必要性が認知されてきた。そのような不正対策を担う EU レベルの機関として 1988 年に設置されたのが、欧州不正対策課（UCLAF: Unité de Coordination de la Lutte Antifraude, Anti-Fraud Coordination Unit）である。UCLAF は欧州委員会の事務総局内に設置された内部部局であり、設立当初の主たる業務は、域内の越境的組織的不正への対策のために必要となる協力及び支援を各加盟国の不正対策当局と連携して提供することであった。その後、1993 年に欧州議会の勧告によってその権限が徐々に強化され、翌 1994 年には対不正防止協力諮問委員会（COCOLAF: Advisory Committee for the Coordination of Fraud Prevention）が設立された[227]。また同時期、加盟国レベルの不正対策制度の発展の中で、多くの種類の不正について管轄する省際機関の設置が予定されていたことから[228]、翌 1995 年に UCLAF にも同様の性格が付与され、委員会内の各総局は所轄領域内に不正の嫌疑がある場合は UCLAF への情報提供が義務化されたことで、UCLAF は独自の捜査権を獲得することとなった。かくして財政資源の適切な執行を支える制度は ECA を皮切りに発展を遂げてきたが、1990 年代のサンテール委員会における大規模な不正を抑止するには至らなかった。

　サンテール委員会で研究科学技術政策を担当していたフランスのクレッソン（Édith Cresson）委員による公金の目的外使用が、当時欧州議会議員であったファン＝ブイトネン（Paul van Buitenen）によって告発された。欧州

---

(227) OJ (1994) L61, Commission Decision of 23 February 1994 setting up an advisory committee for the coordination of fraud prevention (94/140/EC).

(228) European Commission (1994) "Protecting the Community's Financial Interest—the Fight Against Fraud: 1993 Annual Report", COM (1994) 94 final, p.21.

委員会とその事務総局は当初、予算統制委員会（COCOBU: Comité de Contrôle Budgétaire, Budgetary Control Committee）への本件に関する決算審議の付託を躊躇し、COCOBU も審議の上で委員会の予算執行責任解除を認める結論を出した。その後欧州議会の反発を受けて独立専門家委員会（CIE: Committee of Independent Experts）が設置されクレッソンの責任が追及されたが、同氏は辞任を拒否したため、委員長のサンテールが同委員会の総辞職を決断した[229]。

　サンテール委員会総辞職が既存の財政統制メカニズムの欠陥を認識する大きな契機になったことは明らかであるが、ドロール委員会における狭義の欧州委員会と総局組織との非対称な関係を是正するための改革指針の策定にサンテール自身が貢献していたこともまた事実である。特に、1995 年に策定された「健全且つ効率的な管理プログラム（SEM 2000: Sound and Efficient Management）」やその後継となる「行政と人事の現代化（MAP 2000: Modernisation of Administration and Personnel）」、更に発表が在任中に実現しなかったものの、第二章でも触れた「『明日の委員会の設計』報告」の起草にも大きな役割を果たした[230]。

　これらの先行する行政改革指針と、欧州委員が財政上の不正に加担するという不祥事を受け、従来よりも実質的な独立性を備えた部局の設立が必要であるとの考慮から、UCLAF は 1999 年に欧州不正対策局（OLAF）へと改組され[231]、翌 2000 年に初代総局長が任命され始動することとなった。

　このほか、複数の加盟国に跨る越境的重大犯罪を対象とする警察当局間の協力支援を行う欧州刑事警察機構（Europol）が 1999 年に、また同様の越境的犯罪に対する捜査を行う加盟国司法当局間の調整を旨とする欧州司法機構（Eurojust）が 2002 年に始動し、EU 財政に関する犯罪が生じた後の司法手続に関する共同体大の法的枠組も整備されることとなった[232]。

---

(229) Schön-Quinlivan, *op. cit.* pp.58-65.

(230) *Ibid.,* pp.45-55. また、SEM2000 の詳細な起草背景については、福田耕治（2007）「EU における政策評価と NPM 改革」『日本 EU 学会年報』第 27 号、79-81 頁。

(231) OJ (1999) L136, Commission Decision of 28 April 1999 establishing the European Anti-fraud Office (OLAF) (1999/352/EC, ECSC, Euratom), pp.20-22.

第3節　財政管理を巡る新たな課題認識と欧州検察局

前節の通り、EU における行財政資源の管理を巡っては、不正の防止と事後対応の2つの側面において早期から統制のための制度が考案されてきた。これにより、予算過程の最終段階における欧州議会による欧州委員会の責任解除に際して、その前段階となる行政レベルで行われる統制はより包括的なものへと変化を遂げてきた。しかし、サンテール委員会における汚職で露見したものに限定されず、1990 年代以降これらの統制メカニズムが抱える限界が指摘されてきたこともまた事実であり、その一部はリスボン条約、または同条約発効後の検討によって改善してきた。その好例が、2021 年に始動した欧州検察局（EPPO）である。本節では、従前の予算執行及び監査過程に呈されてきた批判について整理した後、欧州検察局がいかなる経緯で創設されることとなったかを示す。

(1) リスボン条約前後の財政統制システムの特徴と課題

前章で概観した通り、予算の執行責任を負う欧州委員会への統制は、予算編成及び責任解除の過程に欧州議会が関与を強めてきたことで継続的に強化されてきた。また、そのような政治的統制と並行して、予算執行の適切性の確保と、不正の防止及び早期発見を目的とする管理の枠組が整備されてきたのも、前節に概観した通りである。しかし、リスボン条約の発効後もなお、EU の財政統制システムは、事前統制偏重型の制度設計に終始しているとの批判を免れなかった。特に、リスボン条約発効に前後する時期、EU の財政統制メカニズムは、以下の大きく3つの問題を抱えていた。

一つ目は、EU 予算の執行及び監査の各過程において、EU 諸機関と加盟

---

(232) Europol (2009) "Ten Years of Europol: 1999-2009", Publications office of the European Union, p.21, 及び OJ (2002) L63, Council Decision of 28 February 2002 setting up Eurojust with a view to reinforcing the fight against serious crime (2002/187/JHA). なお、両局はマーストリヒト条約における第三の柱（司法内務協力領域）に関わる部局であり、その成立過程は政府間的交渉が大部分を占めていたことから、次節で詳述する通りこれらの働きが欧州委員会による財政統制における十分合理的な手段として機能しない部分もあった。

102　第四章　欧州検察局を通した財政資源管理上の統制

国政府の間に分裂が生じていた点である。冒頭にも述べた通り、EU 予算の多くは前章で検討した MFF と同じ時間的枠組で施行される分野毎の多年度プログラムの下に、加盟国が策定する関連プログラムの支出として任意の加盟国に配分され執行される。しかしその予算は、現実的な問題として加盟国が調整の労務を負いながらも、固有財源決定に基づき EU が独自にその財政資源として調達するためあくまで EU の予算である。そのため加盟国は紙面上その予算執行を EU の名義で行うことを委任されている状態[233]であり、その会計検査報告も現場レベルでは加盟国の監査機関に委ねられている。ECA は、各国の監査機関から上程された報告をもとに最終的な検査報告を作成するが、その際に行われる検査はあくまで紙面上のものであり、上程された情報の真偽について全てを具体的に確認することは技術的にも時間的にも困難であり、「物証なき推定」[234]を余儀なくされる。このような、加盟国監査機関が自国に配分された EU 財政資源に関する報告責任を負いつつ管理責任を明確に負わないという構造的問題への対応として、2004 年に欧州議会の要求を受けた ECA が単一監査（Single Audit）の構築に向けた意見を表明することとなった[235]。しかしこの単一監査制度においても、不正の特定を加盟国に依存する点において、予算執行上の問題が判明すれば拠出を停止するという財政統制構造が却って加盟国に不正の特定を躊躇させるという側面は維持されてしまうこととなった。加えて、EU 財政監査に関する責任按分を欧州委員会と加盟国の間で明確にするという構想は、共同体レベルの財政統制に関して加盟国が責任を負うことを意味するものであった。それゆえ、このような加盟国の監査報告の信憑性を高める EU レベルの対策は、欧州議会の強い推進があったものの理事会の消極的な姿勢もあり、MFF 2007-2013 を巡る監査システム改革において極めて限定的なものにとどまった[236]。このような状況下で、欧州委員会は予算執行の大部分について条約

---

(233) Cipriani, *op. cit.*, p.79.

(234) *Ibid.*, pp.49-50.

(235) OJ (2004) C107, Opinion No 2/2004 of the Court of Auditors of the European Communities on the 'single audit' model (and a proposal for a Community internal control framework) (2004/C107/01).

上の責任を負いながらも、その管理に関わる実質的権限がない状態となっていた。

　二つ目は、EU 財政を巡る不正が生じた際に必要となる捜査と、その捜査に基づく訴追の過程が十分に接合できていなかった点である。前節で概観した通り、サンテール委員会の総辞職を受けて、従来政府間的な取り組みに終始していた刑事司法協力は、加盟国の意向に大きく依存しながらも、Europol と Eurojust の成立によって一定の水準に達することとなった。他方で、訴追等の強制的措置はあくまで加盟国当局のみが行いうるものであり、両機関はこれを行う権限を有さない[237]。これは、ECA を含む共同体レベルの監査機関が、あくまで管轄する行政府に対する責任追及ないし解除の可否の審議に利用される情報の創出を主たる業務としていることにも通底する。また、両機関を含む共同体諸機関の勧告を受けても、起訴如何は加盟国の裁量となるため、不起訴となる場合も少なくなく[238]、法的責任追及のメカニズムとして大きな欠陥を抱えていた。

　三つ目は、不正の責を負う者を特定できても、失われた財政的利益の補填が困難であったことである。EU 財政に対する不正の事実を特定し、刑事上の責任を問える可能性は、前段の通り未だ不十分ながらも一定程度高まってきたが、当該不正によって流用された予算を取り戻すことは現実的でなかった。第八章の内容にも関説する加盟国間司法共助の一環として、口座凍結に係る規則が策定される等したが、不正の発生自体に対する抑止効果は限定的であり、不正により逸失した財政的利益の回復のハードルは高いままであった。サンテール委員会におけるクレッソンの例は共同体予算の直接的な不正流用事案であり、財政統制改革の決定的契機となったものの、不正の形態としては非常に稀であった。実際には、多くの不正は加盟国政府を通じて EU 予算を間接的に配分される受給者によるものが多い。後者の場合は、不正に

---

(236) Cipriani, *op. cit.*, pp.44-45.

(237) European Commission (2013d) "Proposal for a Council Regulation on the establishment of the European Public Prosecutor's Office", COM (2013) 534 final, p.2.

(238) 島村智子 (2019)「欧州検察局（EPPO）の設置に関する規則―EU 財政における不正対策の強化―」『外国の立法』第 280 号、53 頁。

104 第四章 欧州検察局を通した財政資源管理上の統制

関する対応義務が加盟国に生じることとなるため、加盟国に調査等に係る費用負担が生じることに加え、EU からのその後の予算配付が行われない可能性が生じることから、EU 財政に関わる不適正な支出を単に加盟国に移転しているだけで、加盟国に対する予算配分を利用した統制は、不正の当事者に責任を問えない構造が維持されている点において実質的な解決になっていないことも批判されていた[239]。

(2) EPPO 構想の出現とその狙い

前項で挙げた課題の解決に向けた取り組みの一つとして、EPPO 設立構想はリスボン条約以降急速に具体化することとなった。同構想の端緒は、専ら共同体の財政的利益を保護するメカニズムが必要であるという認識であった一方で、EPPO の潜在的な所掌領域がマーストリヒト条約における第三の柱にも及ぶことから、検討過程における論点の錯綜や、これに起因する困難もあった。特に、刑事司法協力の観点からは複数の先行研究が EPPO 設立構想の過程を詳らかにしている[240]。以下では欧州委員会が EPPO の問題を主としていかなる文脈において議論してきたかに触れながら、同構想の経過について改めて整理しておきたい[241]。

EPPO 構想の直接的な端緒は、1997 年に専門家委員会によって発出された「コルプス・ユリス—欧州連合の財政的利益を目的とした処罰規定の導入」という報告書である。同報告は、伝統的な刑事法と刑事手続を区別し、両者を全 35 条の前半と後半でそれぞれ規定した。この中で、後者の一部として欧州検察官創設構想が含まれていた。同報告で提起された事項は主として公判前の手続に関するもので、EU 全域への適用を企図したものであったが、補完性原則の観点から規定外の事項について加盟国毎の差異を認めるも

---

(239) Cipriani, *op. cit.*, pp.51-52.

(240) Weyembergh, A. and Briere, C. (2016) "Towards a European Public Prosecutor's Office (EPPO)", Study for the LIBE Committee. ならびに 浦川紘子 (2016)「欧州検察局の創設構想をめぐる現状と課題—EU 刑事司法協力の新たな局面—」『立命館国際地域研究』第 43 号、121-135 頁。

(241) 以下の時系列については、EPPO "Background", URL: https://www.eppo.europa. eu/en/background (2024 年 6 月 29 日最終閲覧)

のでもあった。このコルプス・ユリスについては、2000年に「フローレンス提案」、2003年に「加盟候補国における刑事上及び行政上の制裁、定着、告発ならびにコルプス・ユリス」と題する調査研究が行われ、それぞれ現加盟国の国内法整備に照らした実現可能なコルプス・ユリスの提案と、中東欧の加盟候補国における将来的なコルプス・ユリスの受容の可能性に関する精査が行われた。

　これらの調査研究と並行して、欧州委員会は2001年12月に「共同体の財政的利益に対する刑事法上の保護と欧州検察官設置に関する緑書」[242]を発行した。ここでは、欧州委員会がコルプス・ユリスによって企図される域内刑事司法の高度な調和という目標について認めつつも、欧州検察官構想については当初の目的であったEUの財政的利益の保護という目的に照らして比例的である、すなわち同目的を達成する手段として最低限のものであることを重視し、緑書の内容は欧州検察官を有効に機能させる最低限度の要請にとどまった。その後2002年中には、緑書の内容に関わる諮問が広範に行われ、その内容を踏まえて欧州委員会は翌2003年に、欧州検察官設置に必要となる二次立法の在り様に関して寄せられた議論に関する見解を示した。その中では、EU財政に対する不正の規模及び件数が一部加盟国の認識よりも憂慮すべき水準にあり、機関の新設に係るコストを考慮しても、既存の不正対策関連機関と情報を相互に利用できながらも独立性の確保された機関の新設が望ましいとの見解が示された[243]。

　これらの発議や検討を踏まえ、リスボン条約では、欧州検察局設立の根拠となる条文がEU運営条約第86条に挿入された。同条では、欧州議会の承諾を得た後、理事会の全会一致または9カ国以上による先行統合方式によりEurojustを基礎としてEPPOを創設できることが規定された。2009年の同

---

(242) European Commission (2001c) "Green paper on criminal-law protection of the financial interests of the EC and the establishment of a European Prosecutor", COM (2001) 715 final.

(243) European Commission (2003c) "Follow-up Report on the Green Paper on the criminal-law protection of the financial interests of the Community and the establishment of a European Prosecutor", COM (2003) 128 final, pp.7-9.

106 第四章 欧州検察局を通した財政資源管理上の統制

条約発効後は、欧州委員会が数年に亘って専門家とのワークショップや利害関係者への諮問といった準備作業を行った。

その後、2013 年 7 月に、欧州委員会は EPPO 設立規則提案[244] を発表した。同提案では EU における独立した機関として EPPO を位置付け、同局に刑事捜査を指揮、調整、監督し、共通の訴追に関わる原則に従って加盟国の裁判所において容疑者を訴追する権限を与えるよう規定された。これに関連して、EPPO に付与が予定される任務の一部を従来担っていた Eurojust についても、組織構造や所掌業務の改正を図る規則案が発表されていた[245]。また、EPPO 設立規則案と並行して審議されていた 1995 年の「共同体の財政的利益の保護に関する条約」を基礎とする指令案（PIF 指令案）が並行して審議される等、従来散発的に出現してきた財政管理関連法制の体系的な見直しが進んだ。EPPO 設立規則提案は、2014 年 3 月から理事会での継続的な審議に付され、2017 年 7 月に PIF 指令が採択された後[246]、同年 10 月に欧州議会による承諾を経て 20 の加盟国が参加する理事会で採択され[247]、翌 11 月に EPPO 設立規則として発効に至った。同規則発効後、2019 年 10 月には初代の欧州検察局長人事が承認され、翌 2020 年 7 月には 22 名の欧州検察官が任命され、EPPO は 2021 年 6 月 1 日に実質的に始動することとなった。

---

(244) European Commission (2013d) *op. cit.*

(245) European Commission (2013e) "Proposal for a Regulation of the European Parliament and of the Council on the European Union Agency for Criminal Justice Cooperation (Eurojust)", COM (2013) 535 final.

(246) OJ (2017) L198, Directive (EU) 2017/1371 of the European Parliament and of the Council of 5 July 2017 on the fight against fraud to the Union's financial interests by means of criminal law.

(247) Council of the European Union (2017) "Voting result-Council Regulation implementing enhanced cooperation on the establishment of the European Public Prosecutor's Office ("the EPPO") 3564th meeting of the Council of the European Union (Justice and Home Affairs) 12 and 13 October 2017, Luxembourg", ST_12661/17_INIT.

第4節　欧州検察局の始動とその評価

　かくして、EPPO は長い構想過程を経て始動へと漕ぎつくこととなった。多くの先行研究がその見地から行われたことからも明らかであるが、EPPO 構想は、アムステルダム条約以降の刑事司法領域（旧第三の柱）の変容を受けた議論とも融合する形で実現することとなったため、EPPO が標榜する組織的使命は、財政統制と刑事司法体系の強化が相半ばする。他方で、EPPO 構想の端緒にあった訴追の権限を有する独立した共同体組織が必要であるという見解から、EPPO 設立に関して欧州委員会が主導する検討は、専ら財政管理における不正対策の文脈に限定されていた。そのため本節では、EPPO の基本的な構造と機能を他の既存機関との協働の観点を含めて整理した後、同局の活動実態と、財政資源管理の特に事後対応に関わる変化の根拠と意義について明らかにする。

(1) EPPO の構造と機能

　まず、EPPO の設立規則に基づいて、同局の基本的な組織的、機能的特徴についてまとめた上で、特に機能面において EPPO が他機関といかなる関係にあるか整理する[248]。

　EPPO 本部はルクセンブルクに構えられる。本部には、内部規則手続の制定等を担う EPPO の最高決定機関である協議会の他に、複数の加盟国に跨る事件の捜査や訴追に関する機能上の決定等を行う常設会議（Permanent Chambers）が置かれている。また、これらの単位を構成する要職として、EPPO の本質的業務を統率する欧州検察局長と、各加盟国から1名ずつ任命される欧州検察官が置かれ、本部はこれに補佐職員を加えた職員によって構成される[249]。また、各加盟国には分権的レベルの組織として出先機関が設

---

(248) 本項の記述は OJ (2017) L283, Council Regulation (EU) 2017/1939 of 12 October 2017 implementing enhanced cooperation on the establishment of the European Public Prosecutor's Office ('the EPPO'). に依拠している。特に前半部については、島村（前掲論文、49-86頁）が全訳とともにその詳細を分析している。以下では特段の理由がない限り、訳語は上掲論文に倣った。

置され、欧州委任検察官が2名以上配員される。欧州委任検察官は各加盟国の推薦に基づき任命されるため、基本的には当該加盟国で検察官としての経験のある者が充てられるが、職務上は欧州検察局を代表する者として活動する義務を負う。本部に属する欧州検察官は、出身国の欧州委任検察官に対して常設会議との連絡の便宜を図ったり、その活動を監督したりする責任を有しているが、EPPOが直接に管轄するPIF指令に該当する事案について単独で担当することはないため、共同体の財政的利益の侵害の度合いが大きい事案に関するEPPOの作業単位は、基本的に欧州検察官2名と座長となる欧州検察局長ないし欧州検察官の計3名によって成る常設会議である。常設会議の数は協議会によって決定されるが、2020年の協議会決定によってその数は15となっている[250]。

　以上の基礎的な構造をもつEPPOは、既存の不正対策関係機関との密接な協働の下に機能するよう設計された。これらの機関との関係及び責任按分等については設立規則中にも定められているが、それぞれの機関に関わる法令改廃がEPPO設立規則までに成立しなかったことを踏まえ、これらの事項は自立的に機能し始めたEPPOと諸機関の間の直接の申し合わせ等によって具体化されてきている。特に、Eurojust、OLAF、Europolとの関係については EPPO設立規則と個別の実務協定で以下のように定められた。

　Eurojust と EPPO の関係については規則中で、両局長間の定期的な会合の実施に加え、個人データを含む捜査情報の共有や、EPPO設立構想不参加国との連絡及び法執行上の支援、Eurojust事件管理システムの相互間接利用と各機関のデータの重複に関する情報共有等が規定された。また、2021年2月の実務協定では、上掲の相互協力についてより詳細に規定された。特

---

(249) EPPO "Structure and characteristics", URL: https://www.eppo.europa.eu/en/structure-and-characteristics（2024年6月29日閲覧）

(250) Maschl-Clausen, I. (2021) "The Permanent Chambers at the Heart of the EPPO's Decision-Making", *EUCRIM: The European Criminal Law Association' Forum*, 2021/1, pp.55-56. なお、当該論文で指摘されている College Decision 015/2020 は、翌年8月に College Decision 085/2020 によって再改正されているが、常設会議の数に変更はない。（EPPO (2021) "Consolidated Version of the College Decision 015/2020, Decision on the Permanent Chambers", p.2.）

に運営支援を含む両機関間の行政協力については、両局長間の会合に加えてそれぞれで設置する連携チームによる定期的な会合を実施すること、Eurojust 理事会の審議事項について必要に応じて欧州検察局長に諮問を行うこと、専門官の育成等を含む両局共通の利益となる業務支援を EPPO に対して行うこと等が定められるとともに、当該協定の定期的な見直しについて規定された[(251)]。

OLAF と EPPO の関係については規則中で、特に財政的利益の保護を目的とする緊密な相互協力関係の維持、両局による同一事案に関する並行捜査の禁止と捜査担当機関への情報提供、EPPO の捜査活動に対する OLAF の支援等が定められた。また、2021 年 7 月の実務協定では、PIF 指令に定める不正事案を OLAF が単独で捜査することはないものの、2020 年の改正 OLAF 規則[(252)]の範囲内において、案件が一定の要件を満たす場合に EPPO に対して補完的な行政上の捜査を提供できるとされた[(253)]。

Europol については、EPPO の管轄事案に関する捜査上の情報共有及び分析上の支援を行うことが規則で定められた。また、2021 年の 1 月に締結された実務協定では、諮問及び相互協力の方式や、情報交換と安全性確保のための情報処理要領と内部手続に関する責任の所在について詳細に規定された[(254)]。

この他に、共同体の財政的利益に対する不正の被害を受ける可能性のある EU 諸機関に対しては、財政的利益の保護を目的とする予見的措置の実施及

---

(251) EPPO and Eurojust (2021) "Working Arrangement between the European Public Prosecutor's Office ('EPPO') and the European Union Agency for Criminal Justice Co-operation ('Eurojust')", 2021/00064, pp.6-9.

(252) OJ (2020) L437, Regulation (EU, Euratom) 2020/2223 of the European Parliament and of the Council of 23 December 2020 amending Regulation (EU, Euratom) No 883/2013, as regards cooperation with the European Public Prosecutor's Office and the effectiveness of the European Anti-Fraud Office investigations. 特に pp.69-70.

(253) OLAF and EPPO (2021) "Working Arrangement between The European Anti-Fraud Office ("OLAF") and the European Public Prosecutor's Office ("EPPO")".

(254) EPPO and Europol (2021) "Working Arrangement Establishing Cooperative Relations between the European Public Prosecutor's Office and the European Union Agency for Law Enforcement Cooperation".

び勧告や、不正による逸失利益の回復を目的とした措置の実施等を遅滞なく行う旨が規定された。特に、本省である欧州委員会との間にも「協力様式を確立する合意」が 2021 年 7 月に締結され、不正事案に関して両機関間で交換される情報の種別、協働に係る手続の適用や期限、職業訓練や啓発活動の要領等について合意された[255]。

(2) EPPO 始動に伴う財政資源管理の変化

　EPPO は 2021 年 6 月の始動に前後し、前項の組織構造及び手続体系を基礎として、その機能を本格化させてきた。2022 年には、始動後の 1 年を評価した年次報告書も発表されることとなった。そのような EPPO は、以下の点において EU における財政資源管理の様態を改善させてきた。

　まず、財政統制に係る EU 機関としての所掌領域を拡大させた。従前 EU は、不正の特定及び捜査に関わる機関として Europol と OLAF を、訴追に関わる機関として Eurojust を設置し運用してきたが、何れの機関も加盟国及び他の EU 諸機関と連携しつつ一定の独立性を確保してきた一方で、強制的措置の発動は加盟国に委ねられていた。しかし、新設された EPPO は、加盟国間の合同捜査チーム[256]への参加が可能になる等、他機関との間に既存の不正対策機関と同等の連携関係を維持しながらも、PIF 指令に定める一定条件を満たす事案について独立した訴追判断が可能となり、加盟国当局の不正対策に係る裁量を縮小させることとなった。

　二つ目に、捜査と訴追の分断を解消し、その独立性を向上させた。EPPO は加盟国機関による捜査開始後であっても、共同体の財政的利益に対する不正事案の捜査を排他的に独立して行うことができることとなった。このことは、従来加盟国における訴追率が大幅に低かった理由の一つに捜査情報の不足があったことに鑑みると、EPPO が捜査と訴追を一元的に引き受けること

---

(255) EPPO and European Commission (2021) "Agreement establishing the modalities of cooperation between the European Commission and the European Public Prosecutor's Office".

(256) OJ (2002) L162, Council Framework Decision of 13 June 2002 on Joint Investigation Teams (2002/465/JHA).

は、訴追可否の判断を独立して行う基礎を形成するものであった。また、PIF 指令の要件を満たさない予算関連の不正事案についても、OLAF と EPPO の協働と情報共有が強化されることで、捜査過程を共同体機関内で完結させ、訴追の主たる障壁を排除する意義があったと言える。

　三つ目に、EU の財政的利益に対する不正への事後対応を強化した。従来の制度では、有責者を特定し訴追できたとしても、不正による逸失利益の回復のハードルは極めて高かった。しかし、予算の保護及び回復のための措置を EPPO が EU 諸機関に対しては実施、加盟国に対しては勧告できることになったことで、予算損失分の補填が現実味を帯びることとなった。この点を含め、欧州委員会は従来予算執行過程における規則強化を長く実践してきたものの、一連の改革において不正の存在を前提とした事後統制を強化したことで、財政的利益に対する不正に対する抑止力を高めることとなった。

　以上の意義が認められる一方で、運用上及び制度設計上の課題も指摘される。具体的には、EU 諸機関間の業務及び責任按分は明確になり、財政的利益に対する不正が何れの機関の捜査や問責をも免れる状況は改善されてきたものの、EPPO が管轄可能な事案はその組織的容力に鑑み規模の大きい不正に限定されており、一定の条件を満たさない不正に関しては、引き続き既存の財政統制機関と加盟国当局を含むネットワークの中で処理されなければならず、特に OLAF と加盟国当局との連携に引き続き課題が認められる。また、より一体性のある財政統制構造の構築を当初企図したものの、分散的な制度が維持されたとの否定的な評価もなされている[257]。

　上に挙げた課題は、EPPO 構想の検討段階における政府間的力学の存在がその一因と指摘されるが、前節で概観したものを含めて当該制度設計に係る欧州委員会の意図の本質的な部分は現行の EPPO の機能に反映されているとも言える。欧州委員会は、EPPO 設立に際して、費用対効果分析を基にした財政効率の向上や、不正に関する情報に網羅的にアクセスできる機関の創設により訴追の可能性を高め、可能な限り逸失利益を回収するという事後的責任追及の強化を企図していた。また、EPPO との合意形成においても、欧

---

(257) 島村、前掲論文、59-60 頁。

州委員会は捜査と訴追というEPPOの活動の有効性を確保するために必要な協力関係を構築することに加え、かくしてEPPOが十分に機能することを前提として不正事案に関してEPPOが獲得ないし創出した情報を迅速に回収することで、欧州委員会による予防的措置の実質性を高めるという狙いを有していたが、これらも「協力様式を確立する合意」により凡そ実現された[258]。

更に、EPPOをはじめとする現行の財政統制メカニズムの複雑性は、結果的にEUにおける予算執行の現実に即したものでもあった。サンテール委員会による不正に端を発してNPM的アイディアに基づく行政改革の中で、財政統制システムの簡素化と統制コストの低下を目的とした事後的業績評価による結果の統制が、予算執行の効率性や間接的に影響を受ける政策の有効性の観点から推進される傾向にあったのは事実である。しかし、リスボン条約前後において、EU予算の大部分を加盟国で執行するという構造自体は変わっておらず、個々の予算管理の現場に多様なアクターが関与する状況は存続している。この点を踏まえると、財政統制システムは過度に簡素化されるべきではなく、一定の複雑性を備えている方が望ましいと評価される[259]。複雑性に関する指摘がEPPO設立規則採択後にECAから指摘される等、個別の加盟国の見解が表出しにくい一部の共同体機関が改善の余地を指摘していることから、現行制度が持つ複雑性の程度が最良のものであるとは言えないものの、欧州委員会は既存課題の克服を目指してEPPO構想を牽引し、EU財政執行の現実に即した一定の妥当性のある財政資源管理に係る制度構築を実現したものと言えよう。

第5節　小　括

本章は、EUにおける財政資源の管理の様態について、EU予算の監査過

---

(258) Fouwels, M. (2022) "Cooperation between the European Commission and the European Public Prosecutor's Office: An Insider's Perspective" *EUCRIM: The European Criminal Law Association' Forum*, 2022/3, pp.204-206.

(259) Cipriani, *op. cit.*, pp.31-33.

第5節 小 括　113

程、特に執行過程において生じる不正の防止と事後対応において機能する諸
組織の静態・動態を分析するものであった。共同体予算発生の当初から継続
的課題であった不正対策制度の構築は、1990年代後半より、OLAFをはじ
めとする複数の機関の創設によって既に具体化していた。しかし、EU予算
に関与する機関の多様性や、加盟国に依然残存する管轄権の問題により、そ
の効果は限定的であった。このような背景の下、共同体の財政的利益の保護
と、域内刑事司法協力の実質化の必要性から設置されるに至ったEPPOは、
従前実効性が乏しかった事後的処遇（処罰）について、捜査と訴追を一定条
件下で管轄し、不正事案に関する責任追及と被害補塡の信憑性を高めること
となった。EPPOという機関の新設を財政効率の点から正当化した点も併せ
て、これらの点は欧州委員会によって意図されたものであり、一連の改革は
EUにおける財政資源管理の有効性とアカウンタビリティを強化し、EU行
政の正統性を強化する意義が認められる。また、EPPOが始動後に進行中の
捜査事案に関する情報公開を継続して行っていることも、不正対策機制の透
明性向上に寄与するところである。

　かくして財政資源の管理を巡るアカウンタビリティの問題の解決にEPPO
の設立が一定程度寄与したことは確かであるが、第3節でも触れた通り、こ
こでの問題が通常「アカウンタビリティの不足（Accountability Deficit）」と
表現される問題とはやや異質なものであったことは着眼に値しよう。つま
り、越境的なガバナンスにおいて論じられるアカウンタビリティの問題は、
超国家的なレベルで行われる（主として政治的決定を伴う）行政活動につい
て、国際機構がその能力の保有を法的ないし政治的に認められていながら、
その活動について事後的に責を問う手段が不足している、というものであ
る。他方、本章で検討した問題は、欧州委員会がEU条約上責を負う予算執
行とその適切性の確保について、その責を負うだけの実質的な活動能力が付
与されていない、という逆の現象であった。EPPOは欧州委員会とは独立し
た組織であり、欧州委員会をも統制する能力を有する機関であるが[260]、財

_____

(260) 2022年10月には、欧州委員会、特にフォンデアライエン委員長のCOVID-19ワク
　チン調達を巡る域外企業との非公式な約定が、その裁量権を逸脱している恐れがあり、
　結果としてEU財政の非効率な支出の原因となった可能性があるとして捜査を開始し

114　第四章　欧州検察局を通した財政資源管理上の統制

政管理の側面においては、欧州委員会の責任に見合う能力の構築を支える重要な存在でもあった。

　また、現行のEPPOを取り巻く制度設計に対する評価からは、欧州委員会が従前支配的であったNPM的な行政改革アイディアを選択的に利用している、という第三章に通じる示唆を導出することもできる。NPM改革はアカウンタビリティの存在自体を犠牲にする指向性を有していたわけではなく、寧ろ行政府内部のマネジメントにおけるアカウンタビリティのラインを単線化し、統制の品質を一定に維持、寧ろ強化しつつ、そのコストを削減しようとする性格を有していた。しかしEPPOをはじめ財政資源管理に係る制度は一定の複雑性を維持している。このことからは、EUにおける行政改革全般がどれほどNPM的であったか見解が割れることからも示唆される通り、アカウンタビリティを支える制度の単純化が、水平的・垂直的な協働によって成る高度に成熟したマルチレベルガバナンスとしてのEUにおいてはそぐわなかったこと、またこの点に鑑みて欧州委員会がEUで構築されてきた予算制度に適合した制度設計をNPMに関する考慮とは一定程度独立して案出したことを指摘できよう。

た。(EPPO "Ongoing EPPO investigation into the acquisition of COVID-19 vaccines in the EU", 14 October 2022, URL: https://www.eppo.europa.eu/en/news/ongoing-eppo-investigation-acquisition-covid-19-vaccines-eu（2024年6月29日最終閲覧）、及びEuractiv "Lobbyist's SMS-gate suit against von der Leyen not yet processed", 7 June 2023, URL: https://www.euractiv.com/section/politics/news/lobbyists-sms-gate-suit-against-von-der-leyen-not-yet-processed/（2024年6月29日最終閲覧）

第五章

実施規則決定手続の変化と欧州委員会による法的資源管理

第1節　問題の所在

本章及び次章では、欧州委員会による法的資源（権限）の問題に焦点を当てる。欧州委員会による政策権限の行使は、欧州委員会自身が他の機関から委任を受けて行う直接的な形態と、別の法人格を有する組織に機能の技術的な部分を委託する間接的な形態に大別される。本章では、とりわけ前者に関わる実施措置決定手続の整備、及び手続に関与する諸機関の権限の管理に焦点を当てる。

国際公共政策においては、一見科学的ないし技術的作業に思われる実施措置の決定も政治的議論を惹起する可能性を有しており、「悪魔は実施段階に潜む」[261]とすら表現される。そのため、EU の実施措置決定手続を巡っては、EU 諸機関間及び加盟国との間に競合的な関係が看取されてきた。しかし、リスボン条約発効を踏まえた、2011 年の新コミトロジー規則（Regulation（EU）2011/182）及び委任法行為に関する共通理解（Common Understanding on Delegated Acts）（以降両者を合わせて「2011 年改革」）以降の欧州委員会は、公共性の高い政策を欧州大で行う、つまり欧州委員会が政策権限を有することで政策の実効性が高まるとの主張を維持する一方で[262]、諸機関の実施措置決定権限を巡る議論において常に自機関の権限拡張を主張してきたわけではない。本章では、欧州委員会が他機関からの授権を受けて行う非立法行為の採択についてその手続を検討し、同手続の制度設計に際した欧

---

(261) Brandsma, G. J. (2013) *Controlling Comitology: Accountability in a Multi-Level System*, Palgrave Macmillan, p.5.

(262) European Commission (2001b) *op. cit.* や European Commission (2017d) "White Paper on the Future of Europe: Reflections and scenarios for the EU27 by 2025", COM (2017) 2025 final. 等。

116　第五章　実施規則決定手続の変化と欧州委員会による法的資源管理

州委員会の戦略とその特徴を明らかにするとともに、それらが EU の正統性をいかなる側面で支持しているか考察する。

　本章では初めに、実施措置決定手続の変遷、及びこれを取り巻く機関間の議論について、リスボン条約及び 2011 年改革の前後に分けて整理する。その上で、2011 年改革で積み残された複数の問題に触れつつ、リスボン条約以降の欧州委員会の権限管理を巡る改革過程と、改革において重視されていた諸原則の存在を指摘する。

第 2 節　リスボン条約以前のコミトロジー

　EU における政策実施に必要な措置は二次法で定められ、その採択は、欧州委員会単独、理事会単独、欧州議会と理事会の共同の何れかで行われる。EU 立法の約 7 割は立法府からの授権を受けた欧州委員会単独により採択される[263]。その実施措置決定手続として、EU ではコミトロジーが発達してきた。コミトロジーとは、実施を目的とした法案を通常立法手続とは異なる過程を経て採択する際に適用される複数の手続の総称であり、欧州委員会が実施措置を決定する際に、理事会と欧州議会によって設置された評議会で素案を検討し、付された意見に関して各手続に参与する諸機関に対する異なる程度の説明責任を確保しつつ措置を採択する手続である[264]。2011 年の新コミトロジー規則による適用範囲の変更により、同年以降の狭義の適用割合は低下しているが、旧手続の対象であった委任法行為を含めると約半数に適用されており[265]、コミトロジーは実施措置決定の主たる手続としての地位を保持している。EU 条約の改正に合わせて改革が行われてきた 2011 年以前のコミトロジーを巡る欧州委員会、欧州議会、理事会（本章では以下単に「3

---

(263) Brandsma, G. J. and Blom-Hansen, J. (2017) *Controlling the EU Executive?: The Politics of Delegation in the European Union*, Oxford University Press, p.40.

(264) リスボン条約以前のコミトロジーを構成する個別の手続の詳細は、福田耕治 (1991)「EC 委員会の執行権強化と評議会手続―単一欧州議定書第 10 条の適用に関する一考察」『政治学論集』第 34 巻、48 頁。

(265) Brandsma and Blom-Hansen (2017) *op. cit.*

機関」）の関係は、各政策領域における個別的決定を巡る関係とは異なる特徴を有する。

　本節では、初めに政策実施段階における個別的決定と手続の決定を巡るアクター間の関係について先行研究を概観し、意思決定手続を巡る機関間関係の一般的な特徴を明らかにする。続いて、コミトロジーの発生と発展の過程を概観し、リスボン条約と 2011 年改革の背景に触れつつ、同年までの一連の改革の帰結を示す。

(1) 政策実施を巡る機関間関係

　EU の政策過程は、課題設定、政策形成、政策決定、政策実施、政策評価の順に進行する。このうち、法案の採択を伴うのは、政策決定と政策実施であり、本章が焦点を当てる実施措置決定手続は後者に属する。以下では、実施措置決定手続を巡る機関間関係について先行研究に触れながらその特徴を検討する。

　検討に先立ち、手続を巡る問題は他の政策領域における個別的決定とは異なる特徴を有している点に留意する必要がある。欧州委員会のワークプログラムでは、他の政策目標と同等のものとして手続の問題が位置付けられ、両者は並置されている。しかし、手続は意思決定一般についてこれに参与する機関が従うルールと各機関が持つ権限の程度を定め、他領域の個別的決定に影響を与える性格も認められる。この点を踏まえると、手続の決定を巡る機関間関係と個別的決定を巡る機関間関係は、その特徴を対照して整理する必要がある。

　実施措置の決定で広く用いられるコミトロジーは、欧州委員会を統制する目的で導入されたが、実際には欧州委員会による合意調達手段として機能する側面もあったとされる。福田耕治（1991）によれば、欧州委員会は実施措置素案を作成する際に各種評議会へ事前に非公式の諮問を行い、措置素案の提案後に評議会へ再度公式の意見を求める。特に事前の諮問に際して評議会内部では、「各国の立場が確立する以前の段階で、他の加盟国の担当官と協議・交渉し、相互に受け入れられる措置案を模索」[266] しており、公式の意見表明の際も素案を追認する傾向にある。ポラック（Pollack 2003）はコミトロ

118　第五章　実施規則決定手続の変化と欧州委員会による法的資源管理

ジーが熟議的超国家主義のフォーラムたりうると指摘する[267]。また、川嶋（2007）はこの指摘を紹介した上で[268]、別稿で調和化機能の発生の経緯を詳細に論じ、これを「変質」と表現する[269]。またシャウト（Schout 2012）は、ポラックが予算過程を対象とする事例分析の中で言及した欧州議会と欧州委員会の関係を踏まえ、評議会と欧州委員会の選好の差異の程度がコミトロジー内部の機能を決定すると指摘した[270]。交渉頻度の高い個別的決定については、過程に参与する当事者に明確な政策選好がないことも一因となり、欧州委員会を含めた政策共同体内で合意が形成されやすい。

　しかし、手続自体の問題、即ちコミトロジーの手続体系を決定する規則を巡る機関間の利益衝突は、「機関間闘争」[271]と表現されるように、個別的決定よりも顕在化しやすい。ベリストローム（Bergström 2005）は、2000年以前の手続改革を巡る交渉を分析し、コミトロジー改革を巡って3機関は自機関権限の減退を恐れており、特に欧州委員会は各時点の所与の権限を維持するように行動していたと指摘する[272]。また、ブランズマとブロムハンセン（Brandsma and Blom-Hansen 2012）は、2009年から2011年までの手続改革を巡る交渉過程の様態が、合理的アクター間の分配的バーゲニングという見方を支持すると結論付けている[273]。エリティエら（Héritier et al. 2013）も制

---

(266)　福田耕治（1991）前掲論文、37頁。

(267)　Pollack（2003）*op. cit.*, p.126.

(268)　川嶋周一（2007）「欧州共通農業政策の成立とヨーロッパ統合の政体化―コミトロジー・システムの成立・拡散の考察から」『政経論叢』第76巻1・2号、110頁。

(269)　川嶋周一（2012a）「EU規制力の史的形成」、遠藤乾／鈴木一人編『EUの規制力』日本経済評論社、80頁。

(270)　Schout, A. (2012) "Changing the EU's Institutional Landscape?: The Added Value of an Agency", in Busuioc, M., Groenleer, M. and Trondal, J. (eds.), *The agency phenomenon in the European Union: Emergence, institutionalization and everyday decision-making*, Manchester University Press, p.70.

(271)　Bergström, C. F. (2005) *Comitology: Delegation of Powers in the European Union and the Committee System*, Oxford University Press, p.209.

(272)　*Ibid.*, pp.315-319.

(273)　Brandsma, G. J. and Blom-Hansen, J. (2012) "Negotiating the Post-Lisbon Comitology System: Institutional Battles over Delegated Decision-Making", *Journal of Common Market Studies*, 50(6), p.954.

度変化を複数のアクター間の意図された行為の結果であると捉え、政策アウトカムへの影響力拡大のために限定合理的な諸機関が権限の最大化を希求すると想定する[274]。同氏らは、コミトロジーを規定する規則を機関間バーゲニングの所産と捉える視角が説明力に優れると指摘し[275]、2011年以前を対象とする定性、定量的な研究によってその指摘を支持している。このようにコミトロジー、即ち手続に参与する諸機関の権限を巡る交渉では、交渉頻度の低さ、決定の将来的影響の大きさ、機関内部における政策選好の収斂等により、諸機関の権限拡大要求が衝突する傾向にあった。

(2) 管理評議会手続の出現から一元的法制化までのコミトロジー

本項及び次項では、前項で参照した先行研究の一部に依拠しつつ[276]、2011年以前のコミトロジーを巡る機関間の交渉過程を概観する。

1950年代、共通農業政策（CAP）の準備段階において膨大な立法が必要になったことを受け、理事会は立法の多くを欧州委員会に委任することとなった。ここで、加盟国代表が構成する評議会を品目毎に招集し、欧州委員会を統制するメカニズムが考案され、後にコミトロジーとなる管理評議会手続が出現した。同手続では、欧州委員会は理事会から授権された範囲で実施措置を決定するが、事前に素案を評議会に提案し意見の表明を受ける。同手続は、評議会の意見表明を制度化することで、共同体決定を政府間主義的に統制する経路を確保することを目的としたものであったが、評議会の意見に拘束力はなく、最終的な採択権は欧州委員会が掌握していた。

穀物市場の管理を対象とした管理評議会手続が他品目の市場管理に拡大的に適用される際、評議会の性格と、手続に参与する機関の影響力について疑義が呈された。加盟国は、評議会の出す意見の拘束力の欠如を問題視し、新手続の創設を要求した。また欧州議会は、自機関が管理評議会手続の個別的決定と制度設計の双方に影響力を行使できないとして、当時の欧州委員会と理事会を批判した。これを受け、1960年代に評議会手続が通商政策に拡大

---

(274) Héritier, et al. *op. cit.*, pp.14-16.

(275) *Ibid.*, p.24.

(276) 本項及び次項の記述は *Ibid.*, pp.32-58. を基礎としている。

適用される中で新設された規制手続では、評議会に欧州委員会提案への拒否権が付与された。その後、評議会の表明する意見の拘束力についての問題は、政策領域毎に個別の手続が散発的に発生することで、議論そのものは継続したものの、領域毎の当事者間による個別の申し合わせにより解消される傾向にあった。他方で、手続に参与する機関間の権限に関する論争は継続していた。

欧州議会は 1980 年代の南方拡大に際して再度制度改革を要求した。EU設立条約草案においては、欧州議会の諮問的性格を容認する一方で、欧州委員会による授権範囲の逸脱有無を判断する審査権を議会に付与するよう要求した。またヘンシュ報告（Hänsch Report）では、管理手続と規制手続が欧州議会を回避する経路を採るがゆえに、機関間均衡が損なわれていると批判した。しかし、1987 年の単一欧州議定書とコミトロジー決定では、上の要求は反映されなかった。

1993 年のマーストリヒト条約発効で共同決定手続が導入され、欧州議会は多くの政策領域で理事会と対等な地位を獲得した。この変化を受け、欧州議会は従来の争点である評議会手続の選択について理事会と複数回対立し、法案審議を停滞させた。その結果、欧州議会は理事会から譲歩を引き出し、1994 年に暫定協定が締結された。同協定により、理事会はコミトロジーを適用する政策領域の法案審議に際した欧州議会への配慮を約し、欧州議会は事実上の審査権を獲得した。その後も欧州議会はコミトロジーへの参与を模索し、共同決定領域に関わるコミトロジーへの参与と、欧州委員会への授権に関する撤回権を求めて欧州委員会と理事会に働きかけた。欧州委員会は、欧州議会の審査権の公式化を支持する一方で、立法府による手続の恣意的な選択が生じる可能性を危惧し、手続の簡素化と手続選択基準の設定を提案した。他方で理事会は、欧州委員会の提案に一部反対しており、アムステルダム条約では欧州議会の権限強化は議定書に反映されなかった。しかし 1999 年の第二コミトロジー決定では、管理手続と規制手続について補助的に利用されていた形態が廃止され、欧州委員会の執行権が強化されるとともに、欧州議会に共同決定領域における審査権が正式に付与された。

(3) リスボン条約起草過程以降のコミトロジー

2001年以降、欧州委員会は複数のレベルで法制度改革を模索した。特に、第二コミトロジー決定の改正案では、手続選択の問題を解消させ、コミトロジーを行政府の監督を行う立法の場として機能させることで、欧州委員会の自律性強化を企図しつつ、個別的決定について議会を統制に加担させるRPS（Regulatory Procedure with Scrutiny、審査付規制手続（後述））の導入を提案した。また、コンベンション（European Convention）を踏まえた欧州憲法条約草案では、法行為が立法行為と非立法行為に分類された。加えて、非立法行為に関する欧州委員会の統制は欧州議会を含む立法府によってなされ、個別の法案に関する授権撤回、委任法行為に関する立法府の拒否権、期限付きの授権と立法府による延長、の何れかの形態を採ることが定められた。欧州憲法条約はフランスとオランダの国民投票により発効に至らなかったが、その内容はリスボン条約へ継承され、草案の内容は2009年に法的効果を得た。

リスボン条約の第290条と第291条では、非立法行為が委任法行為と実施法行為に分類され、各法行為の採択手続に関する議論が進んでいたが、委任法行為の手続を巡って機関間の対立が生じていた。法案の採択は、条約上の立法府である欧州議会と理事会がその権限を有しており、欧州委員会へ授権される場合も、立法府は統制主体として事後的に機能するが、委任法行為の素案作成段階で欧州委員会が加盟国代表へ諮問する規定はなく、専門家への諮問についてもその意見が欧州委員会を拘束するものではなかった。欧州議会は2010年の草稿報告で、委任法行為の素案作成時に、市民社会や利益団体等への非公式且つ広汎な諮問を行うべきだと主張し、欧州委員会が同法行為をEC設立条約第202条に該当する実施を目的とする措置として処理する傾向を牽制しつつ、素案作成時に所轄総局から欧州議会内の担当委員会に対して情報を提供するよう要求した。一方理事会は、実施責任を負う全加盟国の機関に所属する専門家で構成される専門家グループに対して、欧州委員会が審議の十分な時間を確保しつつ体系的な諮問を行うべきだと主張した。両者の立場は対立したが、2011年に実施法行為と併せて以下の帰結となった。

委任法行為に関しては、委任法行為に関する共通理解が3機関間で合意さ

れた。ここでは、欧州委員会が法行為の採択に先行する段階において、立法府への共時的な情報共有と、専門家レベルの適切な諮問を行うことが約された。同共通理解は法的拘束力を伴うものではなかったが、欧州委員会が基本立法措置に則して法行為を遂行しない場合は、立法府が授権を撤回するという条件が明示され、同年以降実質的に機能した。実施法行為に関しては、新コミトロジー規則によって、欧州委員会が各加盟国による統制に服すことが定められた。具体的には、従前の諮問、管理、規制の各手続のうち、管理手続と規制手続が統合され審査手続と改められた。審査手続では、加盟国代表が構成する評議会が特定多数決によって素案に対する議決を行うこととなり、同法行為に関する理事会の関与は縮小した。

　以上のように、欧州委員会へ授権される法行為の採択手続を巡っては、各機関が権限拡大を主張し、攻防が生じていた。

第3節　実施権限を巡るリスボン条約発効後の諸問題

　機関間の継続的な交渉を経て実現した2011年改革では、新コミトロジー規則と委任法行為に関する共通理解によって、実施措置決定手続が大きく変更された。同改革は従前の課題の多くを解決したが、変更の適用の遅延や、新設手続の機能不全も後に明らかになる等、コミトロジーを巡る問題は引き続き議論される必要があった。そのため、同改革以降も、欧州委員会は実施措置決定手続の抱える問題の解決に継続的に取り組んできた。

　本節では、改革以前の状況に関する先行的評価に照らしながら2011年改革の意義を明らかにした上で、同改革後に出現した3つの問題について整理し、その一つであるRPS問題に着眼して欧州委員会による同問題の解決過程を整理する。

(1) リスボン条約と2011年改革の意義

　リスボン条約以前のコミトロジーには、大きく以下の5つの問題が存在していた。

　第一に、手続体系の繁雑化を巡る問題である。1987年の単一欧州議定書

第3節　実施権限を巡るリスボン条約発効後の諸問題　　123

では授権の根拠が確立し、同年の理事会決定では手続が単一の法令により規定された[277]ことで、従来の乱立した手続が少数の類型に収斂した。しかし2000年以降、欧州委員会の管轄領域の拡大に伴い手続体系は再度繁雑化し、手続体系の再整理と適用基準の策定が必要となっていた。第二に、民主的統制を巡る問題である。旧法制下では、欧州委員会への授権内容の大部分が実施措置と想定されていたため、本来立法的性格を持つ法行為の採択に際して欧州議会は統制への参与を一部阻害されていた[278]。他方で、RPS適用措置には実施法行為も含まれたため、条約上の規定を所与とすると、本人代理人関係の外に存在する欧州議会が欧州委員会の執行権を制限しうるという過剰統制の問題をも含んでいた。第三に、透明性の問題である。コミトロジーには各加盟国官僚が参与するが、内部の議論は公開されていなかった[279]。1999年以降は欧州議会への情報提供が制度化され、問題は改善傾向にあったが、意思決定に対する市民の監視を重視する傾向の中で、同手続の秘匿性は問題として認識されていた。第四に、政策共同体の形成に関する問題である。コミトロジーは欧州委員会の統制を目的として出現したが、欧州委員会による合意調達の手段としても機能した。しかし、加盟国間の調整を図る意義は素案の性格によって異なり、法行為の区分に整合的な加盟国の役割が整理される必要があった。第五に、措置決定の効率性に関する問題である。コミトロジーでは、素案の事前調整に加盟国の公務員が参与することで、政策の画一的な実施をより確実にし、結果的に欧州委員会の執行権が強化されてきた。また、統制手続の整備により委任を増加させ、意思決定の効率化も進んだ。しかし、規制手続の改革前は、欧州委員会の提案を評議会が否決して、予見的規制が実施できなかった例もあり[280]、特に2000年代以降は決定

---

(277) 福田耕治（1991）前掲論文、44-49頁、及び八谷まち子（1999）「コミトロジー考察─だれが欧州統合を実施するのか」『政治研究』第46巻、207頁。

(278) これに関連して欧州議会は第2アグリエッタ報告（Second Aglietta Report: European Parliament Committee on Institutional Affairs (1999b) "Report of 30 March 1999 of the Committee on Institutional Affairs on the proposal for a Council Decision laying down the procedures for the exercise of implementing powers conferred on the Commission", A4-0169/99.）で委任の制限を勧告している。

(279) 八谷、前掲論文、184頁。

124　　第五章　実施規則決定手続の変化と欧州委員会による法的資源管理

の迅速性と統制の実質性の均衡が模索されていた[281]。

　以上の問題に関して、2009 年から 2011 年の対応は以下の意義を有していた[282]。

　新コミトロジー規則は従来の規定と同様に EU 立法により制定され、委任法行為についても当該法行為の採択手続が一元的に規定された。これにより、欧州委員会に授権される法行為の採択手続はその高い公式性を維持することとなった。特に委任法行為に関する共通理解は、同法行為に関して評議会内の議論に関する情報を共時的に欧州議会に提供すること、欧州議会が採択された法案に関する拒否権を有することを定めた。これにより、委任法行為の採択過程の透明性が確保され、欧州議会の統制権は強化された。

　他方で、一連の改革は、欧州委員会へ授権される法行為に下位区分を設け、各法行為の性質と採択手続を明確にした。新コミトロジー規則では実施法行為の採択手続としてコミトロジーが維持されたが、同法行為の統制主体が加盟国であるという事実に基づき、立法府は手続上の拒否権を失った。但し、基本立法行為が通常立法手続で採択される場合は、立法府は欧州委員会に審査権を行使できる。加えて欧州委員会は、実施法行為の採択過程に関する情報を公開する義務、並びに評議会の機能に関する年次の報告義務を負い、立法府は監視者としての地位を維持した。

　2009 年から 2011 年までの一連の改革では、関係諸機関に対する共時的な情報提供が制度化され、手続の透明性は向上した。更に、条約上の規定に整

---

(280) BSE 危機に際したコミトロジーの問題については、武田健（2004）「BSE 危機と EU 行政組織改革」『日本 EU 学会年報』第 24 号、276-296 頁　を参照。

(281) 川嶋周一（2012b）「EU における専門性とテクノクラシー問題―コミトロジーとデモクラシーの関係をめぐって」、内山融／伊藤武／岡山裕編『専門性の政治学―デモクラシーとの相克と和解』ミネルヴァ書房、159 頁。

(282) 特に 2011 年改革に関する事実関係は、植月献二（2011）「リスボン条約後のコミトロジー手続―欧州委員会の実施権限の行使を統制する仕組み―」『外国の立法』第 249 巻、3-18 頁。及び Ponzano, P. (2016) "The Reform of Comitology and Delegated Acts: An Executive's View", in Bergström, C. F. and Ritleng, D. (eds.) *Rulemaking by the European Commission: The New System for Delegation of Powers*, Oxford University Press, pp.45-47. が詳しい。

合的な手続が整備されたことで、両法行為に正確に対応する適切な統制経路が確保された。

(2) 積み残された問題

リスボン条約及び 2011 年改革では、即座に全ての問題が解決されたわけではなく、改革後の手続が企図された通りに機能しないことも後に明らかになった。以下では、RPS 適用措置の統合問題、法行為の選択を巡る問題、不服申立委員会の機能に関する問題の 3 点について詳述する。

初めに RPS 問題である。2006 年の改正コミトロジー決定（Council Decision（EC）2006/512）で新設された審査付規制手続（RPS）は、基本立法行為の非本質的な部分の変更ないし追加を伴う実施のための措置を対象としていた。しかし RPS では通常の管理手続や規制手続とは異なり、欧州議会が個別の決定に対して拒否権を有していた[283]。つまり RPS 適用措置は、欧州委員会へ授権される実施に必要な措置であるが執行権の行使そのものではない、という微妙な位置付けであった。それゆえ RPS は旧コミトロジーの手続体系を複雑化させたことに加え、一部の措置に関して立法府による過剰統制を生んでいた。リスボン条約が非立法行為に下位区分を設けたことで、RPS 適用措置の大部分は委任法行為としての性格を付与された。また RPS の新規適用は停止され、既存の適用措置は委任法行為へ統合されることとなった。しかし、RPS 適用措置が旧法制下で曖昧な位置付けであったため、当初統制主体であった加盟国は、RPS 適用措置が実施を補助する性格を帯びていながら、同法行為に関して欧州委員会への統制経路を失うことを危惧した。そのため、RPS 適用措置を委任法行為に統合する作業は予想以上に難航し、当初の期限は 2014 年であったものの[284]、同年も 166 件の RPS が

---

(283) OJ (2006) L200, Council Decision of 17 July 2006 amending Decision 1999/468/EC laying down the procedures for the exercise of implementing powers conferred on the Commission (2006/512/EC), pp.12-13.

(284) OJ (2011) L55, Regulation (EU) 2011/182 of the European Parliament and of the Council of 16 February 2011 laying down the rules and general principles concerning mechanisms for control by Member States of the Commission's exercise of implementing powers, p.19.

126 第五章 実施規則決定手続の変化と欧州委員会による法的資源管理

適用され[285]、同年中の完全統合は実現しなかった。

　次に法行為の選択を巡る問題である。リスボン条約が非立法行為に下位区分を設けたことで、欧州委員会は各法行為に該当する手続の下で他機関の統制に服することになった。しかし、個別の措置がどの法行為に該当するか判断する画一的基準を設けることに欧州委員会は消極的であった。それゆえ、食の安全政策や保健医療政策の一部の措置については、法行為の選択を巡ってEU司法裁判所（CJEU、旧ECJ）の判断を仰ぐ事例も存在した。リスボン条約発効後の新手続整備の段階でも、この基準の不在が問題視されていたが、2011年改革では事実上棚上げされた。尤も、条約上の規定である一般的適用性等の一部の基準については、リスボン条約以前にECJ判例でその判断基準が明示される等、操作的に機能する基準が存在していた。しかし、旧コミトロジーが広く適用される手続として定着したことで、適用対象となる欧州委員会の担う非立法行為の性格は多岐に亘り、既存の基準では各法行為の潜在的統制主体の疑念を払拭できずにいた。

　最後に不服申立委員会の問題である。不服申立委員会は新規則で導入され、法行為を管轄する欧州委員と加盟国の上級職員で構成される。実施法行為の素案に審査評議会が反対した場合、欧州委員会は不服申立委員会に判断を付託できるが、期限内に反対意見が表明されると素案は廃案となる。つまり不服申立委員会は、欧州委員会に授権された実施法行為について加盟国間の合意が形成されにくい場合に、上級の政治的代表に判断を仰ぐ手続を構成している。実際には、旧コミトロジー下の理事会への送付例が僅少であるように、素案が不服申立委員会に送付される例も少なかったが、重要度の高い素案が一定数送付される中で、不服申立委員会が意見を表明しない事例が多いことは問題であった。制度上、不服申立委員会が意見を表明しなくても欧州委員会は素案を採択できるが、無意見のまま採択する場合に加盟国の同意を確認できないという問題があった。欧州委員会の年次報告によれば、2014年から2016年の間に不服申立委員会では35の素案が諮られたが、意見を表

---

(285) European Commission (2015c) "Report from the Commission on the working of Committees during 2014", COM (2015) 418 final, p.8.

第 3 節　実施権限を巡るリスボン条約発効後の諸問題　127

明したのは僅か 3 件であり、2016 年には 1 件も意見が表明されない状態で
あった[286]。

(3) RPS 問題の解決過程

　前項で挙げた 3 つの問題は、何れも完全解決には至っていない。しかし、
RPS 適用措置の統合問題と法行為の選択を巡る問題に関する状況は、2019
年に大きく改善した。以下では、この問題の解決を目的とする RPS 改革の
過程を明らかにする。

　RPS 適用措置は、基本立法行為の改正により、2014 年までにリスボン条
約体制下の非立法行為に完全に統合される予定であった。しかし 2012 年末
時点では、改正対象が 288 件存在し、このうち約 230 件は具体的な改正に係
る議論が開始できていない状態にあった[287]。翌 2013 年に欧州委員会は、対
象となる基本立法行為を改正する 3 提案[288]を発表した。提案中では、条約
上の委任法行為に関する定義と 2006 年決定中の RPS 適用措置の定義が酷似
していることが移行の根拠として指摘され[289]、移行の方法として枠組規則
の形式が示された。新コミトロジー規則の第 13 条は、RPS を除く旧手続に

---

(286) *Ibid.*, p.7., European Commission (2016d) "Report from the Commission on the working of Committees during 2015" COM (2016) 772 final, p.7., European Commission (2017b) "Report from the Commission on the working of Committees during 2016", COM (2017) 594 final, p.7.

(287) European Commission (2013b) "Proposal for a Regulation of the European Parliament and of the Council: adapting to Article 290 of the Treaty on the Functioning of the European Union a number of legal acts providing for the use of the regulatory procedure with scrutiny", COM (2013) 451 final, p.2.

(288) *Ibid.*, European Commission (2013c) "Proposal for a Regulation of the European Parliament and of the Council adapting to Article 290 of the Treaty on the Functioning of the European Union a number of legal acts in the area of Justice providing for the use of the regulatory procedure with scrutiny", COM (2013) 452 final, European Commission (2013f) "Proposal for a Regulation of the European Parliament and of the Council adapting to Article 290 and 291 of the Treaty on the Functioning of the European Union a number of legal acts providing for the use of the regulatory procedure with scrutiny", COM (2013) 751 final.

(289) European Commission (2013b) *op. cit.*, p.2.

128 第五章　実施規則決定手続の変化と欧州委員会による法的資源管理

対応する新手続が自動的に適用されると規定していたため、提案では規則案の付属書に掲出された 160 の対象法行為を等しく委任法行為に移行することが企図された。

　3 提案は 2014 年にかけて立法府で審議された。欧州議会は、委任法行為に関する欧州委員会への授権が無期限であることを不服として提案を修正したが、RPS 適用措置の新法制下への統合自体には肯定的であった[290]。他方で理事会は、同提案に反対の立場をとった。第 2 節で述べた通り、2011 年の共通理解では、委任法行為の素案作成段階における欧州委員会の立法府に対する専門家レベルを含めた事前の適切な諮問が約されていた。しかし理事会は、その構成員が加盟国の代表であるという性格上、委任法行為に関する欧州委員会に対する統制メカニズムから加盟国が排除されることに不満があった。それゆえ、RPS を委任法行為の採択手続に移行するには、加盟国の専門家に対する体系的な諮問が保障される必要があると主張した[291]。この対立により、2013 年提案に関する交渉は隘路に陥り、欧州委員会が 3 提案を翌 2015 年に撤回した[292]ことで RPS 改革は事実上頓挫した。

　しかし翌 2016 年に RPS 改革は再び俎上に載せられた。同年締結された「より良い法規制定に関する機関間合意」中の「委任法行為と実施法行為」の項目で、RPS 適用措置の移行の重要性が確認され、同年末までに欧州委員会が関連する提案を発することとなった[293]。加えて同項目の次項では、

---

(290) European Parliament (2014) "European Parliament legislative resolution of 25 February 2014 on the proposal for a regulation of the European Parliament and of the Council adapting to Article 290 of the Treaty on the Functioning of the European Union a number of legal acts providing for the use of the regulatory procedure with scrutiny (COM (2013) 0451-C7-0198/2013-2013/0218 (COD))", P7_TA (2014) 0114.

(291) European Commission (2016f) "Proposal for a Regulation of the European Parliament and of the Council adapting a number of legal acts providing for the use of the regulatory procedure with scrutiny to Articles 290 and 291 of the Treaty on the Functioning of the European Union", COM (2016) 799 final, p.2.

(292) OJ (2015) C80, Withdrawal of Commission Proposals (2015/C 80/08), p.17.

(293) OJ (2016) L123, Interinstitutional Agreement between the European Parliament, the Council of the European Union and the European Commission on Better Law-Making - Interinstitutional Agreement of 13 April 2016 on Better Law-Making."

委任法行為の採択手続における透明性と諮問を強化するため、2011年の共通理解を改正し、素案作成段階において加盟国専門家への諮問を確保することが定められた。また、改正された共通理解を補完するために、委任法行為と実施法行為の適用に関する法的拘束力のない基準を設定する交渉を、本合意発効後遅滞なく開始することも約された[294]。

2016年の機関間合意を受け、同年末に欧州委員会はRPS適用措置の統合に関する2提案[295]を発表した。両提案は、頓挫した2013年提案の内容を踏襲し、欧州委員会への授権を無期限とすること、緊急対応手続の適用規定を存続させることが盛り込まれていた。一方で移行手段に関しては、理事会に配慮し、枠組規則ではなく個別改正が提案された。これにより、委任法行為の素案作成段階において欧州委員会が加盟国の任命する専門家グループに対し、機関間合意で改正された共通理解が規定する適切な諮問を行う規定が全ての基本立法行為に明記された[296]。EU諸機関及び加盟国レベルの機関へ諮問が行われた後、2019年6月に規則（Regulation (EU) 2019/1243, 以下「2019年規則」）が採択され、翌月に発効した。同規則では欧州委員会への授権が時限のものとなったが、60余りのRPS適用措置が委任法行為に変換され、新法制下への法行為の統合は大きく進展した。また、改正が見送られた一部の立法行為の改正については、3機関が引続き取り組むこととなった[297]。

---

p.6, (¶27).

(294) *Ibid.*, p.6, (¶28), pp.10-12.

(295) European Commission (2016e) "Proposal for a Regulation of the European Parliament and of the Council adapting a number of legal acts in the area of Justice providing for the use of the regulatory procedure with scrutiny to Article 290 of the Treaty on the Functioning of the European Union", COM (2016) 798 final, European Commission (2016f) *op. cit.*

(296) European Commission (2016f) *op cit.*, p.4.

(297) OJ (2019) C250, Joint Statement by the Parliament, the Council and the Commission relating to Regulation (EU) 2019/1243 of the European Parliament and of the Council of 20 June 2019 adapting a number of legal acts providing for the use of the regulatory procedure with scrutiny to Articles 290 and 291 of the Treaty on the Functioning of the European Union (2019/C 250/01), p.1.

第4節 RPS 問題の進展に見る欧州委員会の機関間交渉態度の変化

　2019 年規則の直前には、法行為の選択基準に関する機関間合意が締結された。規則中に同合意への言及はないが、RPS 問題に対する加盟国機関の反応に照らすと、同合意が規則制定の重要な布石となったことが見て取れる。加えて、RPS 問題の解決を牽引してきた欧州委員会が、機関間交渉における態度を転換している点も確認できる。

　本節では初めに、2016 年提案に関して欧州委員会へ寄せられた加盟国機関のフィードバックを概観し、RPS 問題の解決に時間を要した要因を考察する。次に、2019 年の機関間合意の内容について確認し、RPS 問題に対する同合意の具体的寄与を明らかにする。その上で、欧州委員会が EU 諸機関や加盟国機関に対して表明した見解を整理し、2011 年改革以降の欧州委員会が手続改革に関する機関間交渉で重視していた原則を明らかにする。

(1) RPS 問題に対する加盟国の危惧

　RPS 適用措置の統合に関する 2016 年提案の発表後、欧州委員会には経済社会評議会と地域評議会に加え、複数の加盟国機関からのフィードバックが寄せられた。経済社会評議会と地域評議会の意見は、授権の期間について相違があったものの、委任法行為の素案作成段階における加盟国の専門家に対する諮問機会の保障を確認するにとどまり、新たな論点を提示する内容ではなかった。しかし、加盟国諸機関からは、EU 諸機関間の議論では見られない指摘もなされた。

　2016 年の機関間合意は、委任法行為に関する共通理解を改正し加盟国の関与を強化する性格があった。そのため各加盟国機関は、委任法行為と実施法行為が共同体政策における重要な役割を果たしているという合意中の指摘を理解し、RPS 適用措置をリスボン条約体制下に統合する 2016 年提案の意義を評価した。しかし、一部の機関は 2016 年提案の内容に対して否定的な意見を表明した[(298)]。具体的には、欧州委員会による委任法行為の利用を最小限にとどめること、欧州委員会への授権が目的、内容、範囲の 3 点を明確

に定義した上で明示的に行われること、本質的要素と非本質的要素を区別するための透明且つ客観的な基準を定めること、欧州委員会への授権に期限を付すこと、の4点を要求した。

上の批判に対し、欧州委員会は次のように応答した。委任法行為の利用範囲に関連して、2016年提案は旧法制下で立法府が必要と認めた既存の授権事項に関する技術的統合を企図するに過ぎず、追加的な授権は生じえないことを確認する。授権の範囲及び目的は、既にEU運営条約中に規定されている。また立法府は基本立法行為中で授権を明確に定義する機会を保障されている。本質的要素を同定する基準については、旧法制下でRPSの適用対象となった授権内容が非本質的要素に関わるものに限定されていたため、新法制下への統合に際して授権可否の問題は生じない。ゆえに、特にドイツ連邦議会は本質的要素に抵触するとして提案付属書に掲出する一部の基本立法行為を指摘しているが、この批判は当たらない。加えて、委任法行為と実施法行為を区別する基準の必要性は3機関で共有されているが、本質的要素と非本質的要素を区別する基準は別の議論であり、必要性は指摘されていない。授権の期間については、EU運営条約中で立法府が欧州委員会への授権を随時撤回できると規定している上、委任法行為に関する欧州委員会の権限行使の状況が容易且つ簡潔に概観できるデータベースが近く完成するため、授権が無期限であっても統制の実質性を損ねない[299]。

欧州委員会と加盟国機関の対話からは、加盟国が欧州委員会への授権に対して過敏に反応したことが見て取れる。欧州委員会が強調する通り、授権の目的と範囲は既に旧法制下で立法府によって明示的に定められていた。また、委任法行為と実施法行為についても選択基準の公表が必要とはいえ、両法行為の定義は既に3機関で共有されていたため、2016年提案は授権範囲を逸脱しないことが明白な法行為を新法制下の法行為に落とし込む専ら技術的な対応であった。2016年の機関間合意で別項とされた通り、両法行為を

---

(298) 伊上院及び独連邦参議院より。欧州委員会による各国への回答は順にEuropean Commission（2017f）Untitled, C（2017）5951 final., European Commission（2017e）Untitled, C（2017）5476 final.

(299) European Commission（2017e）*op. cit.*, pp.1-2.

区別する基準が必要である理由は、あくまで委任法行為の素案作成段階における加盟国の関与の実質性を確保するためであった。そのため RPS 問題と法行為の選択を巡る問題とは別の問題であり、後者の解決が前者の解決の前提になっているわけではなかった。つまり、2016 年提案によって加盟国の権限が相対的に縮小することも、欧州委員会に対する統制手段を失うこともなかった。しかし、複数の政策領域に跨る実施、統制及び監視の権限という議題の重要性からか、2016 年提案は加盟国の欧州委員会の権限拡大に対する問題意識を惹起する結果となった。

(2) 2019 年の機関間合意とその意義

　2019 年規則が採択される直前の 2019 年 6 月 18 日、「機関間合意―EU 運営条約第 290 条と第 291 条の適用に関する基準」が 3 機関間で締結された。同合意で論じられたのは、2011 年改革の際に事実上棚上げされていた法行為の選択基準を巡る問題であった。2016 年の機関間合意では、委任法行為と実施法行為に該当する実施措置の決定が適切に行われる必要性が強調され、両法行為を区別する法的拘束力のない基準を早期に設定すべきであることが明記されていた。そのため 2019 年の機関間合意では、両法行為を区別する基準が以下のように示された。

　委任法行為は、EU 運営条約第 290 条に規定される通り一般的適用性を有する措置でなければならず、個別的に適用される措置は委任法行為として採択できない。但し、実施法行為が一般的適用性を有する措置を含むことは妨げない。なお、一般的適用性を有する措置とは、客観的に規定された状況に適用され、一般的且つ抽象的に想定される集団に対し法的効果を有する措置を言う。付属書を含む基本立法行為の修正を行う権限が同立法行為によって欧州委員会に委任される場合は、その修正は委任法行為となる。修正とは、非本質的な要素を変更または廃止する行為であり、規定の挿入、付加、削除、置換が含まれる。基本立法行為が定義する規制枠組の中で、立法行為の内容に基づく、またはこれを発展させる性格を持つ追加的措置を採択する行為は、委任法行為として処理される。逆に、基本立法行為によって既に定立した規則を、その細部を特定することによって実施ないし発効させる行為

第 4 節　RPS 問題の進展に見る欧州委員会の機関間交渉態度の変化　　133

は、実施法行為として処理される。追加的措置は立法行為に対して実質的に
影響を与えることを想定しているが、実施及び発効は主たる条件や基準を含
む十分正確な法的枠組が立法行為によって規定されている場合にのみ適用さ
れる。手続の制定及び手段または方法の決定に関わる行為、情報提供義務や
許認可に関わる行為は、措置の性質、目的、内容、文脈に基づき、主に委任
法行為ないし実施法行為として採択される。但し、両法行為に該当しない基
本立法行為の本質的要素に抵触する行為は立法行為として処理され、欧州委
員会へ授権はできない。以上の基準の適用状況は、3 機関が監督する。ま
た、掲出された基準は CJEU 判例の状況を踏まえて見直されうる[300]。

　2019 年の機関間合意は、委任法行為と実施法行為を区別する基準を欧州
委員会が行う具体的変更の種類に還元した上で、その基準を体系的に示し
た。更に、掲出された基準の適用状況が 3 機関によって監督されることとな
り、欧州委員会に対する監視のメカニズムは強化された。但し、欧州委員会
が委任法行為と実施法行為を区別する基準に言及したのは 2019 年の機関間
合意が初めてではなかった[301]。また同合意は、2017 年までの判例や条約上
の文言を整理したに過ぎず、法行為の選択を明確に規定する新たな基準を創
設する性格はなかった。つまり法行為の選択を巡っては、同合意は同年まで
の進捗を確認したものでしかなく、操作的な基準としての機能は期待できな
かった。

　しかし、2019 年の機関間合意は 2016 年の機関間合意を受けた形となり、
結果的に委任法行為と実施法行為の決定過程における透明性の向上と広い諮
問の確保を再確認し、両法行為に適用される手続の適切性は向上した。ま
た、両法行為の特質を明文化したことで、両法行為が欧州委員会に授権可能
であること、ひいては RPS 適用措置の大部分が、欧州委員会へ授権できる

---

(300) OJ (2019) C223, Interinstitutional Agreement: Non-Binding Criteria for the appli-
cation of Articles 290 and 291 of the Treaty on the Functioning of the European
Union - 18 June 2019 (2019/C 223/01), pp.2-4.

(301) European Commission (2015b) "Communication from the Commission to the Eu-
ropean Parliament and the Council: Proposal for an Interinstitutional Agreement on
Better Regulation", COM (2015) 216 final, Annex 1.

134 第五章 実施規則決定手続の変化と欧州委員会による法的資源管理

法行為であったことを確認する意義もあった。

(3) 変化した機関間交渉の力学と欧州委員会が依拠する諸要素

2011年以前の機関間交渉では、「機関間闘争」[302]と表現されるように、3機関が共同体レベルの決定に対する影響力の増大を企図していた。欧州委員会も授権される法行為の採択手続の整備に際し、自機関の執行権強化を意図していた。しかし、同年以後の機関間関係の様相は異なっており、特に機関間交渉に臨む欧州委員会の戦略は大きく変化した。

欧州委員会は建前上、RPS問題は旧法制下の手続の適用対象を新法制下に統合する技術的な問題であり、授権可否の議論は生じないとする立場をとってきた。旧規制手続の派生形として出現したRPSは、その対象措置に関して、立法府から欧州委員会へ授権が行われることを前提としていた。また、委任法行為の採択手続では、立法府が本人代理人関係の本人として代理人たる欧州委員会を統制する構造は維持されていた。最終的に2019年規則中でも法行為の選択基準には言及されず、上の欧州委員会の見解は維持された。

しかし欧州委員会は、2019年規則の採択に先行して法行為の選択基準に関する機関間合意を締結した。同合意は委任法行為と実施法行為の区別の基準を網羅的に規定するものではなく、法行為の選択を巡る問題は完全には解決しなかった。しかし同合意は、両法行為を区別する基準を明文化し、欧州委員会への授権可否の基準を確認することで、RPS適用措置の大部分が欧州委員会へ授権可能であることを改めて主張する根拠として機能した。加えて、欧州委員会は非立法行為の下位区分を客観的な基準によって区別する義務を負うことで見かけの裁量を縮小し、自機関が権限拡張を企図していないことを加盟国に信頼できる形で提示した。

欧州委員会による加盟国機関への対応は、2016年提案に関する諸機関への応答の中にも確認できる。同提案では、委任法行為に関する授権は無期限とされていた。欧州委員会は無期限の授権に拘泥した根拠として、立法府に

---

(302) Bergström, *op. cit.*, p.209.

第4節　RPS問題の進展に見る欧州委員会の機関間交渉態度の変化　　135

よる授権の撤回が随時可能であること、5年毎の報告書作成が欧州委員会への過度の行政的負担となること、委任法行為に関する情報公開が強化され透明性の向上が期待されること、の3点を挙げていた[303]。しかし、加盟国機関に対する応答では、行政効率の低下の点には触れられなかった。つまり、欧州委員会は自機関内部の行政効率向上が迅速な決定に寄与すると認識しつつも、加盟国に対しては統制機会の確保を提案の根拠として指摘することで、加盟国が抱く欧州委員会の権限拡張への危惧を解消する戦略を採った。

更に、本章で詳細な分析を避けた不服申立委員会の改革を巡る議論にも、同様の特徴が看取される。不服申立委員会の改革は2016年のユンカー演説で提起され、翌2017年の改革提案では、審査手続を適用する実施法行為の採択において、政治的アカウンタビリティと加盟国の参与責任の強化が必要であると指摘された[304]。不服申立委員会が意見を表明しないことは、当該決定を欧州委員会の裁量として認めることに等しかった。ここでは欧州委員会の執行権が事実上強化されており、2011年以前の組織的選好を維持していれば、欧州委員会が現状変更を企図する状況にはなかった。しかし改革提案では、欧州委員会が負う加盟国の意見を尊重する義務の履行が、不服申立委員会の機能不全によって阻害されていると指摘された。ここでも欧州委員会は、決定の迅速性という根拠を使用せず、アカウンタビリティの強化や透明性の向上といった過程の適切性の重要性を強調していた。

欧州委員会は、自機関の執行権強化が欧州大の政策実現に寄与するとする大局的指針を、機関間交渉及び加盟国機関との対話において前面に出さないことで、加盟国による欧州委員会の権限拡大への危惧を一定程度払拭した。加えて、3機関間では過程の適切性という価値を中心とする改革の議論が展開され、非立法行為を巡る2019年の一連の改革は実現した。

---

(303) European Commission (2016f) *op. cit.*, p.7.

(304) European Commission (2017a) "Proposal for a Regulation of the European Parliament and of the Council amending Regulation (EU) No 182/2011 laying down the rules and general principles concerning mechanisms for control by Member States of the Commission's exercise of implementing powers", COM (2017) 85 final, pp.3-4.

第5節　小　括

　本章は、コミトロジー改革を題材に、リスボン条約以降の実施措置決定手続を巡る改革の過程と、欧州委員会がその改革及びこれに必要となる機関間交渉において重視した原則ないし考慮について検討した。2011年改革は、統制と透明性を向上させる意義があった一方で、法行為の選択、RPS適用措置の統合、不服申立委員会の3点を巡る問題を積み残した。このうちRPS問題の解決は2019年の新規則制定により大きく進展し、EUに対する市民の信頼を支える簡素な法秩序は完成へと近付いた[305]。その過程で欧州委員会は、RPS問題が自機関の権限に影響を与えないことを前提としながらも、自らが権限拡大を企図していないという事実を、法行為の選択を巡る問題を中心とする複数の文脈で信憑性のある形で提示し、RPS改革を成功裏に前進させた。

　本章の分析からは、欧州委員会が多数の個別的決定における各機関の影響力を決定付ける重要な決定においても、自機関の権限拡大を試みるのではなく、戦略的に行動していることを指摘できる。本章で検討した欧州委員会に授権される実施措置決定は、専門知を要する技術的問題が多く、共同体の将来を左右する重要な決定としての性格は薄い。しかし、政策を適切且つ画一的に実施する措置の重要性は高く、その決定手続は多くの政策領域に跨って機能するため、複数の政策のアウトプットの成否が懸かっている。そのような実施措置決定手続を巡る交渉において、欧州委員会は自機関の執行権強化が重要であるとしつつも、機関間交渉及び加盟国機関への応答においてその主張を控え、諮問機関に説明を尽くし、統制の強化や透明性の向上といった過程の適切性を中心とする建設的な議論を牽引した。ここに言う適切性は、

---

(305)　2023年11月現在までの関連文書（European Commission（2021b）"Report from the Commission to the European Parliament and the Council on the working of committees during 2020", COM（2021）544 final, European Commission（2023d）"Report from the Commission to the European Parliament and the Council on the working of committees during 2022", COM（2023）664 final.）によれば、RPSが適用される評議会の数は引き続き減少傾向にある。

第5節　小　括　137

特定政策領域の個別的決定に関して原初的に権限を有する加盟国の職員を素
案検討段階に関与させるという意味で 2011 年改革以前より維持されてきた
包摂性に加え、情報公開に基づく透明性や、適切な統制経路に裏打ちされる
アカウンタビリティによって支えられるものであり、欧州委員会が中心的に
担う法的資源を巡る行政管理の正統性を強化するものであった。

第六章

EU エージェンシーの設立に見る選択的行政改革

第1節　問題の所在

　本章では、欧州委員会による間接的な政策権限の行使の形態として、エージェンシー方式について検討する。欧州委員会は、管轄する領域が多様である点や、実施に必要な措置が膨大であることから、前章で検討した行政立法に相当するコミトロジーを通して、他の EU 諸機関や加盟国との関係を適切に保ちながら、それらの措置の採択を効率よく処理し、画一的な実施を確保してきた。他方で、本章で詳述する複数の理由から、実施措置の採択に関わる意思決定を含む行政業務を、別の法人格を持つ機関（EU エージェンシー）に委託する形態をも発展させてきた。

　このような実施の外部委託（Contracting-Out:「外注」とも）は、主権国家レベルにおいて一般的に見受けられる現象であるが、国際機構による外部委託は別途の検討を要する。というのも、特に EU においては、加盟国の合意により加盟国からの権限移譲が拡大してきたとはいえ、国際機構と加盟国との主権の共有は不可逆性の高い過程であり、加盟国は領域別にその都度慎重に可否を判断してきた。このことから明らかなように、一度国際機構に授権した権限が、条約上の当事者以外の機関によって行使される状況は、これを十分に正当化する基盤を必要としており、その外部委託を含む権限行使の様態も、特定の価値に依拠していることが期待される。

　EU エージェンシーを巡っては、その対外的性格の強さや従来の学術的アプローチの影響から、主として政治学的な視点から議論されてきたが、EU 政策過程においてエージェンシーは政策実施の一手段として位置付けられており、その性格は極めて行政的である。それゆえ、エージェンシー化（Agencification）が推進される根拠を行政学的視点から明らかにすることは、EU 行政における法的資源の管理の様相を把握する上でも重要であるが、堀井

(2013, 2018)による検討を除いて現在までにこのような試みは僅少である[306]。

本章では、EU におけるエージェンシー方式を巡る問題と近年の制度改革を、国際機構が国際公共政策の実施過程に強く関与する場合に生じる実施の外部委託を巡る問題として捉え、国際行政学という本研究の一貫した視座から論じる。本章では初めに、EU エージェンシーの基本的な性格について整理しつつ、政策実施を旨とする行政活動を行政府が外部委託するという現象が行政改革一般において何を期待され、いかに正当化されるか確認する。次に、EU におけるエージェンシー化が行政改革において論じられてきた文脈に触れ、これが推進された根拠とのちに出現した批判を整理する。その上で、リスボン条約以降の状況に焦点を移し、近年の EU においてエージェンシー方式がいかなる根拠に基づいて推進ないし維持されているか明らかにする。

第2節　EU エージェンシーと外部委託

EU のエージェンシー方式を含む行政府による実施の外部委託は、行政管理や公共経営の観点から支持される一方で、法解釈上疑義が呈されかねないものでもあった。本節では、EU エージェンシーの組織的特性と設立推進の背景にある需要、及び行政活動の外部委託を可能にする行政法解釈について明らかにすることで、エージェンシー化が推進された一般的根拠について検討する。

---

(306) 堀井里子（2013）「EU エージェンシー設立過程分析―EU 域外国境管理政策・フロンテクスを事例として」『一橋法学』第 12 巻 1 号、267-292 頁。及び、Horii, S.（2018）"Accountability, Dependency, and EU Agencies: The Hotspot Approach in the Refugee Crisis", *Refugee Survey Quarterly*, 37(2), pp.204-230. なお、両研究は司法内務協力領域のエージェンシーを対象とした分析であり、両研究で提起される評価の指標やスループット正統性と関連する分析視角は、本章の分析にも通じる部分がある。但し、本章は本文で後述する背景を踏まえ、実施形態の一つとしてのエージェンシー方式を第五章で検討したコミトロジーと対照して分析するため、司法内務協力領域に限定せず、さまざまな政策領域の EU エージェンシーを広く分析対象とする。

(1) EU エージェンシーの組織的特性と実施の外部委託の需要

　EU エージェンシーとは、EU の政策実施に資することを目的として期限を付されずに設置され、技術的で専門的な知識を EU 諸機関と加盟国機関から集積し、両者の協力を支援する独立の法人格を有する組織である[307]。エージェンシー内部の組織構成は、各エージェンシーの所掌領域に依存するが、全エージェンシーに共通する特徴も以下の通り複数存在する。各エージェンシーには内部の運営に関わる責任を負う長官職と、利用可能な行政資源や活動ガイドラインを定める行政管理部が設けられている[308]。つまり、EU エージェンシーは、本来欧州委員会が有している政策実施権限の一部を付与され、委員会外の組織として決められた範囲で行政活動を行う組織であり、本邦における独立行政法人に相当する[309]。EU エージェンシーの役割は、主として規制監督ないし行政事務の執行であるが、広い意味において欧州委員会による政策実施を補助する役割を有している。エージェンシーの設立は、政策領域によって決定主体は異なるが、EU 法によって行われる。

　本邦の独立行政法人化や民営化[310]と同様に、EU エージェンシーも行政改革の中でその必要性が喚起され、次章で詳述する通り、一定期間に加速度的に新設されてきた経緯がある。このような行政活動の外部委託は、第三章で詳述した NPM のアイディアに基づいて促進されてきた。1970 年代以降

---

(307) European Union "Types of Institutions and Bodies" URL: https://european-union.
　　 europa.eu/institutions-law-budget/institutions-and-bodies/types-institutions-and-
　　 bodies_en（2024 年 6 月 29 日最終閲覧）

(308)　福田耕治（2006）「EU におけるアカウンタビリティ―NPM による欧州ガバナンス
　　 改革とエージェンシーを事例として―」『早稲田政治經濟學雜誌』第 364 号、11 頁。

(309)　本邦の独立行政法人の職員は、一部の行政執行法人を除いて公務員の身分を持たな
　　 いが、EU エージェンシーには行政官（AD）や行政官補佐（AST）といった EU 職員
　　 （国際公務員）の身分を有する職員が必ず配置され、総合的に見ると後者の方が公務員
　　 比率が高い。

(310)　独立行政法人化と民営化は、対象法人に委託する労務の公共的性格の強弱に鑑み
　　 て、委託対象労務を当該法人が独占できるか否かの点で異なるが、基本的には両者とも
　　 行政府の軽量化に貢献するものとして NPM 改革の中で推進されてきた。（詳細は Har-
　　 low, C.（2002）*Accountability in the European Union*, Oxford University Press, pp.21-
　　 23）

142　第六章　EU エージェンシーの設立に見る選択的行政改革

に一部の国家で展開されてきた NPM は、共通の社会経済的環境に根差した、行政の効率化や軽量化を目指す改革であった。

　NPM は、特に英米豪ニュージーランド等、アングロサクソン諸国で急進的に進行したが、大陸欧州諸国や本邦を含むアジア諸国でも、同様の方向性をもつ行政改革が同時期に進行していた。各国の行政改革の性格を厳密に論じる研究においては、NPM とは別のモデルが提示され、行政改革の多様性を強調する研究もある[311]が、総じて NPM は 1980 年代以降の多くの国家に共通する支配的な行政改革モデルであり、EU を含む国際機構についても同様の傾向が複数指摘されてきた[312]。国際行政の形成及び制度化においては、構成国の行政文化が多分に影響することが知られており[313]、国家の行政改革モデルを国際機構の分析に援用することには一定の妥当性がある。特に EU では、欧州委員会と諸機関との関係、及び政策過程を構成する手続は、原加盟国である大陸西欧諸国の影響を受けてきた[314]。

　これに加えて、NPM が EU 行政を対象とする研究に援用された原因として、行政国家化の存在を指摘できる。行政国家化とは、国家の行政が所与の決定を履行するだけの存在としてではなく、社会に対して積極的に介入し、その状況の変更を試みるようになることで、行政活動の幅が大きく広がる現象[315]であり、1930 年代に当時の連合国を中心に看取された傾向である。行政国家化を経験した各国では一時いわゆる「大きな政府」が形成されたが、これらの国家は 1970 年代以降に共通する社会経済的課題に直面し、財政難や新自由主義の台頭等のプッシュ・プル両要因により行政の軽量化を希求することとなった結果、上述の性格を持つ NPM 改革が積極的に採用された。EU でも、1960 年代後半以降に共通農業政策（CAP）や地域政策といった域

---

(311)　Pollitt and Bouckaert, *op. cit.*, p.22.

(312)　*Ibid.*, Schön-Quinlivan, *op. cit.*, Bauer, M., Knill, C., and Eckhard, S. eds. (2017) *International Bureaucracy: Challenges and Lessons for Public Administration Research*, Palgrave Macmillan. 所収の各論文。

(313)　Von Oertzen, *op. cit.*, p.177.

(314)　これを指摘する研究として例えば Spence and Edwards eds. *op. cit.* 所収の各論文。

(315)　行政国家化については、武藤博己（1998）「行政国家」、森田朗編『行政学の基礎』岩波書店、217-232 頁を参照。

内共通政策が展開されるにつれ、当初他の国際機構と同様に規制的[316]と称されていたその政策の性格は、分配ないし再分配的な性格を帯びるようになり、共同体機関の所掌する政策領域や行政活動に必要な予算規模も膨張した結果、行政国家化と酷似した現象が生じることとなった。その結果、EU はNPM 改革を志向する国家と同様の前提条件を備える状況になった。以上の背景の下、1990 年代後半以降、欧州委員会は NPM のアイディアを行政改革に明示的に反映させようと試みた。

本章が焦点を当てる実施の外部委託という現象は、決定と実施の分離[317]による行政府の軽量化に資することから、EU を含む複数の国家におけるNPM 改革において唱導されてきた。

(2) エージェンシー化の法的正当性

前項で整理した通り、行政活動の一部を外部委託することには一定のメリットが認められる。しかし、この外部委託がとりわけ EU において法的に可能か否かは別に検討されるべき問題である。というのは、実施権限の行使に相当する業務の外部委託では、複数回の委任を生じる可能性があるためである。特に国際機構は、「権限権限（Kompetenz-kompetenz）問題」に代表されるように、原初的に特定の権限を有しているわけではなく、特に EU では、欧州委員会が有する実施権限は基本条約によって加盟国から、あるいは同条約の下で採択される二次法によって他の EU 機関から授権されたものである[318]。この状況において、欧州委員会がその行政活動を組織外部に委託すると、委任が複数回発生していることになる。このような権限及び業務の委任の連鎖について、一般的な法解釈の議論と EU 特有の背景は以下のようなものである。

一般に、私的な契約において労務を委託する場合、特に別に言及されない

---

(316) このように評した代表的な研究として Majone, G. ed. (1996) *Regulating Europe*, 1ˢᵗ edition, Routledge.

(317) イギリスで実施されたネクストステップ＝イニシアティブの主たる目的であり、NPM 改革の象徴的特徴の一つである。NPM 改革の教義的要素は Hood, *op. cit.*, pp.3-5.

(318) Pollack, *op. cit.*, p.19.

限り、契約の当事者によってその労務が処理されることが自然である。本人代理人関係（Principal-Agent Relationship）になぞらえて換言すれば、本人代理人間の合意によって本人が代理人に労務を委託する場合には、当該代理人がその労務を処理する必要が生じる。このことは、行政責任を巡る研究で引用される「農夫は単一の領主にのみ伺候できる」[319]や「委任された権限は委任することができない（Delegatus non potest delegare）」という成句にも謂われるように、本人代理人関係は基本的に1対1の当事者間の問題であり、代理人は本人の許可なく委託された労務を第三者に委託することはできない、という字義的な解釈に基礎付いている。しかし、行政活動の委託に関してこの原則を厳に遵守することは、適用に際して矛盾を生じる可能性があるだけでなく現実的でもない。

　主権国家において、行政権の所在は各国の基本法で定められる。また、個別具体的な行政活動の権限は立法によって行政府に付与される場合もある。この点において、行政機関が行う具体性の高い活動は既に委託されたものと解釈できる[320]。業務の委託に関する契約には、特に言明されない限りそれをどのように履行するかは委託を受けた者の裁量となるが、行政組織は位階制構造と分野別ライン構造により縦横に分裂しており、組織として一枚岩ではない[321]。組織に対して委託された活動を事実上特定の部局や職員が処理することは自然であるが、このことは組織内の主たる意思決定者が当該部局ないし職員に活動を委託するという構造を生じる[322]。この構造を容認する

---

(319) Cipriani, *op. cit.*, p.1.

(320) 権力分立の議論において行政と執政を区別するものがあり、この区別を前提とすると執政は行政府の原初的な権限と見做されるが、両者を一位的に区別することが困難であるため、ここでは行政という語で双方を包摂している。

(321) Balint, T., Bauer, M. W. and Knill, C. (2008) "Bureaucratic Change in the European Administrative Space: The case of the European commission", *West European Politics*, 31(4), pp.677-700.

(322) この構造に着眼して豪州を対象にその問題性を指摘した研究として、Abjorensen, N. (2007) "Delegatus Non Potest Delegare: Defining the Role of Ministerial Advisors", *Democratic Audit of Australia, Discussion Paper 12/07.* が挙げられるように、NPM改革は行政権の委任に積極的であったが、その国内法上の正当化に慎重を期したのは、寧ろNPMが急進的に進んだアングロ＝サクソン諸国であった。

第2節　EUエージェンシーと外部委託　145

限り、指揮統制下にある組織や人物に労務を委託することに関して、当該組織や人物が組織内に存するか否かは大きな問題ではなく、付与された権限を再度委任することを、委託先が組織外部であることのみを以て制限することは根拠に欠ける[323]。このような背景から、行政活動の外部委託を巡っては、二次的な委託を認めるという解釈が例外から原則へと変化してきた[324]。

　このように、本章で検討する欧州委員会による実施権限の委任を含む実施の外部委託は、一般的な行政法解釈として容認されるが、EU法の基本原則に鑑みると、これが無制限でないということも付言しておかなければならない。EUには、共同体諸機関が基本条約に定める目的と権限を越えて活動できないという権限付与の原則が存在し、基本条約によってEU諸機関に授権される立法権及び行政権を二次的に他の機関に委任することを禁じている。この原則が確立した1950年代のECJ判例によれば、その根拠は、諸機関による二次的な権限委任を許容すると、諸機関間のパワーバランスが損なわれる可能性があることにある[325]。加えて、二次的な権限委任の決定が仮に複数の機関間で行われるとしても、EUに政策権限がある場合は、諸機関に特定の権限を付与した条約の締結主体である加盟国がその決定に明示的に関与できない。この点において、私的契約における二次的な委任の可否を判断する際に重視された委任する者の意図を十分に考慮できない。このような背景から、欧州委員会による行政活動の外部委託は、その裁量の大小によってはEU法の原則に抵触するものと解されてきた。

　しかし、共同体の所掌領域が拡大する中で、政策実施に必要な膨大な決定

---

(323) また、この点については、活動を委任された者がこれを再度第三者に委任した際に、再委任先による裁量権の行使に再委任した者が十分な注意を払い、委任された活動の実施を相当程度統制する場合には、再委任は生じていないと解釈できるという主張もある。しかし、本文後述の通り欧州委員会による行政活動の外部委託は極めて明示的に行われるため、委任自体が生じていないと解釈することは困難である。

(324) Willis, J. (1943) "Delegatus Non Potest Delegare", *Canadian Bar Review*, 21(4), p.264.

(325) メローニ＝ドクトリンと呼ばれる。詳細は Yataganas, X. A. (2001) "Delegation of Regulatory Authority in the European Union: The relevance of the American model of independent agencies", *Jean Monnet Working Paper 3/01*, p.30.

146 第六章　EU エージェンシーの設立に見る選択的行政改革

事項を理事会が処理できなくなったことで、前章で検討したコミトロジーは早くも 1960 年代に出現した。その後コミトロジーが主たる実施形態として発展する中で、ECJ にその可否の判断が求められることもあったが、ほとんどの場合において決定予定事項が十分具体的に限定される限り適法とされてきた。かくして、EU における実施の外部委託は、条件付で EU 法解釈上許容されるようになり、エージェンシー化推進の伏線が張られた。

第 3 節　サンテール委員会総辞職以降の行政改革における外部委託とその諸問題

前節での検討の通り、実施の外部委託という現象は、NPM 改革の一要素として複数の国家に共通して唱導され推進されてきた。この手の現象は EU においてエージェンシー化という形で生じることとなり、1990 年代後半以降の欧州ガバナンス改革においてこれが進展してきた。他方で、EU エージェンシーを通した政策実施は、総括的な行政改革の機運を待たず出現しており、その背景に存する EU 特有の文脈もこれを後押ししてきた。しかし、かくして拡大してきた EU エージェンシーを通した政策実施を含む行政活動にも、のちに新たな批判が展開されることとなった。本節では、EU エージェンシーが推奨及び批判されることとなった背景について整理し、リスボン条約前後までのエージェンシーに対する評価を明らかにする。

(1) EU における NPM 改革とその進展

EU エージェンシーの初例は、1975 年に設立された欧州職業訓練開発センター（Cedefop）と、欧州生活・労働条件安全基金（EUROFUND）であるが[326]、EU はその後 1980 年代と 2000 年代に、エージェンシー化の大きな波を経験している[327]。特に 2000 年代のエージェンシー化の急進は、EU 行

---

(326) 福田耕治（2006）前掲論文、12 頁。

(327) Egeberg, A., Martens, M. and Trondal, J. (2012) "Building Executive Power at the European level: On the role of European Union Agencies", in Busuioc, M., Groenleer, M. and Trondal, J. (eds.) *The agency phenomenon in the European Union: Emer-*

第3節　サンテール委員会総辞職以降の行政改革における外部委託とその諸問題　　147

政全体を対象として進められてきた議論と不可分の関係にある。

　EU の行政構造を巡っては、欧州統合の各段階において、欧州議会や加盟国政府、独立した専門家（研究者を含む）からその改革の必要性について指摘されてきた。しかし、抜本的な改革の必要性が共有されて改革が進行したのは、第四章で触れたサンテール委員会の汚職を契機とする 1990 年代後半以降であった。

　NPM 色の強い改革は、サンテール委員会に入閣した北欧加盟国（スウェーデン・フィンランド）の委員の影響力もあり、事前の課題認識に基礎を置きつつ同委員会総辞職以前に既に開始されていた。その中で、総辞職後に発足したプロディ委員会でキノック（Neil Kinnock）が行政改革担当副委員長として委員職に事実上留任したことから、EU における NPM 改革は、不正の根絶や責任構造の明確化といった観点からも迅速且つ大規模に進められた。実際に 2003 年には、欧州委員会による中間評価が公表されているが、98 個の改革項目のうち 87 個が既に達成されていると評価される[328]等、徹底した行政改革が断行された。

　この改革の中で、エージェンシー化は、従来コミトロジーによって行われてきた政策実施を効率化、適正化させることを目的に推進されてきた。コミトロジーは従前、透明性の不足や適切な民主的統制の不完備等、従前より複数の課題が指摘され批判されてきた。またこれらの問題は 1999 年代以降の法整備で解決が試みられながらも、リスボン条約発効後まで尾を引いたことは前章で詳述した通りである。以上の背景から、実質行政立法であったコミトロジーが、エージェンシー方式に置き換えられていく現象が発生することとなった。

　EU エージェンシーは、その運営的機能に対する責を負う長官が行政管理部の監督下で機能することで、EU 諸機関や加盟国のコントロールできる範囲内で活動し、必要に応じて司法審査の対象ともなる。加えて、エージェン

---

gence, institutionalization and everyday decision-making, Manchester University Press, p.26. figure 2.1

(328) European Commission (2003a) "Communication from the Commission: Progress Review of Reform", COM (2003) 40 final/2.

148　第六章　EU エージェンシーの設立に見る選択的行政改革

シーが政策過程に関与する場合でも、上程された答申が最終決定に与える影響は欧州委員会によって厳密に決められており、その決定が本質的な変更を伴うと見做された場合は、その措置素案は立法府である欧州議会と理事会にも諮られることになる。エージェンシーの活動に係る評価に際しては、業績を基準とする事後的なものにすることで、十分な統制が確保されており、その活動は事前と事後の十分な統制に服している[329]。このように EU エージェンシーは、その長が代理人として本人たる欧州委員会の統制下にあることで、その活動の有効性や合規性が確保されていることに加え、情報公開も強化されていることから意思決定過程の透明性も高い。

　以上の点からエージェンシー化は、NPM 改革によって予期された通り、行政の合理性や効率性を増進するとの評価を得た。加えて、エージェンシーは行政機能の中でも特に実施措置を巡る二次的な決定に関与する場合もあることから、政策決定過程の独立性、中立性、透明性を強化する側面もあった[330]。更に、初期のエージェンシーの多くは主として市場規制機能を担っていたが、その派生的な効果として特定政策領域における加盟国の EU 法遵守を増進させる側面を指摘する研究もある[331]。このようにして EU エージェンシーはその望ましさが一定程度認められる状況にあった。

(2)　エージェンシー化に対する新たな問題提起

　前項の通り、従前多用されてきたコミトロジーが抱えていた課題の解決や、基本条約の改正による欧州委員会の所掌領域の漸増への対応を目的として、EU エージェンシーの数は飛躍的に増加した。しかし、汚職の抑止根絶というフレーミングが徐々に褪色してきた 2000 年代後半以降になると、エージェンシー化の意義に対して懐疑的な見方も出現することとなった。ま

---

(329)　Yataganas, *op. cit.*, pp.48-58.

(330)　福田耕治（2011）「リスボン条約に至る機構改革と民主的正統性」『日本 EU 学会年報』第 31 号、55 頁。

(331)　Versluis, E.（2012）"Catalysts of compliance? The role of European Agencies in the implementation of EU legislation in Poland and Bulgaria", in Busuioc, M., Groenleer, M. and Trondal, J.（eds.）*The agency phenomenon in the European Union*, Manchester University Press, pp.185-187.

第3節　サンテール委員会総辞職以降の行政改革における外部委託とその諸問題　149

た、そのような新たな問題提起は、エージェンシー方式が定着し運用される中で顕在化してきた事実や、段階的に改良されてきたコミトロジーとの比較の視点から投げかけられることとなった。

　EUエージェンシーには、主として統制の観点から批判が呈される。例えば、運営資源の確保を自己完結的に行う一部のエージェンシーが高い自律性を獲得し、欧州委員会の予算統制が効きにくい状態になることで、結果的にエージェンシーの長官の裁量が拡大し、意図され授権された機能とは独立して自らその目的を決定しているという危惧が示されている。これに加え、エージェンシーの活動に関する不能力や非効率が確認された場合でも、担う機能の大きさゆえに監督総局による制裁の発動が躊躇されているとも指摘されている(332)。前者については、効率性の向上を狙うNPM改革の志向に寧ろ則すものであり、業績志向型評価によって事後的に統制されることを前提とすれば即座に問題となるものではないが、後者はその現実的側面を反映したものであり、アカウンタビリティの欠陥が既に現実化していることになる。更に、エージェンシー方式の導入を含むEUの立憲化が政策過程における加盟国議会の周辺化を引き起こしたという指摘等(333)、議会統制の観点から間接的な批判も提起されている。このように、EUエージェンシーはあくまで行政システムの一部であることを強弁するとしても、その行政管理上の統制だけでなく民主的統制の観点からの批判をも免れない。

　更には、改革当初想定されたエージェンシーにEU法上許容される範囲内で裁量権を与え、一定程度自律的に機能させるという狙いが達成されていないという評価もある。例えば、欧州委員会は行政管理上の統制の観点から、自らが服する規則をエージェンシーに対しても全面的に適用することで、エージェンシーの必要な自律性を損ない、政策出力に負の影響を与えている

---

(332) Busuioc, M. and Groenleer, M. (2012) "Wielders of supranational power? The Administrative behavior of the heads of European Union agencies", in Busuioc, M., Groenleer, M. and Trondal, J. (eds.) *The agency phenomenon in the European Union*, Manchester University Press, pp.144-146.

(333) Cygan, A. (2013) *Accountability, Parliamentarism and Transparency in the EU: The Role of National Parliaments*, Edward Elgar, pp.39-42.

と指摘される[334]。またこの点に関連して、エージェンシーが十分な統制に服することの重要性は認められるが、その統制が一部過剰であるという指摘もある[335]。特に後者の指摘からは、コミトロジーを巡って2005年から2019年にかけて議論されてきたRPS問題と類似した構造を孕んでいることが見て取れる[336]。

加えて着眼されるべきは、改革の必要が指摘されていたコミトロジーがその後改善してきたという事実である。コミトロジーは、EUの諸政策を支える実施規則の策定において、加盟国と共同体を繋ぐ重要な手続として機能する不可欠な制度であったが、手続の不透明性や不適切な統制、決定手続の複雑さや非効率性等の問題が指摘されており、このような負の評価がエージェンシー化を推進する根拠の一部として機能してきた。しかしコミトロジーは前章で詳説した通り、リスボン条約発効前後から2019年にかけての諸改革によって、従前の課題が段階的に解消され、その透明性やアカウンタビリティが強化されてきた。

このように、長く批判に晒されてきたコミトロジーが制度改革によって従来指摘されていた問題を克服し、EUにおける標準的な政策実施形態として継続的に利用されている[337]ことは、適切なEU行政を構築し維持する点において歓迎されるべき変化であるが、この変化によりエージェンシー化はコミトロジーと比較した際の顕著な優位性が認められなくなり、その大きな根拠を喪失することとなった。その結果、「エージェンシー制度は不可避のものでも大いに革新的なものでもなかった」[338]とまで評されることとなった。

---

(334) Schout and Pereyra, *op. cit.*, pp.430-431.

(335) Busuioc, E. M. (2013) *European Agencies: Law and Practices of Accountability*, Oxford University Press, pp.278-282.

(336) 統制が不足しているのではなく、適切な機関が統制に加担していないというアカウンタビリティの不整合の問題である。第五章参照。

(337) Brandsma and Blom-Hansen (2017) *op. cit.*, p.40, Figure 3.1

(338) Schout, *op. cit.*, p.81.

第4節　リスボン条約以降の新設エージェンシーを巡る欧州委員会の見解

　以上のように、EU におけるエージェンシー化は、NPM 色の強い欧州ガバナンス改革において、従前批判されてきたコミトロジーから脱却し EU 行政の効率性や中立性を高めることを目的としたものであったが、リスボン条約以降のコミトロジーが一連の改革で改善された結果、エージェンシー化はその根拠の重要な一端を失うこととなった。しかし、リスボン条約以降の欧州委員会はエージェンシー方式を EU における主たる政策実施形態として維持している。本節では、リスボン条約以降のエージェンシー化の状況について確認をしつつ、近年のエージェンシーを巡る欧州委員会の見解を分析し、同条約以降のエージェンシー化が依拠する根拠について考察する。

(1) リスボン条約以降のエージェンシー化

　2024 年現在、EU では 47 のエージェンシーが活動中である。内訳は、分権的エージェンシー（Decentralised Agency）が 35、執行エージェンシーが 6、共通外交安全保障政策に関するエージェンシーが 3、欧州原子力共同体のエージェンシーが 2、その他のエージェンシーが 1 となっている[339]。リスボン条約発効以降は、表4 に掲出する 11 のエージェンシーが設立されている。このうち、従来コミトロジーを通じて行われていた業務を直接引き継いだのは、金融監督システムに含まれる欧州銀行監督局（EBA）、欧州証券監督局（ESMA）、欧州保険企業年金監督局（EIOPA）の 3 つである。この他に、域内市場に関わる規制ないし調整機能を担うものが 3 つ、リスボン条約以前に第三の柱とされていた司法内務協力（現警察刑事司法協力）分野のエージェンシーが 2 つ、執行エージェンシーが 1 つ新設されている。このた

---

(339) European Union "Search all EU institutions and bodies", URL: https://european-union.europa.eu/institutions-law-budget/institutions-and-bodies/institutions-and-bodies-profiles_en（2024 年 6 月 29 日最終閲覧）なお、エージェンシーの総数については、EU 諸機関によってもカウントに揺れがあり、先行研究が示すエージェンシー総数の推移も無視できない大きさの誤差があるが、本章では上掲のリンクを参考にカウントした。

152　　第六章　EUエージェンシーの設立に見る選択的行政改革

表4：リスボン条約以降の新設エージェンシー一覧

設立年	名称	備考
2010	欧州電子コミュニケーション規制局（BEREK）	
2010	欧州エネルギー規制協力機構（ACER）	
2010	欧州ジェンダー平等研究所（EIGE）	
2011	欧州銀行監督局（EBA）	金融監督システム
2011	欧州保険企業年金監督局（EIOPA）	金融監督システム
2011	欧州証券監督局（ESMA）	金融監督システム
2012	自由安全司法領域の大規模ITシステム運営管理機関（eu-LISA）	旧第三の柱
2015	単一破綻処理委員会（SRB）	
2019	欧州労働局（ELA）	
2019	欧州検察局（EPPO）	旧第三の柱
2021	欧州健康デジタル執行機関（HaDEA）	執行エージェンシー

European Union "Institutions and bodies profiles"（URL: https://european-union.europa.
eu/institutions-law-budget/institutions-and-bodies/institutions-and-bodies-profiles_en、
2024年6月29日参照）より筆者作成。なお名称変更等によって事実上既存のエージェン
シーを改組したものについては表から除外している。

め、エージェンシーの総数の変化を見ると、リスボン条約発効時点から現在
に至るまで、2000年代初頭に匹敵する増加は見受けられないが、リスボン
条約以降も、エージェンシー化そのものは進行しており、実施形態としての
エージェンシー方式は維持されていると判断することができる。

　しかし、エージェンシー化は決して不可逆の現象ではない。既存のエー
ジェンシーを廃止することも手続上可能であり、現在までにその例もある。
この事情に鑑みると、現行のエージェンシー方式に根本的な制度的欠陥が認
められれば、従前の改革の方針を転換する可能性もあり、それでもなお欧州
委員会がエージェンシー方式を主要な実施形態として維持する背景には、前
節の懸念を帳消しにできるだけの根拠があるものと推察される。

　リスボン条約以降に特徴的な変化を辿ったエージェンシーとして、消費者
健康農業食料執行機関（CHAFEA: Consumer, Health, Agriculture and Food

第4節　リスボン条約以降の新設エージェンシーを巡る欧州委員会の見解　153

Executive Agency）がある。CHAFEA は 2003 年に始まる EU 健康計画のマ
ネジメントを行う公衆衛生執行機関（PHEA: Executive Agency for the Public
Health Programme）として 2005 年に設置された[340]。その後所掌領域が消費
者政策にまで拡大し、2008 年に健康消費者執行機関（EAHC: Executive
Agency for Health and Consumers）へと改称された[341]。更に 2014 年には、
農産品の消費促進の業務も負うこととなり、最終的な名称を CHAFEA とす
ることとなった。しかし CHAFEA は 2021 年 3 月末を以て解体され、従来
担当していた各種の業務は、複数の執行エージェンシーに継承され、一部は
保健衛生・食の安全総局へと回収される形となった。この変化により 6 つの
執行エージェンシーが設立されたが、このうち前身組織を持たない機関は欧
州健康デジタル執行機関（HaDEA: European Health and Digital Executive
Agency）のみであった。この点において、CHAFEA の解体によるエージェ
ンシーの数的変化は 0 であるが、ここでは、エージェンシーを解体するとい
う判断と、直接の後継でないエージェンシーを新設するという判断が生じて
いたことになる。次項では、CHAFEA の解体と HaDEA の新設を事例とし
て、リスボン条約以降のエージェンシー化の根拠を詳細に確認する。

(2) エージェンシー設立・解体の根拠

　CHAFEA 解体となったタイミングは、EU において 7 年単位で設定され
る多年度財政枠組が 2021 年に始まる現行のもの（MFF2021-2027）に切り替
わり、CHAFEA を主として機能させてきた多年度健康計画が、「健康のた
めの EU プログラム（EU4Health Programme）」へと名称変更される時期に
重なっていたが、プログラムの目的はほぼ同一のまま継承されていた。この
変化が CHAFEA を含む一連の変化に政治的機会を提供したことは否定でき

---

(340) OJ (2004) L369, Commission Decision of 15 December 2004 setting up an execu-
　　tive agency, the 'Executive Agency for the Public Health Programme', for the man-
　　agement of Community action in the field of public health—pursuant to Council Regu-
　　lation (EC) No 58/2003 (2004/858/EC).

(341) OJ (2008) L173, Commission Decision of 20 June 2008 amending Decision
　　2004/858/EC in order to transform the 'Executive Agency for the Public Health Pro-
　　gramme' into the 'Executive Agency for Health and Consumers' (2008/544/EC).

154　第六章　EUエージェンシーの設立に見る選択的行政改革

ないが、欧州委員会は行政制度の改革において客観的な説明を与えてきており、以下に概観する通り、CHAFEAについてもその廃止の理由が明確にされていた。

　CHAFEAは他の5つの執行エージェンシーと並んで、欧州委員会による多年度プログラムの運営を担っていた。具体的には解体直前の時点で、消費者計画、健康計画、農産物消費促進計画、食の安全向上のための訓練の改善の4領域におけるプログラムを管轄していた[342]。CHAFEAは前身組織を含めて定期的に中間及び期末評価に服し、その全体的機能については概ね肯定的に評価されてきたが、2020年に行われた期末評価では、CHAFEAとその監督総局との間の業務按分と財政上の効率性の2点について問題が指摘された。前者については、政策上の本質的な判断に関連する業務を監督総局が、実施を主眼とする業務をエージェンシーが担当することがCHAFEAとこれを管理する運営委員会の間の覚書で確認されていたものの、それぞれの定義が明確に示されていないがために、業務とこれに付随する責任の按分が不明瞭であるとされた。これに関連して、CHAFEAの本部が欧州委員会の各監督総局（ブリュッセル）から離れたルクセンブルクにあることも、両者の緊密な連携を阻害しかねない要因として指摘された。また、後者については、CHAFEAの機能全体に要する予算が増加した結果、実施の外部委託によって削減できた財政的負担が、委託しなかった場合の推定値の僅か1.8%分しかないことが指摘された[343]。この数値は、同時期の他の執行エージェ

---

(342) European Commission "Consumers, Health, Agriculture and Food Executive Agency", URL: https://wayback.archive-it.org/org-1495/20210325154346/https://ec.europa.eu/chafea/about/mission_en.htm（2024年6月29日最終閲覧）

(343) European Commission (2020e) "Commission Staff Working Document: Evaluation of the Consumers, Health, Agriculture and Food Executive Agency (CHAFEA)-Accompanying the document: Report from the Commission to the European Parliament, the Council and the Court of Auditors Evaluation of the Consumers, Health, Agriculture and Food Executive Agency, the Executive Agency for Small and Medium-Size Enterprises, the Innovation and Networks Executive Agency, the Education, Audiovisual and Culture Executive Agency, the Research Executive Agency and the European Research Council Executive Agency", SWD (2020) 75 final, pp.8-22.

第4節　リスボン条約以降の新設エージェンシーを巡る欧州委員会の見解　155

ンシーと比較して極端に小さいだけでなく、唯一予測値を成果が下回る結果
となった点でも問題視された。更には、CHAFEA が複数のプログラムに
跨って機能することで、監督総局の数が増えるという事態に直面したことも
指摘された[344]。

　以上の結果を踏まえると、CHAFEA の執行エージェンシーとしての機能
に看過できない問題があることは認められるが、これを解体し、連続性のな
いエージェンシーを新設することが唯一の選択肢であったわけではない。所
掌領域が拡大することや、エージェンシー運営予算が増大すること、エー
ジェンシー間またはエージェンシーと総局の業務分担に重複や曖昧さが残存
していることは、他の執行エージェンシーについても指摘されており[345]、
2020 年に突如として出現した問題でもない。そのため、従前の改革と同様
に、執行エージェンシー間の業務分担を法人の連続性を維持したまま調整す
ることや監督官庁が当該業務を回収することも、有効な解決策となりえたは
ずであり、別のエージェンシーを新設するという判断を上述の理由のみによ
り導くことは困難である。

　しかし、結果的に欧州委員会は、CHAFEA を解体し HaDEA を新設する
ことを決定した。この決定を導出する際の考慮は以下のようなものであっ
た。

　まず前提として、執行エージェンシーに対する実施の外部委託は、委託業

---

(344) European Commission (2020d) "Report from the Commission to the European
　Parliament, the Council and the Court of Auditors: Evaluation of the Consumers,
　Health, Agriculture and Food Executive Agency, the Executive Agency for Small and
　Medium-Size Enterprises, the Innovation and Networks Executive Agency, the Edu-
　cation, Audiovisual and Culture Executive Agency, the Research Executive Agency
　and the European Research Council Executive Agency", COM (2020) 184 final, pp.12,
　14-15.
(345) エージェンシーの活動予算については、イノベーションネットワーク執行機関
　（INEA）と中小企業執行機関（EASME）で、2013 年の設立からの 3 年間で軒並み 2 倍
　以上にまで増加していた。また両エージェンシーの監督総局の数も、2013 年を境にそ
　れぞれ 3 つずつ増え、総局とエージェンシーの相互関係が複雑になっていた。この点に
　おいて両エージェンシーは一部の業績評価項目を満たしておらず、改善の余地が指摘さ
　れていた。(*Ibid.*)

務に関して監督総局がその責任や監視を放棄することなく、総局の核心的業務（いわゆる本省業務）に集中できるようにすることを目的とするものである。それゆえ、エージェンシーへの委託の対象は、大きな裁量権を伴わないプログラム実施業務である。しかし、エージェンシーには全くの業務処理だけではなく、一貫したテーマに関する業務を複数所掌することによって運用に係る財政的負担を軽減するとともに、類似したプログラム間の相乗効果を引き出し、共同体にとって核心的な長期目標を可視化することも期待されている。この期待に見合う活動を実現するには、各エージェンシーに関連性の高い政策領域に対応した所掌領域を付与し、一貫したアイデンティティを付与する必要があることから、CHAFEAの所掌領域を見直す必要が生じた。この文脈において、従来CHAFEAが所掌してきた健康分野のプログラムと、新たに高い優先順位を獲得したデジタル化プログラムに対する統合的なアプローチを実現する目的から、両領域を管轄する新組織の必要性が指摘された。更に、多年度プログラムの最も有効な実施を確保するという観点からブリュッセルを拠点とするエージェンシーの優位性が指摘されたことで、ルクセンブルクに本部を構えていたCHAFEAはやや不利な状態であった[346]。これらの複合的な事情により、CHAFEAは本部の移転や組織の改称といった限定的な措置では対応できない瑕疵を抱えていると判断され、同機関の廃止とHaDEAの新設が決定された。

　以上の欧州委員会の見解からは、以下の2点を確認することができる。まず、単一のエージェンシーが複数のプログラムに関与していることや、一つのプログラムに複数のエージェンシーが関与していること自体が問題視されたのではなく、エージェンシーの所掌領域が同一性の低い複数の政策領域に

---

(346) OJ (2021) L50, Commission Implementing Decision (EU) 2021/173 of 12 February 2021 establishing the European Climate, Infrastructure and Environment Executive Agency, the European Health and Digital Executive Agency, the European Research Executive Agency, the European Innovation Council and SMEs Executive Agency, the European Research Council Executive Agency, and the European Education and Culture Executive Agency and repealing Implementing Decisions 2013/801/EU, 2013/771/EU, 2013/778/EU, 2013/779/EU, 2013/776/EU and 2013/770/EU, pp.9-12.

第4節　リスボン条約以降の新設エージェンシーを巡る欧州委員会の見解　157

跨っていることが問題視されたことである。エージェンシーと監督総局が1対1で対応しない状況は、機関間の関係を複雑にする点で危惧される問題であったことは否めない。しかし、このような構造は欧州委員会の各総局の下部の組織だけに発生している状況ではない。総局の数は欧州委員の人数よりも多く、このことは複数の総局が関与する政策領域を担当する欧州委員が存在することを意味している。行政組織のレベルを問わず、このように特定の職位の者や部局を複数のプログラムに関与させ、政策全体の一貫性と個別政策間の相乗効果による有効性の向上を図ることは、特殊な試みではない。この点に鑑みると、同様の狙いを持つエージェンシー化の背景には、政策領域間の調整に資する技術性の高い業務の存在を指摘することができよう。もう一つは、エージェンシーの運用だけではなく、欧州委員会を中心とするEU行政全体の効率性が強調されていることである。CHAFEAの廃止とHaDEAの新設の直接の判断材料となった2020年の最終評価は、各エージェンシーを単位としたものであった。しかし、2021年の委員会実施決定では、エージェンシーを通した実効的且つ効率的な実施の必要性だけではなく、監督総局がその本省業務に集中できるようにする必要も指摘された[347]。この点からは、欧州委員会が従来推進してきた行政改革に一定の批判がある中でも、行政管理を効率化することで行政府による本質的な政策実施に要する資源を確保させようとするNPM的行政改革[348]の根幹を現在でも維持していることを指摘することができる。

　上の分析は、政策間の相乗効果と効率性以外の要素がエージェンシー化の根拠として機能していることを否定するものではない。分析の対象とした2021年の執行エージェンシーを巡る改革の中では、「欧州委員会内のガバナンスに関する通達」[349]について確認されており、その中では、EU行政、特に欧州委員会の行政機能が、十分なアカウンタビリティや透明性、倫理、公開性を備えておかなければならないことが示されている。これらの価値は

---

(347) *Ibid.*

(348) Schön-Quinlivan, *op. cit.*, pp.1-5.

(349) European Commission (2020k) "The Communication to the Commission on the Governance in the European Commission", C (2020) 4240 final.

エージェンシー化を推進する際に特に強く働いている要素であるとは、少なくとも以上の分析からは認められないが、あくまで EU 行政そのものの存在を正当化する根拠として、欧州委員会による政策実施の在り方を検討し決定する際に広く等しく考慮されていると言える。

第5節　小　括

　本章は、エージェンシー方式を事例として、実施権限及び業務の実質的な外部委託を巡る制度改革の根拠について考察するものであった。EU におけるエージェンシー化は、コミトロジーの代替として、プロディ委員会以降に本格化する欧州ガバナンス改革において推進されてきたが、エージェンシー方式にも、政治行政の両面に関わる統制の観点からその瑕疵が指摘され、コミトロジー改革とも相俟ってその根拠は薄れていくこととなった。しかし欧州委員会は、リスボン条約以降もなお、そのペースを落としながらもエージェンシー方式の利用を継続しており、その背景には、従前指摘されていた問題を踏まえてもなお従来の改革指針を維持すべき複数の根拠として、EU 行政全体の効率性や、類似した政策領域間の相乗効果による有効性といった要素が存在した。この点について欧州委員会は、一連の改革において NPM 的なアイディアを依然堅持している。

　また、エージェンシー化を推進する際の前提となる必要条件についても本事例で確認することができた。エージェンシー化の如何に関わらず、欧州委員会を中心とする EU 行政は、アカウンタビリティ、透明性、専門性、実施の画一性といった要素を備えておくことが求められる。これらの要素は、一連の行政改革の初期に提示された欧州ガバナンス白書に掲出される要件[350]や、本研究が想定する過程志向的な正統性の充足用件にも一部符合している。かくして欧州委員会は、従前の行政改革のアイディアを選択的に活用し、市民の EU に対する信頼を確保しながら、法的資源管理の様態を変化させている。

---

(350) European Commission (2011b) *op. cit.*, p.10.

第5節　小　括　　159

　但し、本章の分析が析出させた要素が、現在なお継続するエージェンシー化の十分条件ではないという留保を付す必要もある。各エージェンシーが出現した経緯は、該当する政策領域毎に背景事情の点で差が大きく、領域特有の争点の影響について排除することは難しい。このことは、EU 行政を構成する手続や機構の成立に大きな偶然性が介在するという当事者の証言[351]に符合するところでもあるが、本章が検討した EU エージェンシーが最低限度行政構造上相互に類似していることに鑑みれば、上に示す結論には一定の確からしさが認められよう。

――――――――――――――――――

(351) 福田耕治名誉教授（早稲田大学）より、Pierre Champenois 氏（2006 年 3 月時点でベルギー OSCE 議長特使）の証言として筆者に私信をいただいた。

第七章

共通の脅威で強化される行政情報の管理

第1節　問題の所在

　本章及び次章では、EU における情報資源管理を構成する行政制度について検討する。行政に関わる情報には、行政府がその活動において必要となるために収集・創出するものと、行政活動の過程ないし結果が記録され蓄積されることで発生するものの2つに大別することができる。両章では双方の側面に配慮し、序章で示した研究の射程と整合させつつ、主として管理に先行して調達の対象となる情報を中心に、その管理に関わる制度設計を分析する。併せて、加盟国や他の国際機構と比較した際に顕著に看取される EU における情報管理の特徴を析出させるために、機関内部で創出される情報の管理についても簡潔に検討してみたい。

　EU が共同体レベルで調達する情報は、次節で詳述する通り更に細かく分類することが可能である。この分類の作業は、EU 行政管理の総体の把握という本研究全体の目的に照らすと大きな重要性を持つ。また、それぞれ分類される情報は欧州統合の初期から公式化された規則の下に、特定の部局が直接管理に関与していたものがある一方で、EU の行政構造の変化とは全く別の文脈において生じた世界における一様な科学技術の発展を受けて、欧州統合初期の制度設計の時期において存在しなかったリスクの考慮が情報管理一般において求められたことで、近年新設され活用されるようになった手続や機構が存在することにも留意する必要がある。これらの状況を踏まえ、本章では両側面を捕捉することを目的として、欧州統計局（Eurostat: European Statistical Office）と EU 情報安全庁（ENISA: European Network and Information Security Agency、現 European Union Agency for Cybersecurity）について中心的に分析することとする。

　結論を一部先出しすると、欧州委員会は、第四章で検討した財政管理の事

162 第七章 共通の脅威で強化される行政情報の管理

後統制システムの課題であった、多様なアクターが関与しているがシステムとして一体ではない、という問題を情報管理を巡る制度に関しても抱えているが、これを殊更に問題視しているわけではなく、あくまで個別の事案に鑑みて必要が生じた場合にのみ、EU の名を冠した統合的な制度構築を模索している。特にそのような（決して主流ではない）取り組みの一つが、ENISA の設立・改組による機能強化であった。本章は、EU 行政における情報の調達・管理、及びその情報とその原初的な保有・創出主体の保護を担う諸制度の機能と変遷について詳解する。また後半では ENISA に焦点を当てて、リスボン条約後の欧州委員会による域内情報管理に対するアプローチを分析する。

第2節　EU が調達する情報の分類と欧州委員会の基本的な立場

　行政府の機能において各種の情報は、政策の立案や執行、評価に際した判断において必要であることはもとより、組織内部の作業を含む日常的業務においても不可欠である。とりわけ国際機構の行政組織においては、構成国の領域に対して広く規制的性格を持つ決定、及びこれに必要となる各種の調整を行う必要から、前者に関わる情報の調達制度は早期から発達してきた。しかし、情報資源は政策段階の一部としてその調達の側面のみが検討されることが多かった。後節で述べる通りその傾向には一定の必然性があるが、本研究はその問題設定に照らして、情報資源の調達と管理の双方に関わる制度を対象とし、その構築の経緯と根拠を明らかにする。

　その足掛かりとして本節では、国際行政における情報資源の一般的な分類について概観し、EU においてこれに対応する行政情報を示す。その上で、他の国際機構と共通の特徴を有する情報資源管理制度について、その管理に関わる部局や組織の沿革と機能について整理する。

(1) 国際行政の情報資源とその分類

　行政府が管理の対象とする情報は、冒頭で示した通り、行政活動上の判断

や特定の政策実施において必要となる、または政策の直接的な対象となるがゆえに調達されるものと、行政活動の結果として蓄積されるものの2種類に分かれる。

　既存の国際行政研究の多くは、行政資源としての情報を、主として前者に該当する、政策決定や政策実施に必要な専門知として捉えてきた。例えば城山（2013）は、国際行政機構の扱う情報を、安全保障上の情報、経済社会に関する情報、科学的情報、の3種に大別し、以下のように説明する。情報資源は構成国を中心とする諸アクターへの信頼醸成、政策決定の支援、政策実施の支援をその目的にもつ。多様な形態で収集された情報資源は、国際公共政策のアジェンダセッティングに寄与する一方で、必要量の調達が難しい希少性、関与する機関によって異なる解釈が付与される認知主体依存性、収集された情報が時間の経過により正確さが目減りする不確実性といった特徴を有している[352]。また、ニルとバウアー（Knill and Bauer 2017）は、国際行政による情報資源管理の特徴と意思決定への影響について、国際官僚制が結節性（Nodality）、即ち組織的境界の内外で情報資源を利用し分配する機能を有すると論じる。ここで想定される情報資源は、政策形成及び実施のための実質的ないし手続的な専門知であり、他機関との間で提供及び収集が行われる。つまり国際行政機構は結節性を増大させることで、政策形成のための実質的専門知の利用を拡大し、政策への影響を拡大させることが可能になる[353]。

　但し、他章でも言及した通り、EUは一般的な国際機構と異なり所掌する政策領域が広く、その政策も規制的性格にとどまらない。このことを踏まえると、国内行政研究が捕捉するようなより広い意味での情報資源を想定する必要がある。例えば曽我（2013）は、公共政策によって政府部門が調達し、民間部門への公共サービスの提供に際して利用される資源の一つとして情報

---

(352) 城山、前掲書、158-180頁。

(353) Knill, C. and Bauer, M. W. (2017) "Policy-making by international public administrations: concepts, causes and consequences", in Knill, C. and Bauer, M. W. (eds.) *Governance by International Public Administrations: Bureaucratic Influence and Global Public Policies*, Routledge, pp.4-5.

164　第七章　共通の脅威で強化される行政情報の管理

を位置付ける。ここで政府部門による調達の対象となる情報は、市民の個人情報、経済社会活動に関する情報、研究や調査等で収集される対外的または技術的情報を含みうる[354]。無論、国際行政を対象とする研究が、行政資源としての情報を広く捉える試みを完全に欠いてきたわけではない。福田と坂根（2020）は国際行政資源を調達、管理、執行の対象として捉え、シェンゲン情報システムや一般データ保護規則（GDPR: General Data Protection Regulation）を検討の対象としている[355]。このことから示唆される通り、とりわけ EU においては、行政活動上の判断に資する情報や明確に政策の対象と位置付けられる情報に、個人を特定する性質のある情報とそうでない情報の双方が含まれており、両者の管理に関わる過程及び機構は必要に応じて区別して議論される必要がある。

　後者、すなわち行政活動の過程や結果に関わる情報については、EU に限らずあらゆる国際機構の活動において共通して生じる。同種の情報は、主として行政組織外部の需要によって必要に応じて公開の対象となる公文書の形式をとるものであり、行政活動において死活的なものでない場合が多い。しかし特に EU においては、欧州委員会内の検討・決定過程が法案の概形を決定付けることに加え、域内に広く法的拘束力を発揮するものでないとしても（第五章及び第六章で検討したように）機関間の所掌領域按分や個別具体的な論点に関する認識の摺合に関わる情報として、EU 諸機関がその機能上根拠としても活用する点において重要度の高いものである。そのような情報は、諸機関の活動によって EU の行政府内部で不可避的に生じるため、欧州委員会が意図して調達を要するものではないものの、同種の情報の管理は欧州委員会内の特定の部署が所掌しており、行政管理の対象としての性格を十分に帯びている。

　上掲の様々な情報の管理に関わる制度を可能な限り包括的に捉えるため、本章では機関内部で発生する情報に関わる公文書管理、個人を特定しないマクロな情報の調達に関わる統計行政、個人を特定しうる情報を含む行政情報

---

(354)　曽我、前掲書、318-320 頁。

(355)　福田／坂根、前掲書、90 頁、99-103 頁。

第2節　EUが調達する情報の分類と欧州委員会の基本的な立場　　165

一般の保護の様態を分析の対象とする。この分類に基づき、まず次項では、他の国際機構と共通の特徴を有する情報資源管理制度として、EUにおける公文書管理について検討する。

(2) 欧州委員会事務総局による公文書管理

　管轄する地理的範囲を問わず、行政（官僚制）はその記録を原則として文書に残す。これは、一般的な利益を希求する無人格な組織が、これを担う個人に依存することなく中立的に機能し、その結果を追跡可能にすることで事後評価を経た業務の改善に寄与するのみならず、市民自らが服する統治構造について理解し必要に応じて異議を申し立てられる、知る権利の一部を構成している。この点において、公文書の公開は民主的な政体における基礎的条件を構成している。EUにおける市民の概念は、1993年発効のマーストリヒト条約で初めて基本条約中に明記され、その権利が法的根拠を得るのは次章で詳述する基本権憲章の採択を待つこととなったが、情報公開、とりわけ公文書の公開は同条約以前から一定の規模で行われている[356]。

　現在のEUにおける公文書公開、正確にはEU諸機関が発行する公文書へのアクセスの確保は、2001年の規則（Regulation（EC）1049/2001）に基づいて行われている[357]。同規則は施行後2024年現在までに改正は行われていない。同規則は、情報公開請求処理の具体的な期限や、公開対象となる文書の要件等に関する具体的な規定を含むものであるが、その採択が基本権憲章の採択を直接的に受けたものであった[358]ことから、EU主要機関の公文書管

---

(356) 他の国際機構や国家の中央・地方政府と同様に、共同体諸機関は設立当初から月例活動報告や官報等の文書の公開を行っていたが、その範囲及び規模は欧州オンブズマンを中心とする新設組織の働きによって拡大されてきた（安江則子（2007）『欧州公共圏—EUデモクラシーの制度デザイン』慶応義塾大学出版会、171-186頁）。なお、本文次段の例外についてもその出現経緯について同書が詳細に明らかにしている（上掲書、186-188頁）。

(357) OJ（2001）L145, Regulation（EC）No 1049/2001 of the European Parliament and of the Council of 30 May 2001 regarding public access to European Parliament, Council and Commission documents.

(358) 安江、前掲書、186-188頁。

理に関する中核的規範としての位置付けであり続けていると言えよう。但し、同規則に改正の機運が全くなかったわけではない。リスボン条約の署名後発効を待つ 2008 年 4 月、欧州委員会は同規則の改正を発議した。この改正提案は 2005 年 11 月に始まる欧州透明性イニシアティブと、2006 年 9 月に採択された国連オーフス条約の適用に関する規則（Regulation（EC）1367/2006）を受けたものであった[359]。そのため、情報公開の例外を追加する変更も一部企図されたが、全体としては公文書公開請求権の拡大や能動的公文書公開の強化、申請処理期限の延長による規則の合理化等、概ね公文書の公開を拡大する性格のある修正提案となった[360]。その後欧州委員会はリスボン条約発効を受けて再度改正提案を発し、公文書の公開対象となる機関を拡大する修正をより明瞭に提示した[361]。しかし、2011 年にかけて欧州議会の第一読会で審議された同改正法案に対し、理事会は公式に意見を表明することなく 2013 年に審議は事実上頓挫した[362]。そして、その後も審議が進展しなかった結果、修正が現代の状況にそぐわなくなったとして、欧州委員会は同提案を 2020 年に撤回した。かくして、公文書管理の規則及び手続は、リスボン条約前後で大きな変化なく存続している。

　公文書管理を担う部局について見ても、リスボン条約発効後も従来の公文書管理の在り方が凡そ踏襲されていると言える。他の国際機構と同様に、文

---

(359) OJ（2006）L264, Regulation（EC）No 1367/2006 of the European Parliament and of the Council of 6 September 2006 on the application of the provisions of the Aarhus Convention on Access to Information, Public Participation in Decision-making and Access to Justice in Environmental Matters to Community institutions and bodies.

(360) European Commission（2008）"Proposal for a Regulation of the European Parliament and of the Council regarding public access to European Parliament, Council and Commission documents", COM（2008）229 final, pp.2-9.

(361) European Commission（2011a）"Proposal for a Regulation of the European Parliament and of the Council amending Regulation（EC）No 1049/2001 regarding public access to European Parliament, Council and Commission documents", COM（2011）137 final, Annex, pp.2-3.

(362) European Parliament（2013a）"European Parliament resolution of 12 June 2013 on the deadlock on the revision of Regulation（EC）No 1049/2001（2013/2637（RSP））", P7_TA（2013）0271.

書を含む情報管理は、原則として事務総局（Secretariat General）で行われる。事務総局は Directorate の語を冠していないが、ECSC の最高機関の事務局を前身とし、委員会の総局の一つと位置付けられている。より詳細には、事務総局の中の総務部に公文書の管理と公開を所掌する部局がある[363]。加えて、事務総局とは別の部局として、1969 年に設置された EU 出版局（Publications Office）も公文書管理に加担している。出版局は公文書の公開に関わるウェブサイトの運営や欧州委員会図書館の運営責任を負っている。また、情報公開請求の対象となる資料が事務総局が管轄する文書データベースの収録範囲外にある場合、必要に応じて事務総局に代わって請求への回答を行う[364]。このように、一見欧州委員会内部で創出される情報を欧州委員会自身が管理するという点で、公文書管理に恣意的な考慮が介在しかねないように見える制度も、実際には公文書の管理と公開を担う部局が互いに一定程度独立し、委員会内の他の部局で創出された情報を十分に客体として管理しているのである。

第 3 節　欧州統計局による社会経済情報の調達と管理

　EU における行政活動の結果として創出される情報の管理は、前節で概観したように事務総局や出版局が中心的に担っており、情報公開の範囲については拡大傾向にあるものの、公文書管理制度はリスボン条約前後で凡そ一貫していた。本節及び次節では、行政府たる欧州委員会が組織外部から調達する、ないし必要に応じて参照（利用）する情報を対象とした行政管理制度について検討する。

　本節では、欧州委員会が行政活動上必要とする EU 域内外の社会経済的状

---

(363) European Commission "Secretariat General-Organization Chart 2023-07", URL: https://commission.europa.eu/system/files/2023-07/sg-organisational-chart-en.pdf（2023 年 9 月 1 日最終閲覧）

(364) なお、請求対象文書が発行から 30 年以上経過している場合は、出版局ないし欧州委員会図書館に代わってヒストリカルアーカイブが対応することもある。この事例は Commission des Communautés Européennes (1970) *op. cit.* の開示請求の際に確認した。

168 第七章 共通の脅威で強化される行政情報の管理

況に関わるマクロな情報に着眼し、Eurostat の機能について、リスボン条約前後の機能上の特徴を明らかにしながら、その変化がいかなる考慮の下に導出されたか分析する。

(1) Eurostat の形成と機能的発展

　Eurostat は EU の統計当局であり、域内社会に関する正確な統計情報を創出し公開することを主たる業務とする欧州委員会内の総局である。そのため、Eurostat の組織及び機能について、欧州委員会は独占的な裁量権を有している。委員会決定によると、Eurostat の具体的な任務は、欧州大の統計を作成するのに必要となる統計情報の収集と集積、統計の基準や方法等の改良及び促進、欧州統計システムの運営、統計情報の互換性向上のために行う他の国際機関や第三国との協力である[365]。ここでの統計とは、「対象集団における集合的事象を特徴付ける、集計された代表的な定量的及び定性的情報」と定義されている[366]。つまり、Eurostat が取り扱う情報は、個人を特定し得ない情報であると同時に、価値判断が伴わない情報でもある。欧州委員会に対する政策情報の提供という点では、第六章で検討した EU エージェンシーの一部も、特定の政策領域における専門的な情報の収集やこれに基づく政策上の答申を発する場合があるが、Eurostat は更に基礎的な情報を管轄する組織である。Eurostat は、欧州統計局という邦語が当てられるように、名称上委員会内の部局としての語感が強いが、実際には総局長を代表とする一総局組織である。実際に、Eurostat はその公式組織図において統計

---

(365) OJ (2012) L251, Commission Decision of 17 September 2012 on Eurostat (2012/504/EU), p.51, Article 6(1).

(366) OJ (2009) L87, Regulation (EC) No 223/2009 of the European Parliament and of the Council of 11 March 2009 on European statistics and repealing Regulation (EC, Euratom) No 1101/2008 of the European Parliament and of the Council on the transmission of data subject to statistical confidentiality to the Statistical Office of the European Communities, Council Regulation (EC) No 322/97 on Community Statistics, and Council Decision 89/382/EEC, Euratom establishing a Committee on the Statistical Programmes of the European Communities (Text with relevance for the EEA and for Switzerland), p.167, Article 3(1).

第 3 節　欧州統計局による社会経済情報の調達と管理　　169

総局（DG-ESTAT）の名称を用いている[367]が、他の総局と比較してその性格はやや異質である。それは、Eurostat の沿革に由来する[368]。

　Eurostat は、ECSC において 1953 年に設置された統計課にその淵源を持ち、当初の業務は石炭鉄鋼分野に関連するデータ収集に限定されていた[369]。しかし、1958 年のローマ条約発効を受けて現組織の前身が成立し、翌 1959 年に初めて現在の名称で農業統計を公表した後は、集計する統計情報の範囲が大きく拡大し、1962 年までの 5 年間に同局の職員数も 100 名以上増加した[370]。ここでの名称の変更により、Eurostat は課から総局へと引き上げられ、欧州委員会内部における機能の重要性を高めていった[371]。その後 1960 年代後半以降も統計の対象となる分野の拡大に合わせて Eurostat の組織的規模が拡大し、これに合わせて 1973 年と 1979 年には同局内部の部局再編が行われた[372]。しかし、そのような中でも Eurostat の重要性は委員会内で過小評価される傾向が 1970 年代頃から見られるようになり、解体的組織再編の提案も出されることとなった。特に、1977 年に Eurostat の総局長に任命された元デンマーク統計局局長のドゥラクール（Aage Dornonville de la

---

(367) European Commission (2023b) "Eurostat-Organization Chart (English) as of 1 March 2023".

(368) 次段の内容は、特段の記述がない限り以下のウェブサイトに拠る。Eurostat "History", URL: https://ec.europa.eu/eurostat/web/main/about-us/history（2024 年 6 月 29 日最終閲覧）

(369) Sverdrup, U. (2006) "Administering Information: Eurostat and Statistical Integration", in Egeberg, M. (ed.) *Multilevel Union Administration: The Transformation of Executive Politics in Europe*, Palgrave Macmillan, p.110.

(370) *Ibid.*

(371) 現在の欧州委員会内部には、総局とこれに属さない局（Service）があり、総局は局（Directorate）、部（Unit）の順に分化している。共同体設立から 1979 年のシュピーレンブルグ報告（Spierenburg, *op. cit.*）発表までは、欧州委員会を位階制構造にするかフラットな構成にするか加盟国間で統一した見解がなく、欧州委員会自身も国内官僚制のように厳格な位階制構造を設計する方針に完全に傾倒していたわけではなかった。そのため、1970 年代以前の部局名が持つ意味は現在に比べて弱いが、3 共同体成立直後の Eurostat の辿った変化は、行政組織改革における事実上の格上げであったと言える。

(372) De Michelis, A. and Chantrine, A. (2003) "Memoirs of Eurostat: Fifty years serving Europe", Office for Official Publications of the European Communities, pp.74-76.

170　第七章　共通の脅威で強化される行政情報の管理

Cour）は、Eurostat の統計がより広い地理的基盤をもつ国連を中心とした他の国際機構が発表する統計情報に比べ参照される頻度が低いことを理由に、局として自立させるのではなく欧州委員会の政策上の判断を行う部局付にすることを提案した[373]。

　この提案は、Eurostat 設置の行政管理上の意図に整合的であった一方で、設置時の負託にない期待への不満足に根差す酷なものでもあった。そもそも、ECSC の統計課が石炭鉄鋼分野の統計情報のみを管轄していた理由は、ECSC が同分野に特化した共同体であったことに加えて、欧州委員会の前身となる同機構の最高機関が石炭鉄鋼に由来する直接収入を有しており、共同体行政府による財政資源の調達において同分野の情報が死活的に必要であったためである。その後の所掌領域の拡大も、共同体の政策領域の拡大に伴うものであり、当初 Eurostat は専ら本研究が着眼するような行政資源の調達管理を任務とする組織であった。それゆえ、統計情報の集計機能を欧州委員会委員長のキャビネや各総局により近く位置付ける改革指針は、当初の設置経緯に整合的であった。他方で、国際社会における統計の基準となる地位を獲得することは、1970 年代の共同体大の統計に関する政策指針に示唆されつつも、主たる目的ではなく単なる期待であり、Eurostat の創設経緯に照らして明らかなように、その期待が短期的に満たされることはなかった。

　統計情報の独立性確保の観点からルクセンブルク政府や欧州議会の反発を受けて、Eurostat は総局としての単位を維持した[374]。しかし、欧州委員会内部における総局たる Eurostat の位置付けは、その後も他の総局とは異なる取扱いとなっていた。1988 年に統計プログラム委員会が設置され、1989年から 1992 年までの 3 年間を対象とする初の統計プログラムが理事会によって採択されたことで、EU レベルで行われる統計業務は一つの政策領域としての地位を確立することになった。この結果、Eurostat の独立的な地位は一層重要となり、以降同局を解体するような組織改正は企図されなかった。しかし、狭義の欧州委員会は同局を「限定的な重要性しか持たない組

---

(373) *Ibid.*, pp.77-79.

(374) Sverdrup, *op. cit.*, p.112.

第3節　欧州統計局による社会経済情報の調達と管理　171

織」と認識し続けた[375]。それゆえ、1959年時点で既に組織の長が局長ではなく総局長（Director-General）とされた Eurostat[376]は紛れもない総局として位置付けられていたにもかかわらず、総局が番号で呼ばれていた1990年代まで、Eurostat は総局としての番号を与えられていなかった[377]。一方その背後で、マーストリヒト条約とアムステルダム条約により Eurostat の業務と統計情報収集領域は拡大し、1993年には統計情報を含む定期刊行物の発行が開始され、翌94年には欧州家計パネルが開始され統計項目が大幅に拡充される等、Eurostat は欧州委員会における不可欠の存在となってきた。

(2) リスボン条約構想以降の Eurostat 改革

　他の一般の総局と完全に同等の地位こそ長く与えられなかったものの、Eurostat は総局としての単位を維持してきた。それは、当時統計政策担当欧州委員を経て欧州委員会副委員長となっていたクリストファーセン（Henning Christophersen）と欧州議会が要請した、統計情報の独立性確保と、そのために必要な Eurostat の自律性確保のためのものであった[378]。この統計情報の独立性は、Eurostat の設立において欧州委員会も依拠していた原則であるが、欧州議会と狭義の欧州委員会の思惑は合致していなかった。

　欧州委員会は当初、共同体主義的意思決定の根幹を担う欧州委員会の為の統計局として Eurostat を設置しており、ここでの独立性とは、共同体大の利益の考慮に基づいて政策の案出を行うために加盟国による影響を排除した形で統計情報を創出することとして、その必要性が認知されてきた。しかし、Eurostat が実際に機能する過程で負ってきた主たる役割である統計業務に関する手続や基準の調和化において、加盟国は共同体機関に対して自国に関わる統計情報を提供することで、それらの情報が欧州委員会によって利

---

(375) *Ibid.*, p.111.

(376) De Michelis and Chantrine, *op. cit.*, p.37.

(377) Spence, D. (2006a) "The Directorate General and the services: structures, functions and procedures", in Spence, D. and Edwards, G. (eds.) *The European Commission*, 3rd edition, John Harper Publishing, pp.131-133.

(378) Sverdrup, *op. cit.*, pp.112-113.

172   第七章　共通の脅威で強化される行政情報の管理

用、場合によっては公表されることを危惧して、当初これを躊躇してお
り[379]、クリストファーセン副委員長や欧州議会の立場は加盟国に近かっ
た。前項で述べた通り、欧州委員会は 1980 年代に統計情報収集機能を各総
局に移転し、各総局が管轄する政策領域に必要な情報を個別に調達する改革
案を提示した。このような状況は、行政管理の観点から特に問題視されるよ
うな状況にはなかったが、リスボン条約に十分先行して統計業務が一つの政
策領域としての地位を得て、社会経済に関わる情報を（欧州委員会内部で専
ら政策立案や政策評価に用いられるとしても）域内の諸アクターに対して積極
的に開示することとなった以上、統計情報は第一次的な利用主体である共同
体機関からも独立しておく必要があった。そのため、結果的に欧州委員会の
裁量権を強化しかねない Eurostat 改革は、加盟国や欧州議会の求める独立
性の観点から危惧された[380]。この欧州委員会による改革構想は実現しな
かったものの、欧州委員会による Eurostat の弱体化への危惧は 1990 年代以
降も存在していた[381]。

　しかし、2000 年代以降になると、欧州委員会は委員会内における Eu-
rostat の独立性を、欧州議会の認識に近い形で具体的に認めるよう態度を転
換した。リスボン条約の原型となる欧州憲法条約の署名後、欧州委員会は
2005 年の通達で欧州統計に関する行動綱領を採択したことを公表した。綱
領中では、1997 年の共同体統計に関する理事会規則（Council Regulation（EC）
322/97）[382] と Eurostat の役割に関する委員会決定（Commission Decision
(97/281/EC)）[383] における文言を踏襲しつつも、職能的独立性という原則が
導入され、統計当局が民間セクター、他の政策当局、規制当局、行政機関か
ら独立する必要が明文化された[384]。

---

(379)　*Ibid.*, p.116.

(380)　De Michelis and Chantrine, *op. cit.*, p.104.

(381)　Sverdrup, *op. cit.*, p.113.

(382)　OJ (1997) L52, Council Regulation (EC) No 322/97 of 17 February 1997 on Com-
munity Statistics.

(383)　OJ (1997) L112, Commission Decision of 21 April 1997 on the role of Eurostat as
regards the production of Community statistics (97/281/EC).

(384)　European Commission (2005a) "Communication from the Commission to the Eu-

第3節　欧州統計局による社会経済情報の調達と管理　　173

　リスボン条約署名後には、1997年の理事会規則の改正提案が発表され、欧州議会と理事会による審議を経て2009年に新規則（Regulation（EC）223/2009）が採択された。欧州委員会は提案において、職能的独立性の意味について、統計情報が政治団体ないし利益団体による加圧行為の影響を受けずに創出及び公開されることとしたが[385]、審議の過程で欧州議会と理事会は、共同体及び国家の当局による加圧行為の影響も受けるべきでないとする立場を取り、欧州委員会は最終的にこの修正を受け入れた[386]。また、かくして施行された新規則に基づいて2012年に公表されたEurostatに関する新たな委員会決定では、統計総局長の職責遂行の独立性、客観性及び効率性を確保する観点から、その任命を専門的な基準のみに基づいて透明性のある手続に則って行うことが規定された[387]。

　以上は、欧州委員会が加盟国や他機関からの要請に応える形で情報管理に関わる制度設計の根拠となる原則の解釈を改めたことで生じた変化であったが、2000年前後に始まる欧州ガバナンス改革以降に欧州委員会が内発的に推挙した原則がリスボン条約以降の統計行政の形成に寄与した側面もある。欧州ガバナンス白書の準備文書中では、専門知に基づきアカウンタビリティが確保された政策過程を形成し、政策の有効性確保と加盟国間の調整を進展させるための改革として、加盟国レベルの高精度の統計情報を集積しその比較可能性を高めること、またその一連の作業において、欧州委員会、特にEurostatが加盟国と連携する必要が指摘された[388]。このような、統計をは

---

ropean Parliament and to the Council on the independence, integrity and accountability of the national and Community statistical authorities, Recommendation of the Commission on the independence, integrity and accountability of the national and Community statistical authorities", COM (2005) 217 final, p.9, p.15.

(385) European Commission (2007b) "Proposal for a Regulation of the European Parliament and of the Council on European Statistics", COM (2007) 625 final, p.13.

(386) OJ (2009) L87, *op. cit.*, p.167, 及び European Parliament (2008) "European Parliament legislative resolution of 19 November 2008 on the proposal for a regulation of the European Parliament and of the Council on European Statistics", P6_TA (2008) 0548.

(387) OJ (2012) L251, *op. cit.*, p.49, pp.51-52.

(388) European Commission (2002) *op. cit.*, pp.96-98, p.230.

174　第七章　共通の脅威で強化される行政情報の管理

じめとする情報の量及び質が、多くの政策領域における共同体行政のアカウ
ンタビリティの基礎となるという認識に加えて、2005年の委員会通達では
Eurostat及び加盟国の統計当局がその機能上組織としてアカウンタビリ
ティを確保する必要も言及され[389]、2009年の統計規則にも各機関の責任に
ついての規定が盛り込まれた。その後2015年に規則が改正された際には、
加盟国の統計当局がEurostatと共同してEUの統計行政に加担していると
いう事実をもとに、当局内部で責任の所在が不明瞭になることを防ぐため、
2012年の委員会決定でEurostatの長についてなされたのと同等の具体性を
伴って、加盟国統計当局の長の地位と責任に関する規定が追加され、Eu-
rostatについてはその活動が欧州議会の審査に服することとなった[390]。こ
のように、統計行政の中心を担うEurostatの変容は、これが行政管理の問
題から共同体政策の問題へと波及する中で、欧州委員会の自主的基準が他機
関によって選択的に修正されながら、責任の所在の明確化や組織としての独
立性の確保といった考慮に基づいて生じてきた。

第4節　情報管理の射程拡大とENISA

　前節で検討した通り、Eurostatは当初専ら調達を目的とした組織として
設置されながら、欧州委員会による情報資源管理が政策実施の画一性確保の
観点から加盟国行政府への統計情報提供の側面を早期から持ち合わせていた
ことや、共同体の一政策として統計政策が地位を確立したことを背景とし
て、EUにおける統計の根幹を担う組織としてその所掌範囲を拡大させてき
た。また、1990年代に始まる能動的情報公開の強化は、統計政策に関する
欧州委員会の方針に加え、これに先行して有用性が認識され導入されてきた
コンピュータ及びインターネットにも影響を受けた[391]。このようなICTの

---

(389) European Commission (2005a) *op. cit.*, p.11, p.14.
(390) OJ (2015) L123, Regulation (EU) 2015/759 of the European Parliament and of the Council of 29 April 2015 amending Regulation (EC) No 223/2009 on European statistics (Text with relevance for the EEA and Switzerland), pp.93-94.
(391) Sverdrup, *op. cit.*, p.120.

第4節 情報管理の射程拡大と ENISA 175

普及は EU 諸機関が管理する情報の範囲と、創出する情報の比較可能性を飛躍的に高める一方で、それらの技術を利用した新しい脅威の出現の契機ともなった。行政府による情報管理が新たな次元に入る中で、このような脅威への対策の一環として設立されたのが EU 情報安全庁（ENISA）である。本節では、ENISA の沿革を整理しつつ、その制度改革の背景的考慮について分析する。

(1) 課題認識と ENISA の端緒

電子的様式による情報処理の普及は、行政府の取り扱う情報を量的にも質的にも拡大させることとなった。このことは、加盟国行政府のみならず、1970 年代後半に欧州委員会にコンピュータ設備が導入されて以来、EU 諸機関内でも生じた変化であった。加えて 1990 年代以降一般家庭も含めてインターネットが急速に普及したことは、情報移転コストの大幅な縮減に繋がり、Eurostat が市民に対して多くの統計情報を無償で公開するようになる布石ともなった。他方で、インターネットの普及は官民を問わず情報管理上のリスクを高めた。欧州委員会は、2001 年の通達においてこのような背景に言及しており、新出のリスクを早くも認識していた。その上で、EU レベルで採りうる方策として、リスクの啓発や加盟国の担当機関間の協力促進、技術支援、電子的認証の互換性向上、サイバー犯罪に関する共同体法の整備、加盟国政府に対する情報安全要件の強化、他の国際機構との協力が必要であると指摘していた[392]。この通達で示された提案に沿う形で、1999 年から 2002 年にかけてインターネットの利用に関わる複数の指令[393]が施行され

---

(392) European Commission (2001a) "Communication from the Commission to the Council, the European Parliament, the European Economic and Social Committee and the Committee of the Regions, Network and Information Security: Proposal for A European Policy Approach", COM (2001) 298 final, p.4.

(393) 例えば、電子署名のための共同体枠組に関する指令（OJ (2000) L13, Directive 1999/93/EC of the European Parliament and of the Council of 13 December 1999 on a Community framework for electronic signatures, p.12.) や、アクセス指令（通称）（OJ (2002) L108, Directive 2002/19/EC of the European Parliament and of the Council of 7 March 2002 on access to, and interconnection of, electronic communications net-

176　第七章　共通の脅威で強化される行政情報の管理

たものの、EU 諸機関及び加盟国の情報空間が相互に密接に繋がる中で、EU レベルの統一的な情報安全関連対応が実現していないことも、共同体法整備を進める傍ら欧州委員会は認識していた(394)。

　これらの問題意識の下に、独立した法人格を有する組織の設立が適当と判断した欧州委員会は、2003 年 2 月に ENISA の設立提案を発した。ENISA については諮問の過程で、(1) ネットワーク及び情報安全領域は今後も急速な進化を遂げることが見込まれることから、組織を期限付のものとし事後評価に付す必要があること、(2) 域内市場において経済活動の主体となる民間セクターだけでなく、情報安全は公的部門にも通底する問題であることから、加盟国機関の信認を得た機関である必要があること、(3) 全加盟国から人材を招集し、専門知識を集積する中心となること、(4) 迅速且つ有効な機能の実現のために、組織規模を一定に抑えつつも十分な人事・財政資源を投下すること、(5) 欧州委員会が新設エージェンシーの機能を統御できること、の 5 点について加盟国から要請がなされていた(395)。これらの要請に応答しつつ、情報安全に関する欧州レベルの緊密な調整を確実に実現する手段として、欧州委員会は前章で触れた管理構造を有する規制エージェンシー(396)を選択することとなった。同提案は、2003 年 2 月に発された理事会決議に基づくものであったため、修正の可能性は欧州議会に残されることとなったが、欧州議会は内部の産業対外取引研究エネルギー委員会の報告書を受けて修正提案を採択したものの、文面上の大幅な変更こそ伴いながらも本質的な変更を迫るものではなかったため、翌 2004 年 3 月に設立規則は採択・施行され、ENISA が始動することとなった。

　その後、期限満了まで 2 年を残して 2007 年に ENISA の行政管理部は設立規則に関する勧告を発したが、ENISA の運営に関わる合議体の構成員や

---

works and associated facilities（Access Directive）, p.7.）等。

(394) European Commission（2003b）"Proposal for a Regulation of the European Parliament and of the Council Establishing the European Network and Information Security Agency" COM（2003）63 final, pp.2-4.

(395) *Ibid.*, pp.4-5.

(396) なお、2013 年頃を境に規制エージェンシーの呼称は、分権的エージェンシー（Decentralized Agencies）へと一律に置き換えられてきた。

第4節 情報管理の射程拡大と ENISA 　177

座長の要件について細かな指摘こそあったものの、組織としての任務や運営
体制の組織構成については維持が望ましいとされ、活動期間の延長のみが提
起された[397]。これを受けて欧州委員会は同年中に改正規則提案[398]を発し、
翌 2008 年に採択されたことで、ENISA の活動期間は当面の措置として 5 年
から 8 年へと延長された[399]。

(2) リスボン条約以降の ENISA とその改組の背景

　リスボン条約発効直後から、設立当初の ENISA の組織や所掌範囲を変更
する検討は進められた。これは、2008 年規則による期限延長の背景に政策
の継続性や一貫性といった根拠が存在したことに加えて、期限満了後の
ENISA に関する議論が当初の期限までに尽くせる見通しが立たないという
消極的な事情も存在したためであった。

　規則発効直後より、欧州委員会は 2009 年にかけて規則の再改正に向けた
公的諮問を実施した。同 2009 年 4 月には、前月に発された重要情報インフ
ラ保護（CIIP）に関する通達に付属する行動計画でサイバー攻撃への備えの
一部を担うとされた ENISA に関する閣僚級会合が、タリンで行われた。同
年 6 月には電気通信理事会が開催され、加盟国からは ENISA の有効性と専
門性の向上、及び技術と政策のギャップ解消の観点から ENISA の任務拡大
とこれに見合う運営資源の十分な投下を支持する立場が表明された[400]。更

---

(397) European Commission (2007a) "Communication from the Commission to the Eu-
　ropean Parliament and the Council on the evaluation of the European Network and
　Information Security Agency (ENISA)", COM (2007) 285 final, pp.9-10. 及び ENISA
　(2007) "Minutes of the ENISA 10th Management Board Meeting 22-23 March 2007
　Heraklion", pp.5-7.

(398) European Commission (2007c) "Proposal for a Regulation of the European Parlia-
　ment and of the Council amending Regulation (EC) No 460/2004 establishing the Eu-
　ropean Network and Information Security Agency as regards its duration", COM
　(2007) 861 final.

(399) OJ (2008) L293, Regulation (EC) No 1007/2008 of the European Parliament and
　of the Council of 24 September 2008 amending Regulation (EC) No 460/2004 estab-
　lishing the European Network and Information Security Agency as regards its dura-
　tion (Text with EEA relevance).

に 11 月には欧州理事会でストックホルム＝プログラムが採択され、先行するハーグ＝プログラム[401]では情報の機密性保護のみに限定されていた情報管理に関連して初めてサイバー犯罪に関する言及がなされ[402]、EU を単位とするサイバーセキュリティ政策の強化の必要が強く認識されることとなった。しかし、これらの検討の過程で、欧州委員会直下の作業部会は ENISA の所掌領域を拡大する方向性を支持しつつも、サイバー攻撃やトラブルへの対応に関わる具体的な業務を新たな任務とすることは、経済性と有効性の観点から見送った[403]。かくして 2010 年に起草された規則案は、改正構想が加盟国間の調整を必要とする政治性の高いアジェンダを含むものであったことからその一部が欧州理事会の勧告に基づくものであったが、通常立法手続の下に欧州議会と理事会での審議を経て 2013 年に採択された[404]。タリン欧州理事会の結論文書中で永久資産化が勧告された ENISA であったが[405]、2004 年規則設立時に言及された急速な情報安全領域の変化と、影響評価の過程でより高次の改革の導入が見送られたことから、ENISA は再び 7 年間の期限付となった[406]。

　しかし、2013 年規則発効後、ENISA の任務に関わる新たな課題も浮上した。ENISA は 2016 年に成立したネットワーク情報セキュリティ指令（NIS 指令）によって、特定のサイバーセキュリティ上の問題に関する加盟国間協

---

(400) European Commission (2010c) "Proposal for a Regulation of the European Parliament and of the Council Concerning the European Network and Information Security Agency (ENISA)", COM (2010) 521 final, pp.2-3.

(401) OJ (2005) C53, The Hague Programme: Strengthening Freedom, Security and Justice in the European Union, p.8.

(402) OJ (2010) C115, The Stockholm Programme—An Open and Secure Europe Serving and Protecting Citizens, p.8.

(403) European Commission (2010c) *op. cit.*, pp.6-8.

(404) OJ (2013) L165, Regulation (EU) No 526/2013 of the European Parliament and of the Council of 21 May 2013 concerning the European Union Agency for Network and Information Security (ENISA) and repealing Regulation (EC) No 460/2004 (Text with EEA relevance).

(405) European Commission (2010c) *op. cit.*, p.2.

(406) OJ (2013) L165, *op. cit.*, p.58.

力の迅速性と有効性向上を目的とする CSIRT（Computer Security Incident Response Team）ネットワークの事務局を提供することや、加盟国及び欧州委員会への専門知識の供与とベストプラクティスの共有を促進すること等の新たな役割を付与された[407]。これらの変化は、総じて肯定的に評価された一方で、欧州委員会が実施した利害関係者に対する諮問においては、情報安全に関する共同体レベルのメカニズムが不十分であり、その不足分の需要を共同体機関、とりわけ ENISA が解消すべきであるとの意見が 99% を占めた[408]。この諮問と他の独立調査の結果を受けて、2017 年に欧州委員会は、ENISA に加えて情報通信技術に関するサイバーセキュリティ認証等を含む、情報安全について包括的に定めるサイバーセキュリティ法を提案した。同提案は、理事会の長期に亘る審議を経たのち通常立法手続により 2019 年に採択され、ENISA に関わる条文については同年中に適用が開始された[409]。同法により ENISA は、EU サイバーセキュリティ庁（European Union Agency for Cybersecurity）と改称され[410]、NIS 指令と過去の委員会通達に整合的な形で、EU レベルの情報安全メカニズムの本質的機能を担うための追加的任務を付与された。また ENISA は、行政管理部とその補佐を行う執行部の他に、長官、諮問グループ、国家連絡担当官ネットワークで構成されることとなった。その内部部局は、同規則で ENISA に割り当てられ

---

(407) OJ (2016) L194, Directive (EU) 2016/1148 of the European Parliament and of the Council of 6 July 2016 concerning measures for a high common level of security of network and information systems across the Union, pp.18-19.

(408) European Commission (2016b) "Proposal for a Regulation of the European Parliament and of the Council on ENISA, the "EU Cybersecurity Agency", and repealing Regulation (EU) 526/2013, and on Information and Communication Technology cybersecurity certification ("Cybersecurity Act")", COM (2016) 477 final, pp.4-5.

(409) OJ (2019) L151, Regulation (EU) 2019/881 of the European Parliament and of the Council of 17 April 2019 on ENISA (the European Union Agency for Cybersecurity) and on information and communications technology cybersecurity certification and repealing Regulation (EU) No 526/2013 (Cybersecurity Act) (Text with EEA relevance), p.67.

(410) なお、組織の名称はこのように改められたが、その後も欧州委員会は ENISA という略称を継続的に使用している。

た業務のうち、第5条から第8条に示される重要職務については局が、第9条から第12条で掲出されたその他の業務については部（チーム）が設置され、計8つのレベルの異なる部局が庁内で横断的に連携し機能する構造が整備された[411]。

これにより、情報保護領域における ENISA の一層の専門性の向上に必要となる組織的・財政的資源が確保されるとともに、本省業務と ENISA の業務按分が明確化し、政策の手段として ENISA が位置付けられたことで組織と政策の整合性が向上した。また、この改革によって ENISA は無期限のエージェンシーとして政策形成と実施の双方を担うこととなり、前章で示した他のエージェンシーと同質的な組織となることで、効率性と有効性の向上も改革の意図として認められるところである。また ENISA を巡る一連の改革では、欧州委員会により一貫して言明されていた ENISA が機能する領域が、専門知の提供、政策形成と実施の補助、能力形成、ネットワークの形成育成、関連アクター支援の5つに及ぶとされ、ここでは専門性と実施の画一性の向上も企図されていたと言える。

また、ENISA の出現及び改組の背景に存する問題認識が欧州委員会、ひいては EU 諸機関だけでない諸団体の調査や唱道によって析出してきたことは本事例に限定されるものではないものの、専ら欧州委員会の発議によって創設に至った ENISA が、改革の過程で加盟国及び利害関係団体を含む多様な社会的アクターの影響を受けて、当該組織に対する期待が高まってきたという事実は、Eurostat と共通して看取される情報資源管理に関わる特有の側面であると言えよう。

第5節　小　括

本章では、欧州委員会による情報資源の管理に関与する組織に焦点を当てて、その変化の特徴を分析した。一般国際機構にも共通する公文書管理等に

---

[411] OJ (2019) L151, *op.cit.*, pp.35-40. 及び ENISA "Structure and Organization", URL: https://www.enisa.europa.eu/about-enisa/structure-organization （2024 年 6 月 29 日最終閲覧）

第5節　小　括　　181

ついては、共同体設立以来欧州委員会内の事務総局がこれを中心的に担っている。また、公文書管理に関与する組織の役割等を含めて公文書管理について全般に規定する法令は、リスボン条約以前に成立したものが現在も継続して適用されている。

　他方で、情報資源の外部からの調達に関わる Eurostat に関しては、1950年代の設置以来、その役割を大きく変化させてきた。またその変化の要因は、当初行政組織内部の技術的業務にとどまっていた統計行政が政策としての地位を獲得したことで、専ら行政管理上の意図に基づいて設置された Eurostat が共同体の一政策領域において中核的な役割を付与され、加盟国からと EU 諸機関からの二重の独立が求められたことにある。また、特に施策の一つとして推進された能動的情報公開は、欧州委員会の透明性向上に寄与し、リスボン条約以降は寧ろこれらの考慮に基づいて統計政策が変容していくこととなった[412]。

　また ENISA は、ICT の普及が欧州委員会や加盟国行政府が管理する情報の量的質的拡大をもたらした一方で、EU 域内における情報管理全般における新たな脅威を生む背景ともなったことで、当初加盟国単位で行われていた情報安全対策の品質を向上させ調和化することを目的として創設された。リスボン条約以降は、外部環境の急速な変化を受けた政策領域の成熟に呼応する形で改組に至った。組織的規模の拡大と常設機関としての地位獲得は、当該分野における EU 行政機能の任務の拡大及び専門性の向上に関する欧州委員会の意図と、サイバーセキュリティ政策を支える行政機能の持続可能性に関わる継続的要請に根差しており、EU の直面する現代的課題への有効な処方箋として機能しうる点において EU 行政の正統性を支える性格が認められる。

　本章を締めるにあたり付言しておくべきは、情報資源の管理は、前章までに検討した人事、財政、権限とは異なり、EU 行政の成熟に伴い行政管理の

---

[412] なお、2023 年 10 月時点では統計規則の再改正が企図され、欧州委員会が改正提案を公表している。European Commission（2023c）"Proposal for a Regulation of the European Parliament and of the Council amending Regulation（EC）No 223/2009 on European statistics", COM（2023）402 final.

182　第七章　共通の脅威で強化される行政情報の管理

枠を出て市民社会に対しても影響力を持つような政策へと変容している点で特異であり、その特性ゆえに欧州委員会の情報資源管理の様態を単独で析出させることはやや困難だということである。このような差異は、情報という資源が競合性をもたない財であることに起因するものと推察される。公開対象とならない機密情報を除く情報は、EU 諸機関が利用可能である以上、加盟国行政府だけではなく域内外の企業や市民ですら参照することが可能であり、欧州委員会が創出ないし調達する情報を確実に統御するには、それらの情報の潜在的な利用者をも拘束するような枠組が必要となる。このような背景の下、欧州委員会は市民が利用する自身に関わる情報の移転についても、リスボン条約以降その管理について関与を強めてきた。その一つの事例として、次章では EU 送達規則について検討する。

第八章

EU 送達規則の改正に見る情報資源管理の限界

第 1 節　問題の所在

　本章では、市民個人に関わる情報の管理及び移転に関わる事例として、EU 送達規則（Service Regulation）について検討する。2024 年現在有効な送達規則（Regulation（EU）2020/1784, 本章では以下「2020 年規則」）は、2020 年 11 月に採択されている[413]。送達規則は、民事及び商事における裁判文書と裁判外文書（以下総称して単に「司法文書」）の受取人が他の加盟国に存在する場合に生じる文書取引について定めたものであり、他の諸規定と並んで EU 民事訴訟法を構成している[414]。EU における司法領域、すなわちマーストリヒト条約で第三の柱とされた領域は、リスボン条約に至るまでに EU の政策としての性格を帯び、欧州委員会が従来政府間的であった同領域の政策に対し関与を強めてきたことは、第四章で検討した欧州検察局（EPPO）の事例にて部分的に触れた通りである。

　司法の適切な機能には、行政の役割が不可欠である。市民が司法へアクセスする権利は EU の基本権に含まれる公正な裁判を受ける権利の一部であり、司法へのアクセスに際しては各種文書の調達が必要になるが、行政機関はこの点に関与する。特に EU では、市民と他の加盟国の個人及び法人との関係は密になっており、係争が単一の加盟国内で完結しない事例は統合の進展に伴って増加し、EU の民事及び商事司法における行政の役割の重要性は

---

(413) OJ（2020）L405, Regulation（EU）2020/1784 of the European Parliament and of the Council of 25 November 2020 on the service in the Member States of judicial and extrajudicial documents in civil or commercial matters（service of documents）（recast）.

(414) 安達栄司（2013）「EU 民事訴訟法—その展開と研究の意義」、野村秀敏／安達栄司編『最新 EU 民事訴訟法判例研究 I』信山社、4-6 頁。

継続的に高まってきた。

　本章で詳述する通り、司法文書の送達手続改革はEU市民の司法アクセス権の強化としての側面が強いが、送達規則に関する2010年代以降の改革は、基本権に関わる政治的な文脈のみで議論されてきたわけではない。民事及び商事に関する改革は刑事に関する改革と組み合わせて議論され、後者の事例に関わる近年の状況は先行研究で論じられてきた。しかし、多くの先行研究が着眼するのは、刑事手続に関連する情報管理や被告人の権利保護に関する問題であり、民事及び商事における司法協力の発展に際した技術的障壁や、規則自体が抱える法的問題、関連する改革を牽引した欧州委員会の意図については十分に考察されてこなかった。

　以上を踏まえて本章は、EUの民事及び商事における送達規則を巡る議論を市民個人に関わる情報の管理及び移転の問題と捉え、これに関連する改革の経緯及び帰結を、行政資源の管理という本研究の一貫した視点から分析する。特に、欧州委員会が送達規則の改正を位置付けた文脈と、2020年の新規則が送達及び転達の手続に与えた具体的な影響について検討することで、リスボン条約以降の欧州委員会が文書及び情報の管理に際して重視する原則を明らかにする。

　以下では初めに、国際行政における情報管理の特徴を整理し、分析対象の位置付けと本章の着眼点について確認する。次に、マーストリヒト条約以前から現在までの民事及び商事における文書送達に関わる改革を追跡し、2018年の改革提案が出現した経緯を複数の視点から整理する。最後に、一連の改革の帰結を整理しつつ、欧州委員会の情報管理スキームと、これを取り巻く他の要因について考察する。

第2節　国際行政機構の情報資源管理と文書送達

　EUにおける司法文書の送達は法学的アプローチによって複数の先行研究で検討されてきた。文書送達は、市民の司法アクセス権を支える一要素であるが、司法協力に関する所与の政策目標を実現するための実施に必要な活動として、行政的性格を多分に帯びている。しかし、民事及び商事における文

書送達は、行政管理の視点からは十分に検討されてこなかった。本節では文書送達の問題を行政資源管理の一側面として論じる根拠を示しつつ、送達規則に関する先行研究を概観し、本章の狙いと分析視角を明らかにする。

(1) 複数レベルの行政組織と文書管理

行政府が管理の対象とする情報の分類については、前章第2節で整理した通り、行政府内部で不可避的に創出されるものと、行政府外部の社会経済的現象に関するものに大別される。これらの情報は、政策形成の際に行政府自身が利用する場合があるほか、行政府の機能や公的な意思決定の過程について広く公開するために、主として文書の形式で公表される場合がある。EUについては、前章で詳述した事務総局を中心とする共同体諸機関による公文書管理が後者に該当するが、国家及びそれ以下の単位の行政府に限定すると、文書管理は国家や自治体の透明性確保とは別の意味を帯びる場面もある。というのも、行政府が文書管理をいかに行うかは、行政府が保有する情報を誰に対して提供するか、またその情報の真偽についてどの程度責任を負うかという問題に関わる。かくして市民が交付を受けた文書や、市民の申請に応じて行政府から外部の公的機関に宛てられた文書は、国内において一定の真正性を有する[415]。

本章で取り上げる司法文書の送達は、EU域内であるが国家を跨いで行われるものであり、特段の規則がなければ本来加盟国政府間で行われる業務である。司法領域では、国際的な係争が生じた際の文書送達や情報提供等は従来条約に基づいて政府間的に行われ、垂直的な情報移転は主に国内行政内部で行われてきた。しかし欧州委員会は、特にアムステルダム条約以降の越境司法協力において、従来の政府間的な力学を超えた協力関係の構築を模索してきた。現在、シェンゲン情報システム等のごく一部の取り組みを除いて、欧州委員会が市民個人に帰属する情報を保有する状況にはなく、個人に関わ

---

(415) 文書の発行（交付）とその内容に関する真正性の証明は、別レベルの行政単位によって行われるのが一般的である。例えば本邦では、住民票や戸籍謄本等は地方自治体が発行業務を担うが、その内容の信憑性を対外的に保証するための手続（アポスティーユ等）は中央の行政府のみで行われる。

186 第八章 EU 送達規則の改正に見る情報資源管理の限界

る情報の集積やこれに関する文書発行の責任をより広域の行政府が引き受け
ようとする動きも皆無である。その一方で、従来加盟国の行政機関が排他的
に管理を担ってきた情報に関しては、加盟国間の相互利用や移転について欧
州委員会が積極的に議論し関与する基礎的条件が徐々に整備されてきた。

(2) 送達規則の位置付け

　本章が焦点を当てる送達規則について欧州委員会が関与を段階的に強化し
てきたとはいえ、その過程が極めて抑制的であったことは、本事例が司法領
域に位置付けられることに起因する。次節以降で詳述する通り、欧州委員会
は情報資源管理のための制度構築において、複数の論点を並行して考慮に入
れていた。本項ではその重要な一端として、司法文書の送達がEUの越境司
法協力においていかなる位置付けにあるか確認しておきたい。

　司法文書の送達は市民の司法アクセス権に深く関わり、その権利は公正な
裁判の保護の一部を構成するが、欧州における公正な裁判を巡る状況は以下
のようなものである。公正な裁判の保護は、欧州人権裁判所の解釈によりそ
の内容が明確にされ拡大された。中でも司法アクセス権は、公正性、公開
性、迅速性のある裁判に当事者が服するための前提条件として、国家はこれ
を保護する積極的義務を負う[416]。EUにおいて欧州人権条約は直接的な法
源ではないが、公正な裁判を受ける権利は法の一般原則を構成しており、
2009年以降は法的拘束力のあるEU基本権憲章でこれが保障され、その前
提もCJEU判例により保障されている[417]。

　以上の発展を辿った公正な裁判を受ける権利は、EUにおける公益性の高
い価値としての性格を帯び、その強化は欧州委員会に域内の司法政策に対す
る関与を強める根拠を与えた。このようにして、欧州委員会は、特にアムス
テルダム条約以降、同領域における重要な規範を唱道する役割を獲得してき

---

(416) 建石真公子（2012）「ヨーロッパ人権裁判所による『公正な裁判』保護の拡大—
　　『ヨーロッパ規範』の形成および手続き的保障による実体的権利の保護へ—」『比較法研
　　究』第74号、21-28頁。
(417) 西連寺隆行（2012）「EUにおける公正な裁判を受ける権利の発展」『比較法研究』
　　第74号、36-39頁。

第2節　国際行政機構の情報資源管理と文書送達　　187

た[418]。また送達規則に関しては、リスボン条約を待たずその立法権限が
EU に付与されていた[419]。かくして欧州委員会は、リスボン条約発効を待
つことなく、司法領域において段階的にその権限を拡大させてきた。

　しかし、EU の司法協力に関してその行政的側面に着眼した研究は少な
い[420]。刑事司法領域については、行政の役割に着目する研究もあるが[421]、
特に民事司法協力の政策実施に必要な行政の役割については十分に検討され
てこなかった。

　司法文書の送達は、その遅延により越境的係争に関する裁判の承認が拒否
される場合もあり[422]、特に民事・商事裁判に関わる実質的な権利保護にお
いて極めて重要である。その民事及び商事における送達規則について検討し
た研究は複数存在し、特に個別の条項に関連する CJEU 判例については、
安達（2007, 2009a）や野村（2008, 2013, 2019）らによって検討されてきた[423]。
また、2020 年規則の前身となる 2007 年規則に関しても、旧規則からの変更

---

(418) Kaunert, C. (2010) "The area of freedom, security and justice in the Lisbon Trea-
　ty: commission policy entrepreneurship?", *European Security*, 19 (2), pp.177-186.

(419) 中西優美子（2009）「EU における権限の生成―民事司法協力分野における権限を素
　材として―」『国際法外交雑誌』第 108 巻 3 号、352-355 頁。

(420) Kaunert, C., Occhipinti, J. D. and Léonard, S. eds. (2015) *Supranational governance
　of Europe's area of freedom, security and justice*, London, Routledge. 収録の各論文。

(421) 浦川紘子（2013）「EU『自由・安全・司法の地域』における刑事司法協力関連立法
　の制度的側面―被疑者・被告人の権利に関する 2 つの指令を手掛かりとして―」『立命
　館国際地域研究』第 38 号、37-52 頁。及び、浦川紘子（2015）「欧州逮捕状制度と犯罪
　人引渡制度の手続的相違―『行政』、『司法』、『EU 機関』の役割を中心として―」『立命
　館国際地域研究』第 42 号、39-57 頁。

(422) 春日偉知郎（2020）「家庭関係事件の裁判の承認および執行をめぐる欧州連合（EU）
　の新たな試み―ブリュッセルⅡa 規則の全面改正と 1980 年ハーグ条約（子の返還手続）
　への対応―」『関西大学法学論集』第 70 巻 4 号、683 頁。

(423) 安達栄司（2007）「新しい EU の国際送達規則（2000 年 EC 送達規則）における送
　達瑕疵とその治癒の可否」『国際商事法務』第 35 巻 2 号、234-238 頁。安達栄司（2009a）
　「EU 送達規則における翻訳要件」『国際商事法務』第 37 巻 2 号、238-241 頁。及び、野
　村秀敏（2008）「EC 送達規則による複数の送達方法相互の関係」『国際商事法務』第 36
　巻 4 号、512-515 頁。野村秀敏（2013）「擬制的内国送達と EC 送達規則」『国際商事法
　務』第 41 巻 9 号、1371-1377 頁。野村秀敏（2019）「〈資料〉EU 司法裁判所民事手続規
　則関係判例概観（2018 年）」『専修ロージャーナル』第 15 巻、191-237 頁。

188　第八章　EU 送達規則の改正に見る情報資源管理の限界

点の詳解を含め、受取人の権利保護や加盟国間の規則統一化等、法学的視点から広くその意義が安達（2009b）によって検討されてきた[424]。

　近年の状況については、蔡（Tsai 2019, 2020）が 2018 年までの議論をデータ保護に関わる個人の権利に関する視点から論じている。同氏は、特に個人データ保護やインターネットセキュリティの観点から 2007 年規則の課題を検討し、必要とされる技術的要件や規則適用の直接性及び透明性について改善の余地を指摘する[425]。他方で同研究は、規則の抱える課題を多角的に論じているが、2018 年の規則改正提案が出された経緯について包括的に検討できているわけではない。

　以上の状況を踏まえて本章は、既存の指摘を踏まえつつ、行政府による管理活動の一側面として送達規則の改正を位置付け、先行研究の抱える課題の克服を試みる。直近の状況を分析の射程に含め、従来の基本権に関する政策目標に関わる議論の流れを相対化することで、司法文書送達を巡る一連の改革を取り巻く複数の要因を網羅的に検討する。

第 3 節　EU 送達規則改革

　前節で述べた通り、本章は多くの先行研究が用いる個別的な分析の視点から離れ、EU 送達規則の改正を巡る欧州委員会の考慮を分析するものである。本節では新規則制定の背景を総合的に把握することを目的として、先行研究の指摘を排除せず、司法文書の送達に関する初期の政府間協力から2018 年までの諸改革について、文書送達の問題が特に機関間の議論においていかなる文脈の中に位置付けられてきたかに着目しながら、関連する議論を広く捕捉する。

---

(424)　安達栄司（2009b）「EU の新しい国際送達規則―改正の動向と新規則の翻訳―」、成城大学法学会編『21 世紀における法学と政治学の諸相』信山社、277-308 頁。

(425)　Tsai, P. F. (2019) "Research on the Related Issues About the Service of Mutual Legal Assistance Documents Through Electronic Delivery", in Chen, J. L., Pang, A. C., Deng, D. J. and Lin, C. C. (eds.) *Wireless Internet*, Cham, Springer, pp.373., Tsai, P. F. (2020) "The EU Judicial Legal Assistance through Electronic Delivery Document with Certain Research of Blockchain", *Journal of Internet Technology*, 21(6), p.1833.

(1) リスボン条約以前の司法文書管理[426]

EU では、複数の国籍の当事者が発生する係争に対応した制度が、1960 年代以降段階的に整備されてきた。特に司法文書の送達に関しては、以下のような展開で 2007 年規則の施行に辿り着いた。

1950 年代以降、欧州における民事訴訟法の統合を目指し、各種の手続を条約により規定する動きが活発になっていた。このうち文書送達に深く関係するのが、1965 年のハーグ条約であった。同条約では、領事を介した送達や郵便を用いる方法等、利用可能な複数の送達経路が示されるとともに、送達の対象となる文書の様式等が規定された[427]。同条約は他の加盟国への司法文書の送達に関して共通の手続を規定し、各国の司法制度を相互に接続する重要な基盤を提供するものであったが、その適用範囲が不明瞭な点や、各国が個別の送達経路を拒否できる点で限界があった。また同条約は、訴訟の迅速性確保の観点から 1954 年のハーグ条約の改善を図るものでありながら、依然その手続は複雑であり「面倒なシステム」[428]と評されるほどであった。

EU ではその後長きに亘ってハーグ条約の規定が適用されていたが、マーストリヒト条約で司法内務協力が EU における第三の柱と位置付けられたこ

---

(426) 本項の記述は、以下に掲出する複数の参考文献で指摘された事実を整理したものであるが、特に、安達栄司（2000）『国際民事訴訟法の展開—国際裁判管轄と外国判決承認の法理—』成文堂、171-181 頁、209-210 頁、安達（2009b）前掲論文、中西、前掲論文、349-367 頁、Inchausti, F. G.（2012）"Electronic Service of Documents National and International Aspects", in Kengyel, M. and Nemessányi, Z. (eds.) *Electronic Technology and Civil Procedure: New Paths to Justice from Around the World*, Springer, p.171. に依拠している。

(427) 「民事又は商事に関する裁判上及び裁判外の文書の外国における送達及び告知に関する条約」URL: https://assets.hcch.net/docs/70d08271-6234-49e6-be53-c9a34ac4840d.pdf（2024 年 6 月 29 日最終閲覧）

(428) European Commission（2018b）Proposal for a Regulation of the European Parliament and of the Council amending Regulation（EC）No 1393/2007 of the European Parliament and of the Council on the service in the Member States of judicial and extrajudicial documents in civil or commercial matters（service of documents）, COM（2018）379 final, p.1.

190 第八章 EU 送達規則の改正に見る情報資源管理の限界

とで、国境を超える文書送達の更なる円滑化の機運が高まった。その後アムステルダム条約では、送達を改善する措置を含む司法政策の一部が共同体権限領域となった。また、同年のタンペレ＝プログラムでは、「真の欧州司法領域」と題して、司法へのより良いアクセス、司法判断の相互承認、民事法の更なる収斂の3点がアジェンダとして掲げられ、各加盟国の司法及び行政の互換性の欠如と複雑性の問題を克服する必要性が指摘された[(429)]。

これを受けて、文書送達に関する理事会規則は、関連する諸決定と併せて2001年までに採択された。これらの規則は、EU における越境司法協力の有効な枠組を提供するという共通の目的を有していた。2000年に採択された送達規則はハーグ条約中で掲出された送達経路を踏襲していたが、直接送達の場合を除いて加盟国が個別の経路を拒否できる旨を規定しなかった。これにより、オプトアウトをした一部加盟国を除き、域内に等しく直接適用される規則として翌2001年5月末に発効した。

2000年規則の運用に関しては、同規則第24条の規定に則して、2004年6月1日までに中間評価が行われた。具体的には、2002年12月の欧州司法ネットワーク会合、2003年7月の欧州委員会による公聴会、2004年2月に完了した規則の適用に関する委託研究、同4月の文書送達に関する諮問委員会を経て、2000年送達規則に関する委員会報告が発表された。欧州委員会は文書送達の迅速化が実現したとして一定の評価を与えた一方で、受取拒否に関する規定が市民に周知されていないこと、送達に係る費用が加盟国間で大きく異なる上、その算出に際した透明性が確保されていないこと、郵送による送達に関して受領の確認が取れない事例が存在すること、被告が応訴しない場合の対応に関する規定と他の規則との整合性に疑義が生じていること等、複数の課題を指摘した[(430)]。

---

(429) European Parliament "Tampere European Council 15 and 16 October 1999: Presidency Conclusions", URL: https://www.europarl.europa.eu/summits/tam_en.htm#c（2024年6月29日最終閲覧）Point 28.

(430) European Commission (2004b) "Report from the Commission to the Council, the European Parliament and the European Economic and Social Committee on the application of Council Regulation (EC) 1348/2000 on the service in the Member States of Judicial and Extrajudicial documents in civil or commercial matters", COM (2004) 603

第3節　EU 送達規則改革　　191

　以上の指摘とその後のパブリックコメントを踏まえ、欧州委員会は 2005
年に送達規則の改正を提案した[431]。提案は 2000 年規則の法的効果を維持し
つつ、規則中の送達経路と送達費用に関する点を中心とする複数の規定の改
正を企図していた。欧州議会は欧州委員会の第一提案に多くの修正を要求し
たため[432]、欧州委員会は 2006 年末に概ね欧州議会の修正案に則した形で再
提案を行い[433]、結果的に改正規則は、2006 年提案の大部分を維持し、2000
年規則を置き換える形で共同立法手続により 2007 年に採択され、翌年施行
された[434]。2007 年規則は、受託機関の対応義務の明確化、受取人の拒否権
の明示、送達費用の事前固定化、郵便送達に関する条件の画一化、の 4 点に
ついて改善が見られた[435]。

---

final, pp.4-7.

(431) European Commission (2005b) "Proposal for a Regulation of the European Parlia-
ment and of the Council amending Council Regulation (EC) No 1348/2000 of 29 May
2000 on the service in the Member States of judicial and extrajudicial documents in
civil or commercial matters", COM (2005) 305 final.

(432) European Parliament (2005) "Position of the European Parliament adopted at
first reading on 4 July 2006 with a view to the adoption of Regulation (EC) No .../2006
of the European Parliament and of the Council amending Council Regulation (EC) No
1348/2000 of 29 May 2000 on the service in the Member States of judicial and extraju-
dicial documents in civil or commercial matters", EP-PE_TC1-COD (2005) 0126.

(433) European Commission (2006) "Amended proposal for a Regulation of the Europe-
an Parliament and of the Council on the service in the Member States of judicial and
extrajudicial documents in civil or commercial matters ("Service of documents")",
COM (2006) 751 final.

(434) OJ (2007) L324, Regulation (EC) No 1393/2007 of the European Parliament and
of the Council of 13 November 2007 on the service in the Member States of judicial
and extrajudicial documents in civil or commercial matters (service of documents),
and repealing Council Regulation (EC) No 1348/2000.

(435) European Commission (2013g) "Report from the Commission To the European
Parliament, the Council and the European Economic and Social Committee on the ap-
plication of Regulation (EC) No 1393/2007 of the European Parliament and of the
Council on the service in the Member States of judicial and extrajudicial documents
in civil or commercial matters (Service of documents)", COM (2013) 858 final, p.3.

(2) 2007 年規則を巡る諸問題

　欧州委員会による中間評価が概ね肯定的に評価しているとはいえ、2007年規則は以下のような複数の問題を抱えていた。

　初めに、基本権に関連する問題である。2013年、欧州委員会は欧州評議会の司法効率評価委員会が実施した調査データを公表した。同調査では、確実な契約の履行や諸権利の保護等の観点で、司法の品質、独立性及び効率の向上が重要であるとし、関連する複数の項目を評価した。特に送達に関しては、加盟国間で司法手続の所要日数や国内裁判所の処理能力に大きな格差があるとし、手続効率の向上が必要と指摘した[436]。加えて同年12月の2007年規則第一成果測定では、同規則が加盟国によって十分に実施されていると評価されつつも、共通基準の導入による中間的手続の廃止等、文書送達の迅速化に関して規則自体に改善の余地があると結論付けられた[437]。これらを踏まえ、欧州委員会は2017年のワークプログラムで2007年規則の改正に着手する旨を公表し[438]、2018年に半数の条項に変更を加える修正提案を行い[439]、同提案を相互信頼に基づく基本権及び安全の保護のための優先順位の高い提案として、迅速な採択を模索した[440]。

　この基本権保護に関する側面は、送達規則の改正が位置付けられた最も重

---

(436) European Commission (2013a) "Communication from the Commission to the European Parliament, the Council, the European Central Bank, the European Economic and Social Committee and the Committee of the Regions: The EU Justice Scoreboard - A tool to promote effective justice and growth", COM (2013) 160 final, pp.6-11.

(437) European Commission (2013g) *op. cit.*, pp.6-7.

(438) European Commission (2017c) "Communication from the Commission To the European Parliament, the Council, the European Economic and Social Committee and the Committee of the Regions: Commission Work Programme 2018 - An Agenda for a more united, stronger and more democratic Europe", COM (2017) 650 final, Annex II, p.4.

(439) European Commission (2018b) *op. cit.*, pp.11-14.

(440) European Commission (2020a) "Communication from the Commission To the European Parliament, the Council, the European Economic and Social Committee and the Committee of the Regions: Commission Work Programme 2020 - A Union that strives for more", COM (2020) 37 final, Annex III, p.25.

要な文脈であったが、2007 年規則を巡っては、この他に、行政効率、サイバーセキュリティ等のリスク、欧州委員会への授権を伴う規定、といった論点も背景に存在した。

まず、行政効率の改善に関する問題である。司法アクセス権の実質的保護に関わる具体的な指摘をしたのは 2002 年の「より良い規制に関する行動計画」の発出に端を発する規制評価活動 REFIT プログラムである。第一次バローゾ委員会の発足後は、ガバナンス駆動型から競争力指向型へと評価の性質が変化したが[441]、規制政策の効率的執行の観点から送達規則は継続的に検討されてきた。これに関連して、2012 年の年次成長調査では、行政の現代化が優先事項の一つとして掲出され、デジタル化の推進や司法の独立性及び効率性の向上が、公共調達の健全化や規制枠組の簡素化と並んで、行政の現代化に必要な措置として勧告された[442]。また、2014 年に公表された司法アジェンダや、2015 年に公表された欧州のためのデジタル単一市場戦略の中でも、行政の現代化の重要性が強調された[443]。更に 2018 年の改正提案でも、送達経路の転換に伴う財政コストに触れ、改革が奏功することで加盟国の財政負担が将来的に低減できることが指摘される等[444]、送達規則の改正は行政効率の改善の文脈でも継続的に論じられてきた。

次に ICT システムを巡る問題である。電子送達は 2007 年時点で既に複数の加盟国で合法的な送達経路としての地位を獲得していたが、2007 年規則は同方式による司法文書の送達を標準的ないし共通の送達経路として掲出し

---

(441) Allio, L. (2010) "Keeping the Centre of Gravity Work: Impact Assessment, Scientific Advice and Regulatory Reform", *European Journal of Risk Regulation*, 1(1), p.77.

(442) European Commission (2012c) "Communication from the Commission: Annual Growth Survey 2013", COM (2012) 750 final, pp.12-13.

(443) European Commission (2014a) "Communication from the Commission To the European Parliament, the Council, the European Economic and Social Committee and the Committee of the Regions: The EU Justice Agenda for 2020 - Strengthening Trust, Mobility and Growth within the Union", COM (2014) 144 final, p.7., European Commission (2015a) "Communication from the Commission to the European Parliament, the Council, the European Economic and Social Committee and the Committee of the Regions: A Digital Single Market Strategy for Europe", COM (2015) 192 final, pp.16-17.

(444) European Commission (2018b) *op. cit.*, p.10.

ていなかったため、電子文書の法的な位置付けは加盟国毎に大きく異なっていた[445]。ICT システムの活用は手続の利便性向上の期待がある一方で、文書の受領確認に際した問題、デジタルデバイドに起因する情報漏洩リスク、加盟国システム間の不整合によって生じる文書の不達等、画一的な導入に際した複数の懸念が指摘されていた[446]。しかし、2014 年の司法アジェンダでは、制度運用上の協力強化等と並んで、ICT の活用が既存の取り組みの定着手段として有効であると指摘された[447]。その後、欧州司法ネットワークによる協議と欧州委員会の規制審査部による評価が行われ、GDPR に則したプライバシー保護の強化や、新たな送達経路である電子送達への郵便送達と同等の地位付与等が必要であると結論付けられたことから[448]、欧州委員会は、2018 年の提案中でこれらの答申を反映した素案を提示していた。

最後に、欧州委員会への授権を伴う規定に関する問題である。2007 年の送達規則は、欧州委員会の 2 度の提案を経て 2007 年に採択されたが、第二提案では、付属書中の書式の変更等の規則実施のための措置に、直前に発効した改正コミトロジー決定で定める審査付規制手続 (RPS) を適用するとされ[449]、結果的にこの規定が法的効果を得た。しかし、この RPS は第五章で詳述した問題を孕んでいたため、欧州委員会は 2007 年送達規則を含む多くの既存法令の改正を枠組規則提案で試みたが[450]、同提案は EU 理事会の反

---

(445) Inchausti, *op. cit.*, p.177.

(446) Tsai (2020) *op. cit.*, pp.1830-1831.

(447) European Commission (2014a) *op. cit.*, pp.5-7.

(448) European Commission (2018b) *op. cit.*, p.3, p.10.

(449) European Commission (2006) *op. cit.*, p.6, p.13.

(450) European Commission (2013c) *op. cit.*, p.6. なお本提案の直前に、2007 年規則は 2013 年の理事会規則 (Council Regulation (EU) 517/2013) によりクロアチアの EU 加盟に合わせて付属書中の書式が改正されたが、RPS に関する規定は残存していた (OJ (2013) L158, Council Regulation (EU) No 517/2013 of 13 May 2013 adapting certain regulations and decisions in the fields of free movement of goods, freedom of movement for persons, company law, competition policy, agriculture, food safety, veterinary and phytosanitary policy, transport policy, energy, taxation, statistics, trans-European networks, judiciary and fundamental rights, justice, freedom and security, environment, customs union, external relations, foreign, security and defence policy and insti-

対により採択が見送られた。その後 2016 年に同問題を解消するための規則案が再度提案されたが[451]、送達規則は証拠収集規則と債務名義創設規則と並んで 2018 年までに具体的な改正の動きが見られず、迅速な改正が求められていた。

第4節　司法文書管理改革の帰結と背景的諸要因

2018 年の送達規則の改正提案は、EU 諸機関による検討を経て 2020 年に採択されたが、同規則からは欧州委員会の情報資源管理のスキームが見て取れる。文書送達を巡っては、主として基本権の保護や行政効率の向上の観点から議論されてきたが、前節で掲出した別の問題に関する文脈においても改革の必要性が指摘されていた。

本節では文書送達を巡る改革の帰結として、2020 年規則による具体的な変更点を整理しつつ、欧州委員会による情報資源管理の特性とこれを取り巻く諸問題について分析する。

(1) 2020 年新送達規則[452]

2018 年 5 月に再提案された送達規則は、経済社会評議会による意見表明の後、通常立法手続の下、欧州議会と理事会による検討に付された。

審議の過程で経済社会評議会は 2018 年 10 月、主として基本権保護の観点から意見を付し、特に翻訳要件や電子文書の完全性及び目的について指摘した[453]。また欧州議会は 2019 年 2 月、加盟国機関の文書処理に期限を付すこ

---

tutions, by reason of the accession of the Republic of Croatia.）。

(451) European Commission (2016b) "Proposal for a Regulation of the European Parliament and of the Council adapting a number of legal acts in the area of Justice providing for the use of the regulatory procedure with scrutiny to Article 290 of the Treaty on the Functioning of the European Union", COM (2016) 798 final, Annex I, pp.5-6.

(452) 規則に関する説明は OJ (2020) L405, *op. cit.* に依拠し、訳語は特別な理由がない限り安達 (2009b) 前掲書、に倣った。

(453) OJ (2019) C62, Opinion of the European Economic and Social Committee on a) Proposal for a Regulation of the European Parliament and of the Council amending

196 第八章 EU 送達規則の改正に見る情報資源管理の限界

と、情報処理に際して GDPR を遵守する規定を挿入すること、文書を受取人が理解できる言語に翻訳すること等、手続の迅速性や受取人の権利及びプライバシーの保護に関して、加盟国に対する EU レベルの関与を強める提案を行った[454]。司法内務理事会も同年 12 月に素案の修正を提案し、修正の方向性を欧州議会と概ね一致させた[455]。欧州議会と理事会による第一読会の後、欧州委員会を含めた 2 度の三者協議で修正素案が作成され、常駐代表委員会と欧州議会内の法務評議会による審議を経て、欧州委員会が理事会の修正を全面的に支持する形で 2020 年 11 月に規則案は採択された[456]。

Council Regulation (EC) No 1206/2001 of 28 May 2001 on cooperation between the courts of the Member States in the taking of evidence in civil or commercial matters (COM (2018) 378 final—2018/203 (COD)) and on b) Proposal for a Regulation of the European Parliament and of the Council amending Regulation (EC) No 1393/2007 of the European Parliament and of the Council on the service in the Member States of judicial and extrajudicial documents in civil or commercial matters (service of documents) (COM (2018) 379 final—2018/204 (COD)).

(454) European Parliament (2019) "European Parliament legislative resolution of 13 February 2019 on the proposal for a regulation of the European Parliament and of the Council amending Regulation (EC) No 1393/2007 of the European Parliament and of the Council on the service in the Member States of judicial and extrajudicial documents in civil or commercial matters (service of documents)", P8_TA (2019) 0104.

(455) Council of the European Union (2019a) "Proposal for a Regulation of the European Parliament and of the Council amending Regulation (EC) No 1393/2007 of the European Parliament and of the Council on the service in the Member States of judicial and extrajudicial documents in civil or commercial matters (service of documents)", ST_14599/19_INIT.

(456) Council of the European Union (2020) "Position of the Council at first reading in view of the adoption of Regulation of the European Parliament and of the Council on the service in the Member States of judicial and extrajudicial documents in civil or commercial matters (service of documents) (recast)", ST_9890/2/20_REV2, ADD1., European Commission (2020i) "Communication from the Commission To the European Parliament pursuant to Article 294 (6) of the Treaty on the Functioning of the European Union concerning the position adopted by the Council at first reading on the adoption of a Regulation of the European Parliament and of the Council amending Regulation (EC) No 1393/2007 of the European Parliament and of the Council on the service in the Member States of judicial and extrajudicial documents in civil or com-

第4節　司法文書管理改革の帰結と背景的諸要因　　197

2020 年規則は以下の特徴を持つ。

考慮事項は、旧規則の 29 項目から 48 項目へと増えた。また新規則は明晰性の観点から書替え（recast）として採択され、旧規則の一部の考慮事項が新規則の本文に挿入された。

次に総則に関する変更点である。第 2 条では、規則中の語句に関する定義が示された。特に分散型 IT システムについては、加盟国の個別の責任と管理の下に機能する国内 IT システムと相互に運用可能なアクセスポイントによって構成されるネットワークであり、加盟国 IT システム間の越境的な情報交換の安全性及び信頼性を確保するものと規定された。第 5 条では、嘱託機関、受託機関及び中央機関の 3 機関間における文書転達手段について規定された。同条により、文書転達は原則として e-CODEX 等の分散型 IT システムを通じた手段に限定された。また転達に際しては、域内市場における電子取引のための電子識別及びトラストサービスに関する規則（Regulation (EU) 910/2014、通称「電子取引規則」)⁽⁴⁵⁷⁾ が適用され、電子的な方法による封印や署名が可能となった。これに関連して第 6 条では、文書が電子的様式であることのみを理由としてその法的効果や証拠としての認定は拒否されないと規定され、電子文書の有効性が確認された。第 7 条では、受取人の住所が不明な場合に加盟国が申立人に対して行う援助が示された。本規定により加盟国は、嘱託機関による受取人の住所特定要求を処理する指定機関を設けること、他の加盟国の市民に対して欧州電子司法ポータル（EeJP: European e-Justice Portal）の標準的書式を利用した受取人の住所に関する直接的な情報請求を許可すること、受取人の住所を特定する方法に関する詳細な情報を EeJP を通じて提供すること、の何れかで申立人への援助を行うこととなった。また加盟国には、提供可能な援助の手段とその詳細に関する情報を

mercial matters (service of documents) and of a Regulation of the European Parliament and of the Council amending Council Regulation (EC) No 1206/2001 on cooperation between the courts of the Member States in the taking of evidence in civil or commercial matters", COM (2020) 695 final.

(457) OJ (2014) L257, Regulation (EU) No 910/2014 of the European Parliament and of the Council of 23 July 2014 on electronic identification and trust services for electronic transactions in the internal market and repealing Directive 1999/93/EC.

198　第八章　EU 送達規則の改正に見る情報資源管理の限界

EeJP で参照可能にすることを目的として欧州委員会に提供する義務が生じた。

　次に、裁判文書に関する変更点である。第 10 条では受託機関による文書の受領について、受託機関から嘱託機関に対する受領証明の送付手段を原則として自動化且つ電子化することが規定された。第 12 条では文書の受領拒否に関連する規定が示され、受取人に対し文書の受領拒否の権利を通知する際の様式及び翻訳規定が追加された。第 19 条では、裁判文書の送達に関するその他の手段として電子送達が追加された。同条では、電子取引規則に定める配信サービスを用いて送受信され、且つ受取人が事前に電子的方式による文書送達に同意していること、または受取人が裁判所又は送達の責任を負う機関に対して電子メールによる文書送達への同意を事前に表明し、受領の日付を含む受領証を以て文書の受領を確認することの何れかを条件とし、国内法上利用可能な電子的方式を用いて受取人に司法文書を直接送達できることが示された。加えて、送達の安全性確保の観点から、各加盟国は電子送達の可否及びその条件を欧州委員会へ伝達することが定められた。第 20 条では、直接送達の資格を有する職種ないし人物に関する情報を、EeJP 上で参照できるよう欧州委員会へ通知することが定められた。なお、裁判外文書に関する規定は維持され、裁判文書に関する上記の変更が裁判外文書の転達及び送達に関しても適用された。

　最終条項に関する変更は以下のようなものである。第 22 条の被告の不応訴に関する規定では、裁判所による紛争判断、及び被告による原状復帰の申立ての条件に関する情報を、EeJP 上で利用可能にするよう規定された。第 23 条及び第 24 条では、欧州委員会への権限委任とその手続が規定され、付属書 I の更新ないし技術的変更が委任法行為として欧州委員会に授権された。また第 25 条及び第 26 条では、電子通信の方式、通信プロトコル、情報通信処理におけるセキュリティに関連する技術的措置、最低限度の利用可能性に関する技術的要件、分散型 IT システムの運用及び維持のための評議会の設置の計 5 点に関する決定が実施法行為と定められ、規則発効に先行して審査手続で行われることが規定された。第 27 条及び第 28 条では、参考実装ソフトウェアの作製、維持及び開発を欧州委員会の責任の下 EU 一般予算か

第4節　司法文書管理改革の帰結と背景的諸要因　　199

ら出資して行い、加盟国による実装への支援を無料で行う一方で、分散型
ITシステムを構成する国内システムの維持管理や互換性確保に際して必要
な財政的負担を加盟国が負うことが定められた。第31条及び第32条では、
移転される情報の保護及びEU法における基本権の尊重に関する規定が追加
された。ここでは、規則に基づいて行われるあらゆる個人データの処理に際
したGDPRの遵守と、本規則に関係する全ての個人に対する平等な司法ア
クセス、不差別、個人データとプライバシーの保護を中心とする基本権の尊
重が明記された。

(2) 欧州委員会による情報管理

　2020年規則の最も大きな特徴は、デジタル化の推進にある。加盟国機関
間の文書取引の円滑化は、欧州委員会が指摘した改革目的の一つでもあっ
た。転達コストの削減や受領証明の返送等に係る労務の縮小等、行政効率の
向上が期待される。加えて機関間文書取引の円滑化は送達に必要な期間の短
縮につながり、司法手続の利用に際した障壁が軽減され、司法アクセス権の
確保にも寄与が認められる。加えて、市民に対する情報提供の点でもデジタ
ル化の進展が見られた。規則中で指摘のあるEeJPは、以前より運営されて
きた司法手続に関連する情報を含むサイトであり、情報へのアクセシビリ
ティは向上してきた[458]。新規則は、受取人の住所特定に際した申立人の支
援や、文書送達の期限等、加盟国間で差異が認められる情報を市民が容易に
参照できるよう、EeJPへの掲載を目的としてこれらの情報を欧州委員会が
収集するよう定めた。欧州委員会はワンストップ型のアクセスポイントを設
置し、関連する情報を集積し、事実上これをデータベースとして機能させる
ことで、潜在的に司法へアクセスする市民から見た利便性を向上させるよう
企図した。
　加えて、情報処理を伴う送達に際して必要となる個人データ保護の重要性

---

(458) European Commission (2016a) "Report from the Commission to the European
　　Parliament, the Council and the European Economic and Social Committee on the ac-
　　tivities of the European Judicial Network in civil and commercial matters", COM
　　(2016) 129 final, p.7.

が強調された。2018年発効のGDPRは非営利目的の個人によるデータ処理を除く広範囲を適用対象としており、新規則中で言及がなくてもその適用は明白であったため、当初の委員会提案では規則本体にGDPRへの言及はなかった。しかし、プライバシー権が司法アクセス権と並んで送達規則がその保護に加担する点から、GDPRの遵守を規則中に挿入したことは、加盟国機関による情報処理の信頼性を高める上でも有効であった。司法手続における個人の権利保護は、従来CJEU判例及び他規則によって詳細が確定してきたことも相俟って、有効且つ明晰な法的基盤を持つこととなった。

　他方で、現代的技術を利用した行政効率向上の試みは、司法領域に限定しても2007年から開始されている。刑事手続のデジタル化[459]に照らしても、2020年の新規則はあくまでその延長線上にある。また欧州委員会は、手続の利用に必要な情報を集約しつつも、転達等の手続を処理するシステムをEUレベルで構築することは避けた。この点において、上で述べた明確な進展こそあれ、新規則の内容に見る欧州委員会の情報管理形態に革新的変化はなかったが、2020年末に新規則が採択された経緯は以下のようなものであった。

　採択の時期に関しては、越境司法協力に関わる他の規則と歩調を合わせるという現実的要請があった。特に判決の承認及び執行に関わるブリュッセルIIa規則等、旧送達規則と同時に議論されていた各種の法令の施行が迫っており、実施に必要な各種の法整備やシステム構築に要する時間確保のため、採択の延期は困難であった。加えてシステム構築に際してEUと加盟国の双方に財政的負担が生じることから、迅速な採択が求められる中で、欧州議会とEU理事会の合意を得るためにも漸進的な変化にとどめざるを得ない状況にあった。

　しかし、サイバーセキュリティの確保と欧州委員会への授権を伴う規定に関する問題の解消という2点から見ると、新規則による限定的な変化には積極的な理由も存在した。

　デジタル化の推進に際した技術的要請については、セキュリティとデータ

---

(459) 例えば、欧州逮捕令状の電子送付（浦川（2015）前掲論文、43頁）等。

保護の観点から、情報の暗号化、電子署名に関する法整備、ブロックチェーン型の優位性等が指摘されている[460]。新規則は、受取人への送達こそ画一的に規定しなかったものの、機関間の文書取引における信頼性の高い電子署名ないし電子封印技術を従来の物理的な方式に代替できるものとして規定した。加えて新規則で定義された分散型 IT システムも、結果的にブロックチェーン構築の前提となるネットワークの形態を成しており、電子文書の送達に関して加盟国が設定した上乗せ基準を欧州委員会へ通知するよう義務付けたことと併せて考えると、欧州委員会が分散型 IT システムにセキュリティ上の長所を見出していたとも考えられる。

また旧送達規則が抱えていた RPS の適用を巡る問題に関しては、第五章で詳述した経緯で、規則（Regulation（EU）2019/1243）[461]の発効が実現し、60 余の RPS 適用措置が委任法行為に統合された[462]。送達規則を含む司法領域に関する提案は同年中に採択されなかったが、2020 年規則では、書式を定める付属書の改正が委任法行為、IT システムの創設に必要な追加的決定が実施法行為と定められ、RPS 適用規定は消滅した。併せて、証拠収集規則も同時に改正されたことで、2006 年の改正コミトロジー決定に基づく司法領域の授権は、債務名義創設規則を除く全ての立法行為で取り除かれ、リスボン条約前後の重複した法秩序は完全な解消へと近付いた[463]。

以上のように欧州委員会は、送達規則の改正に際して、情報の集積を一定程度進めつつも、送達及び転達に関しては情報処理及び文書取引のルールを設定する役割にとどめ、従来の情報管理の様態を基本的には維持した。このことは、欧州委員会の域内司法に対する関与の不足を意味するのではなく、

---

(460) Tsai (2019) *op. cit.*, p.373.

(461) OJ (2019) L198, Regulation (EU) 2019/1243 of the European Parliament and of the Council of 20 June 2019 adapting a number of legal acts providing for the use of the regulatory procedure with scrutiny to Articles 290 and 291 of the Treaty on the Functioning of the European Union (Text with EEA relevance).

(462) この経緯については第五章 3 節を参照。

(463) European Commission (2023c) *op. cit.*, p.5. によれば、2022 年中の RPS に服する評議会の数は 9 であり、うち司法領域の評議会の数は 2 である。近く RPS 適用措置は現行法制下の法行為に完全に置換されることが期待される。

従来の情報管理を積極的な理由によって維持した結果であった。加えて、主たる文脈として位置付けられてきた個人の権利保護や行政効率の向上といった観点から離れて考察すると、新規則はセキュリティや法行為に関する問題に対する明確且つ十分な対応として機能していると評価できる。

第5節　小　括

　本章は、EU の民事及び商事における送達規則を分析の対象とし、欧州委員会が情報資源管理の手続を構築する上で有した考慮について分析するものであった。

　2020 年規則は、加盟国機関間の文書転達のデジタル化、受取人住所が不明の際に申立人に対して加盟国の行う支援、受取人に対する電子送達に必要となる条件整備、情報処理上の遵守事項等の複数の点において、2007 年規則に変化を与えた。これにより、転達及び送達に要する財政コストや労務の削減、並びに手続に要する時間の短縮が実現する等、行政効率の向上や市民権の保護について実質的な改善が認められる。また加盟国毎に状況が異なる点に関しては、欧州委員会がその情報を収集し、単一のアクセスポイントを整備することで、司法手続の潜在的な関係者に対して必要な情報へのアクセシビリティを高めた。他方で、デジタル手続の強化は 2000 年代からアジェンダとして認識されており、上に述べた改善こそあれ、改革は漸進的なものにとどまった。

　欧州委員会は、2007 年規則に関する議論を複数の文脈の中に位置付け、2020 年に新規則の採択を実現した。欧州委員会はデジタル化を強力に推進することで、市民が司法にアクセスする際の障壁を解消し、その手続的権利を実質的に保護することを目指した。また、一連の改革の対象となった送達規則を規制政策と捉え、行政効率に関する改善の余地をも認識していた。これに加え、2007 年規則は実施規則や細則の改正にコミトロジーを適用していたため、リスボン条約以降の法行為の区分に RPS 適用措置を落とし込む改正の必要性も存在した。更に欧州委員会は、散発的に出現した加盟国別の IT システムによって構成される従来の情報管理手段にサイバーセキュリ

第5節 小 括 203

ティ上の一定の妥当性を見出していた。以上の政治的、行政的、法的、技術的な4つの背景を基に実現した改革は、主たる文脈として位置付けられてきた市民権の保護や行政効率の向上だけではなく、法的枠組に関して残存する問題を完全な解消へ近付け、安全性や信頼性のあるシステム構築を方向付ける意義もあった[464]。

　また、欧州委員会は情報資源管理における結節性を維持した。国際行政府たる欧州委員会は、司法文書送達の円滑化に際して自機関の強力なイニシアティブが重要であると認識し、管理活動に関与する情報の範囲を司法政策の成熟に合わせて徐々に拡大させた。しかし、加盟国政府が従来行ってきた情報に関わる行政管理活動を完全に取って代わろうとはしなかった。この点において、情報資源管理を巡る改革は漸進的なものにとどまっているが、その改革過程では構築すべき司法手続の公正性、公開性、迅速性を前提として、基本権保護や安全性、効率性、経済性、法的な整合性についても考慮され、欧州委員会はこれら複数の要素に配慮しつつその均衡を模索しながら、市民の信頼に基礎付く制度構築を成功裏に推進した。

---

(464) なお、本章で検討した送達規則の実施規則は 2022 年 3 月 14 日に採択された。OJ (2022) L87, Commission Implementing Regulation（EU）2022/423 of 14 March 2022 laying down the technical specifications, measures and other requirements for the implementation of the decentralised IT system referred to in Regulation（EU）2020/1784 of the European Parliament and of the Council.

205

終　章

第1節　本研究の総括

　本書は、EU 行政の中心的な役割を担う欧州委員会による行政資源管理の静態及び動態について分析してきた。本章では、序章で設定した論文全体を貫徹する問題への回答を提示し、本研究が有する含意や課題、展望を示す。まず本節では、第一章から第八章にて分析した個別の事例から得られた知見を振り返りつつ、主問題と補助問題について本研究が導出した回答を提示する。

(1)　各事例研究の要約と主問題への回答

　本研究が設定した主問題は、「欧州委員会が行政資源管理をいかなる手続の下に行い、これに参与する多様なアクターをどのように関係付けているか」「EU における行政資源管理の形態が何を目的としていかに変化してきたか」の 2 つであった。両問題は、EU における行政管理の静の側面と動の側面に対応した事実に関する具体的な問いであり、各章で検討した行政資源（人事、財政、権限、情報）に対応する事例研究を要約する形で、以下の回答を導出することができる。

　まず、人的資源を巡る行政管理について得られた知見である。EU 諸機関における人事決定は、1962 年に制定された職員規則に基づいて行われている。職員規則はその制定当初より、職務適正のある職員を調達するための能力主義原則と、国籍の多様性を支える地理的配分原則、性別及び民族的背景等に基づく差別の禁止に関する規定を含んでいたが、EU 官僚制は長く白人男性中心の組織であった。しかし、EU の社会におけるジェンダー平等関連法制の進展や、北欧を中心とする加盟国首脳からの働きかけを受けて、2004年以降複数回に亘って職員規則に本質的変更が加えられ、ジェンダーに関す

206　　終　章

る考慮は地理的配分原則と同等の地位を獲得した。また同時期に欧州委員会は、従前各機関に委ねられていた採用業務を欧州人事選考局（EPSO）の設立により一元化した。リスボン条約以降には、ジェンダーに関する考慮が強化された職員規則が欧州対外行動庁（EEAS）や地域評議会にも適用されることとなり、欧州委員会の主導で強化された人事決定上の規則は他のEU諸機関に広範に及ぶこととなった。更に、最終的な人事決定を行うEU諸機関の一部は、職員規則の規定に則った職員構成の是正状況を、欧州委員会、理事会及び欧州議会に報告することを義務付けられ、職員規則改正の意図に則した運用が徹底されることとなった。

　また、機構の事例として取り上げた欧州委員の職務補佐を行うキャビネは、事務的補佐に加えて、欧州委員会内部の水平的・垂直的調整を担う重要性を持つ組織として現在まで維持されている。しかし、設立当初のキャビネは欧州委員出身国の職員から成る「加盟国の飛地」と形容される組織であり、EU官僚の専門性を抑圧し共同体主義的決定を阻害する要因として批判されてきた。その後、各種の専門委員会による制度改革提案を受けて、欧州委員会は2000年代以降にキャビネの構成に関する規定を公式に設定し、総人数、国籍及びEU職員としての地位に関する基準を設定した。またかくして強化されたキャビネの構成に関する規則、及びキャビネ職員と欧州委員が服する行動綱領は、キャビネと欧州委員及び事務総局の連携の中でその遵守が徹底されることとなっている。また、リスボン条約以降はキャビネにおけるジェンダー間の数的平等の確保が義務化され、キャビネの活動実態やこれと接触する外部団体に関する情報公開が強化された。

　次に、財政資源を巡る行政管理について得られた知見である。多年度財政枠組（MFF）は、単年度予算と並んでEU予算の総額及び支出項目を規定する予算枠組であり、予算規模膨張と予算過程停滞の抑制を目的として、1988年に多年度財政見通し（MFP）として導入された。MFPは欧州理事会の合意に基づく政治的な拘束力のある枠組として機能したことで、上述の2つの目的を果たしたが、EU予算の財源が加盟国の分担拠出金から固有財源に置換されることで欧州委員会を統制する地位を獲得するに至った欧州議会の権限を制約する性格があったことから、「民主主義の不足」の批判を受けた共

同決定手続の拡大とは逆行する側面も有し、改善の余地が指摘された。リスボン条約で旧称が変更された MFF は EU 法上の規則としての地位を獲得し、その審議過程における欧州議会の権限は強化された。これにより予算を巡る事前統制の過程において、加盟国を単位とする理事会と、市民をその支持基盤に持つ欧州議会の双方が、MFF 規則決定過程に実質的に参与できることとなり、両機関の権限の格差は縮小した。

　また、機構の事例として検討した欧州検察局（EPPO）は、2017 年に設立され 2021 年に始動した財政管理の事後統制を担う組織の一つである。EU 財政を巡っては、監査機関として欧州会計検査院（ECA）が設置され、1977 年以来欧州議会に欧州委員会への予算責任解除を行う際の重要な情報を提供し続けている。また、共同体の財政的利益を侵害する不正への対策として欧州不正対策局（OLAF）、欧州刑事警察機構（Europol）、欧州司法機構（Eurojust）が設置され、捜査及び訴追を管轄する加盟国当局間の協力は 1990 年代以降促進されてきた。しかし、加盟国で執行される EU 予算の会計検査の責任と予算関連犯罪の有責者の訴追可否の判断は加盟国機関に委ねられ、不正対策としての実効性は不十分であった。この状況を踏まえ、従来加盟国当局の支援という形で関与してきた財政上の犯罪を巡る捜査と訴追を EU の機関として一貫して所掌し、有責者への法的制裁と不正による逸失利益の回収を目的として、リスボン条約に根拠が明記された EPPO はその構想を欧州委員会が牽引した。EPPO は明確な責任按分の下、欧州委員会と上掲の既存の不正対策機関との間に情報提供を含む相互協力関係を構築しながら、欧州委員会に対しても捜査権を有する一定程度独立した機関として EU 財政に関連する不正対策メカニズムの中心的役割を果たすこととなった。

　続いて、法的資源（権限）を巡る行政管理について得られた知見である。法的資源の管理に関わる手続体系に関しては、1962 年に管理評議会手続として出現したコミトロジーが、事実上の行政立法手続として現在もその地位を維持している。コミトロジーは、欧州委員会が実施措置を決定する際に、理事会と欧州議会によって設置された評議会で素案を検討し、付された意見に関して手続に参与する共同体と加盟国の両レベルの諸機関に対して異なる程度の説明責任を確保しつつ措置を採択する手続のセットであるが、リスボ

208 　　終　章

ン条約以前のコミトロジーは手続体系の複雑性や内部の議論に関する情報公開の欠如、実施措置の採択を巡る欧州議会による欧州委員会への過剰統制等の問題を抱えていた。この状況は、リスボン条約を受けた 2011 年の新コミトロジー規則により改められ、従来コミトロジーの適用対象となっていた非立法行為のうち、実施法行為については加盟国と理事会が、委任法行為については欧州議会と理事会が欧州委員会を統制する手続が整備された。またその後、欧州議会による過剰統制の主因であった旧法制化の審査付規制手続（RPS）を廃止する過程では、欧州委員会が欧州議会と加盟国に対して、手続適用の客観性向上や審議内容の公表、及び統制経路の適切性を中心とする抑制的な交渉を展開し、これを成功裏に推進した。

　また機構の事例として検討した EU エージェンシーは、欧州委員会が組織外部に設置する独立した法人格を持つ機関であり、1970 年代に導入されたのち、2000 年代以降コミトロジーの代替として拡大的に利用されるようになった。従前は、欧州委員会のエージェンシーに対する効果的な統制の維持と、エージェンシーへの自律性付与による行政業務の効率性向上という緊張関係にある要請に照らして批判が呈されてきた。加えて、前段でまとめたコミトロジーの改善は、エージェンシー設立の重要な根拠の一端を喪失させることとなった。しかし欧州委員会は、時にエージェンシーの廃止の根拠にもなる効率性及び経済性と、複数の総局が所掌する政策の相乗効果創出に関する考慮を基に、リスボン条約以降もエージェンシーを利用した政策実施の形態を維持した。かくして現在まで維持されるエージェンシー方式では、欧州委員会がエージェンシーの長官職と行政管理部を通して当該機関への統制を維持している。他方で、特定政策領域に関わる専門的な判断を伴う答申等についても、欧州議会や理事会の決定権限を損ねないことを条件に、エージェンシーに対して専門性に基づく一定の裁量と所掌領域に基づく組織的アイデンティティを付与し、欧州委員会内部の複数の総局との間の密接な連携の下にこれを機能させている。

　最後に、情報資源を巡る行政管理について得られた知見である。EU 行政が管理の対象とする情報のうち、EU 諸機関内部で創出される情報及び公文書の管理は、欧州委員会内の事務総局が、EU 出版局等との協力関係の中で

これを一貫して担っている。また、EU 域内外の社会経済に関する情報は1950 年代より欧州統計局（Eurostat）がその収集管理を行っている。当初Eurostat が担う統計行政は加盟国から独立した機能が期待されたが、管理対象となる情報の拡大に伴い、EU 諸機関の恣意の排除や、能動的情報公開も欧州議会や加盟国から要請された。これを受けてリスボン条約後には、あくまで EU レベルの統計行政を Eurostat が中心的に担うという従来の指針が維持される傍ら、統計行政に関与する諸機関の責任按分と各機関の人事決定に関する基準が明確化されることに加え、従前必要性が指摘されてきたEurostat の二重の独立性が欧州議会の審査にも服する形で確保されることとなった。また、個人情報を含む一般情報に対するリスク対策は従来加盟国が行ってきたが、2004 年以降は EU 情報安全庁（ENISA）が域内情報安全の品質向上と加盟国間の調和化を担っている。2019 年にサイバーセキュリティ庁と改称されてからは、前段でまとめた EU エージェンシーと同様の管理枠組の下、加盟国機関及び諸社会アクターへの専門知の提供や能力・連携網形成支援の機能が強化されてきた。

　また、個人に帰属し加盟国以下の行政府が管轄する情報に関連して、特に民事商事司法領域における司法文書の管理及び移転の要領を規定するのがEU 送達規則である。従来司法文書は政府間的に送転達されていたが、基本権の保護や行政効率の観点から 1999 年のタンペレ＝プログラムを受けて2000 年代以降 EU 法として送達規則は整備された。しかしリスボン条約前後にかけて有効であった 2007 年版の規則には、従来の論点に加えてサイバーセキュリティと実施規則決定手続に関する 2 点において改善の余地が指摘されてきた。これを受けて欧州委員会は、基本権の確保とデジタル化を伴う行政効率向上を優先しつつ、技術的・法的問題にも配慮した上で、2019年に同規則を改正した。その後も、個人情報を含む公文書の第一次的な管理責任を加盟国に残し、欧州委員会はあくまで情報移転の規則設定に終始した。この点において、EU 諸機関は文書送達の過程に直接関与するものではないが、欧州委員会は情報移転の様式を相当程度統一し、従来面倒と評されてきたシステムを改善した。

210 　終　章

(2) 補助問題への回答

　前項で回答した2つの主問題に加え、本研究は「欧州委員会がスループット正統性を支える要素を諸改革の中でいかなる形で確保してきたのか」という補助問題を設定していた。スループット正統性の充足要件とされる有効性、アカウンタビリティ、透明性、包摂性の4要素と、欧州委員会がリスボン条約以降の改革に際して特に重視した原則ないし考慮と照合すると、本問に対しては前項で提示した個別の回答を総合し整理し直す形で以下の回答を導出することができる。

　有効性については、主として効率性と独立性の確保によってこれが増進されてきた。効率性に関しては、EUエージェンシー、またこれによって成る実施形態としてのエージェンシー方式についてはその活用によって得られる経済的観点から、送達規則については、同規則に基づく送転達手続における公私両アクターの労務削減の観点から確保されている。また、独立性に関しては、EPPOとEurostatが、諸機関との連携を維持しつつもそれらと一定程度独立して機能することで、中立性・客観性の増進に寄与した。また有効性は、各資源の管理を巡って必要とされた個別の要請に応える形で確保されてきた。具体的には、送達規則を巡る議論においては基本権の保護及び情報安全の確保、ENISAを巡る議論では専門性、エージェンシーを巡る議論では相乗効果の創出が意図され、それぞれが対応する行政資源管理の質的向上に寄与した。

　アカウンタビリティは、行政管理に関与する機関の責任按分の明確化と、主として欧州委員会に対する統制の確保によって増進されてきた。特に財政と情報の管理に関与する機関については、それぞれの責任が明確化されたことで、何れの機関も効果的に管理できない状況の回避が図られた。加えて、法的資源以外の管理においても適用される事例があるコミトロジーを巡っては、採択の対象となる法行為の性質に合わせて、原初的に権限を有しているEU・加盟国両レベルの機関が欧州委員会に対して実質的な統制を行えるよう変化し、欧州委員会のアカウンタビリティ確保に寄与したと認められる。この他にアカウンタビリティを巡っては、欧州委員会内部に存在するキャビネの人事に従来影響力を行使していた加盟国に代わって、欧州委員会が内部

規則を策定し、当該人事に関する責任を積極的に負うことで確保されてきた経緯も指摘できる。また、EU財政の執行過程で不正を行うあらゆるアクターに対する事後的責任追及の徹底が、EPPO構想を通して図られたことも、財政資源管理を巡るアカウンタビリティの向上に寄与するものであった。

　透明性は、行政管理に関わる情報公開の強化によって確保されてきた。この事実は、情報資源管理に限らず全ての行政資源に関わる事例において看取されるところであり、EU行政を構成する諸機関の活動に関する情報が積極的に公開される傾向が強化されてきたことを指摘できる。加えて、市民を含むEU諸機関内外からの視認可能性の向上によっても透明性は増進することとなった。具体的には、職員規則の改正、及びその適切な運用の確保を目的とする付随的な規則の策定によって、人事決定において特定の原則が適切な優先関係の下に適用されている状態が維持されることに加え、その状況が継続的に公表されることとなった。またコミトロジーの例では、リスボン条約前後の新旧法制の併存状態を相当程度解消したことによって、手続体系が簡素なものとなり、実施措置決定手続が理解しやすいものへと変化した。

　包摂性は、とりわけ人的資源管理に関わる制度が依拠する複数の原則の確保によって強化されてきた。職員規則の改正やキャビネの構成を巡る規定の変化に際しては、従来堅持されてきた能力主義原則に加えて、地理的配分原則とジェンダーに関する考慮が強化されることとなり、代表的官僚制という観点から批判を受けてきたEU官僚制の内部構成を成功裏に是正し、多様な社会的属性を持つ個人がEU行政に参与し活躍するための条件整備に成功した。

　なお、以上の回答は表5のように整理することが可能である。

　同表による整理は、表中に記載のない原則がスループット正統性の確保に寄与していないことを意味するものではない。同表は、あくまでリスボン条約以降に出現、適用拡大ないし実質性向上が認められた要素について整理したものであり、リスボン条約以前から行政管理において維持されてきた原則ないし考慮の存在を否定するものではない。かくして欧州委員会は、個別の改革においてスループット正統性の充足要件に必ずしも直接言及しCAMERA

212　終　章

表5：スループット正統性の充足要件とこれを支える諸要素との対応関係

行政資源	分析事例	スループット正統性の充足要件			
		有効性	アカウンタビリティ	透明性	包摂性（公開性）
人事	職員規則			人事決定基準の明文化	ジェンダー平等／地理的配分原則
	キャビネ		人事決定への影響力と責任の強化	規則運用状況に関する情報公開	ジェンダー平等／多国籍人事
財政	MFF		欧州議会を通した民主的統制		
	EPPO	捜査と訴追判断の客観性／独立性	有責者への事後的責任追及	所掌案件に関する情報公開	
権限	コミトロジー		非立法行為を巡る適切な統制経路	情報公開／手続体系の簡素性	
	EUエージェンシー	行政業務の効率性／政策の相乗効果			
情報	Eurostat/ENISA	独立性／専門性	関連機関との責任按分の明確化	政策関連情報の能動的公開	
	送達規則	基本権保護／効率性／情報安全	実施措置決定を巡る統制経路の整備		

筆者作成

らも、それらを各行政資源の管理に関わる制度改革を推進する過程で個別具体的な原則に還元するとともに、その複数の要素が緊張関係にある場合はその優先関係を明確にしつつ、漸進的ながら着実に改革を実現し、EU 行政の正統性確保に寄与する制度構築を推進してきたのである。

第 2 節　本研究の含意と展望

　前節で示した通り、本研究は序章で示した問題設定に十分具体的な証左を伴う回答を提示することができた。これにより、従来共時的に検討されることの少なかった国際行政研究の対象を EU における現代の文脈において総合させ、EU 及び国際行政一般に関わる命題への回答導出の基礎を構成する、及び EU を対象とした行政管理研究を EU の正統性に関する議論と接続し、現代 EU 行政管理が依拠する基礎的な原則が EU の正統性に対して有する寄与を明らかにする、という本研究の目的は達成された。この点において、本研究はその方法論的性格に鑑み、仮説の検証や生成という形式を意図的に避けたものであったが、各章における分析の過程で、EU 行政、ないし広くは国際行政について提起されてきた従来の論点について、結果的に一定の示唆を導出することにもつながった。本節では、本研究と対象を同じくする研究で従来展開されてきた議論に対して、本研究が導出した含意を示す。また、これらの問題群及び本研究における問題設定への回答の導出に際して本研究が抱える限界について、潜在的なものも含めて示しておきたい。

(1) 関連する論点への含意と暫定的回答

　序章で概観した先行研究には、複数の研究が異なる見解を示す問題設定のうち、本研究がその事例研究を踏まえて一部の先行研究の見解を強化することができるものや、現在までに明確に否定されることはなかったものの、本研究を通して特定の見解の妥当性を再考する必要がある命題が含まれている。以下では、これらの既存の問題設定や命題について、本研究が導出しうる暫定的な回答を提示したい。

　一つ目は、欧州委員会の行政府としての機能の性質についてである。一般に行政府の主観的・客観的機能は、特定の目標達成に専心する任務的行政（Administration de Mission）と、目的性なく政策管理に集中する管理的行政（Administration de Gestion）の対比の中で捕捉されてきた[465]。欧州委員会に

---

(465) Pisani, E.（1956）"Administration de gestion, administration de mission", *Revue*

214 終 章

ついては、統合の各段階においてその機能がどちらに近接しているか論じられてきた。これに関する 2000 年代までの議論の流れを整理したシェーン＝キンリバン（Schön-Quinlivan 2011）は、欧州統合の初期から 2000 年前後に至るまでの期間における欧州委員会（欧州諸共同体委員会）の機能的性格には見解の不一致があるものの、全体として当初強く認められた任務的行政が徐々に管理的行政に取って代わられてきたこと、また NPM 色の強い欧州ガバナンス改革の中で欧州委員会が自らを象徴的な単語（motor）を用いて形容したことはその任務的行政の再興にも見えるが、実際にガバナンス改革で生じたのは管理的業務の効率化であったことを指摘している(466)。この点を踏まえると、リスボン条約以降の欧州委員会も、同様の性格を継承しているものと指摘することができる。欧州委員会は、コミトロジーを巡る議論の中でその姿勢が最も明瞭であったように、域内政策の画一的な実施が政策効果の向上に寄与すること、及び欧州委員会の政策権限強化がそのような画一的な実施を強化することを一貫して主張し続けている(467)。しかし、本研究が行政管理に関わる制度変化に焦点を絞って考察した点を考慮しても、NPM改革が特に財政管理の側面において部分的に修正されつつある点や、リスボン条約以降の行政改革を巡る機関間交渉において抑制的な態度を示した点、更に COVID-19 を巡る EU の対応において欧州委員会が政策の大局的方針について踏み込んだ言及をしながらも、当該政策領域における自らの役割についての記述において欧州ガバナンス白書で用いられたような修辞が用いられていない点を踏まえると、リスボン条約以降の欧州委員会の機能は管理的行政としての特性を強めていると言えよう。

　二つ目は、国際行政資源の概念的範囲と分析対象についてである。本研究では、人事、財政、権限、情報の 4 つの行政資源について、それぞれに対応する行政管理の手続と機構の側面を分析の対象とした。序章でも言及した通り、これらは先行研究においても凡そ共通して挙げられたものであったが、同時に一部の研究はこれらに加えて、またはこれらの一部のみを行政資源と

Française de Science Politique, 6(2), pp.323-326.

(466) Schön-Quinlivan, *op. cit.*, pp.3-5, pp.200-201.

(467) European Commission（2017d）*op. cit.*

第 2 節　本研究の含意と展望　215

して捕捉していた。前節でも言及した通り、欧州委員会は各種の行政資源について特有の原則に依拠しながらも、それらの原則はスループット正統性を支える要件の充足に寄与するものであり、EU 行政に対する市民からの信頼を支える点において相互に通底するものであった。他方で、各章で概観した具体的な欧州委員会の行政管理制度の構築構想は、情報資源に関わる領域において国内行政の様態とはやや離れた形態をとるいうなれば萌芽的なものであり、それは行政管理という枠を出でて市民社会への作用を含む政策としての性格をも多分に帯びるものであった。この事実は、本研究の分析によって確実に指摘できるものではあるものの、一部の先行研究が行政資源を人事と財政、法定権力としての権限に限定していること[468]の妥当性を裏付けるものでもある。実際に、国内行政を対象とする近年の研究が、本研究が射程とした 4 つの行政資源を想定しつつも、情報資源として論じられる事例の一部を早期から研究対象として広く扱ってこなかった経緯もある[469]。この点において、本研究は情報を含む 4 つの行政資源を巡る EU 行政の総括的機能について先進的な試みも限界も含めて詳解できた一方で、ここで析出した情報資源管理を巡るやや異質な特徴によって、従来の国際行政研究における情報資源を対象とする分析が相対的に不足していた経緯を裏付けるものとして機能した側面も認められよう。

　三つ目に、国際行政における集権と分権の捉え方についてである。本研究で検討したすべての事例において、現在欧州委員会が直接間接に調達する行政資源は、原初的には加盟国が調達及び管理を行ってきたものである。それは、行政が国家の統治権としての主権に基づく行為の実施を指すものであり、その資源の調達管理が原初的に国家という単位に帰属することが自然であったためである。実際にこのような主権の所在に基づいて、集権的な国際行政の特徴を行財政資源の集積（集中）と異なるレベルの行政間における資源移転の不在（分離）とし、集権的な国内行政構造の特徴である集中・融合と対照する研究もある[470]。しかし、欧州委員会が特定の加盟国の利益の考

---

(468)　Bauer and Ege（2017）*op. cit.*, pp.24-27

(469)　原田久（2022）『行政学』第 2 版、法律文化社、98-100 頁。

(470)　曽我、前掲書、237 頁。

216　　終　章

慮から離れて自律的に機能するという集権的な EU 行政は、従来加盟国が排他的に保有してきた行政情報の管理規則を幾許統一化してその移転に係るコストを低減させたり、加盟国を介しつつも独自に調達した共同体予算の大部分を、一定条件下で加盟国に執行させたりすることによって、EU 諸機関レベルで合意された諸政策に関する決定を寧ろ貫徹しやすくしている側面もある。つまり、国際機構と加盟国の関係に関する条約上の規定を所与とするならば、集権的な行政構造は国際行政も国内行政も集中・融合型の類似した特徴を持つと言える。次項に挙げる本研究の限界により、本研究は従来の理解を転換する必然性までもを指摘できるものではないが、国内国際両レベルの比較可能性を担保した上で、原田徹（2018）がいみじくも指摘する通り、「国際次元で展開されている行政事象を主体的に研究対象として設定する」[(471)] という視点が求められていると言えよう。

　最後に、国際行政一般の正統性を支える透明性について、通説的理解に一定の留保を付す必要も本研究の分析を踏まえて指摘しておかなければならない。透明性は、民主的政体が当然満たすべき条件と広く認知されており、このことは第七章と第八章で論じた情報資源に関わる行政管理の文脈に限定されない。制度としての EU 行政は、その構造や機能が市民にとってわかりやすくあることが求められている。しかし、欧州統合の進展に伴う共同体の政策権限の強化は、他の多くの国際機構が克服できずにいる政府間的決定の超克であり、そのような領域において EU の日常的業務を担うのは、国籍及びその他の社会的背景と不可分の人間である。つまり、第二章で最も明瞭に論じた通り、特定の領域における（特定の人物が関わる）決定の過程を公表することは、EU 行政を動かす政治家及び官僚に対して、特定集団の利益に関わる考慮を誘発しかねない。欧州委員会は、域内共通の目標を設定しこれを画一的に実施することが共同体大の利益に適うという立場を堅持し、その中枢を担っている。本研究が明らかにした通り、行政の自律的な機能を支える公式性の高いレベルの制度設計は長い時間をかけて精緻になされてきたものの、これを人間が運用する限り、限定的な透明性が国際公共政策の有効性向

---

(471)　原田徹、前掲書、3 頁。

上、ひいてはそのような越境的な統治構造への信頼の醸成に寄与するとも言えることから、透明性確保の重要性は自明視できないのである。

(2) 本研究の限界

　本研究は、前節で回答した主問題に対応する事実関係を詳解することを目的とするものであり、第一章から第八章で分析した通り、その目的は果たされた。またその分析の過程で得られた知見からは、前項に挙げる複数の既存の論点について暫定的な回答を提示し、広く共有されてきた既存の理解を再考する必要性を指摘することにも成功した。但し、本研究がその方法・分析視角及び射程に由来する以下2つの限界を抱えていることも、研究の総括に際して示しておく必要がある。

　まず、本研究は国際機構としてのEUとその市民とを直接つなぐ制度について検討を欠いている。補助問題に関連して、本研究はその分析視角としてスループット正統性の充足要件に着眼した。スループット正統性は旧来の正統性に関する議論とは異なり、民意の入力を政策出力につなぐ過程にその淵源を求める性格があった。そのため、このような正統性の把握は、政治と異なり、必ずしも市民の意思を基盤として機能するわけではない行政を対象とした分析に有用であり、この視点を利用した本研究は欧州委員会が行政管理に際して基づく原則を成功裏に析出させた。他方で、欧州委員会は正統性という単語を明確且つ一貫した意味において使用しないながらも、本研究で取り扱った諸改革においてEU市民からの信頼を獲得するための制度構築が必要であることにたびたび言及している。加えて、特に2010年代に正統性の危機が語られた時も、EUを対象とする多くの研究は反共同体主義的言説や投票行動等、市民個人の意識にその根拠を見出しており、正統性と市民からの信頼は記述のレベルにおいて互換可能でさえある。この点を踏まえれば、市民とEUを直接つなぐ行政上の制度に関する分析がEUの正統性に対する行政システムの構築及び機能の寄与について有益な知見を創出できるのは明らかである。実際には、市民の意思に対する応答性は行政組織において伝統的に要請されてきたものではなかった上、国際行政の性質上市民と行政府を直接接続する制度が主流でないことから、本研究ではそのような個別の制度

218 　　終　章

について中心的に検討しなかったため、この限界は筆者の含み置くところでもある。本研究は、個別具体的な行政手続や機関の創設がEU行政管理の総体の把握に直接資するものではないという想定の下に、各種の行政資源に関わる手続や機構を横断的に分析したものであり、結果として前節の回答を導出できた点においてその想定は一定の妥当性を有するものと認められよう。但し、現在までに試行的に導入された歴史の浅いそのような制度について個別に分析することは、今後ありうべき国際行政の変化が越境的なガバナンスの正統性に与える影響について正確な理解を構成する際に不可欠である。また、市民が国際機構を通して国家を統制しうる状況を想起しなければならない中で、前項で指摘した通り集権的国際行政を捉え直す際にも必要となる分析対象であることから、EUとその市民を直接つなぐ制度についても、別稿にて検討を要すると言えよう。

　また、本研究は国際行政資源について、人事、財政、権限、情報の4つを取り上げ包括的に検討するものであったが、国際行政機構の意思について十分な検討を行えたものではない。欧州委員会は法案提出権を持つ唯一の機関であり、域内政策の枢要を形成するイニシアティブを積極的にとっている。そのようなEUは、政府間主義の選択的超克に成功しており、その行政府である欧州委員会の自律性は他の国際機構に比べて高いことが見て取れる。それはとりも直さず、欧州委員会の活動に必要となる行政資源の多くを加盟国に依存せず独立して調達及び管理していることにその要因が求められる。他方で、国際行政機構の自律的機能を支えるのは、行政資源の独立性と行政府の意思の自律性であるとされる[472]。本研究は主として前者に関する分析に終始しており、人事行政等の事例において後者の側面が垣間見られる記述をも一定程度含むが、後者について包括的に分析したものではない。意思の自律性という側面は、欧州委員会の行政府としての性格を前項で触れた任務的（Administration de Mission）なものと想定するならば、一層の重要性を持つ論点であり、以降の研究で十分な検討を加え本研究が導出した知見と総合することで、国際行政機構の自律性に関して、より一般性のある総括的な立論

(472) Bauer and Ege (2017) *op. cit.*, p.24.

が可能になると言えよう。

　これらに加えて、前項で挙げた問題群への回答や、序章で示した本研究の
より大きな目的に照らすと、以下の点についてもやや望蜀ながら課題として
の批判を免れない。

　まず、本研究はEU行政を構成する手続及び機構をあくまで選択的に検討
しているという点である。本研究は、EU行政管理の総括的特徴を明らかに
するという目的に照らして、4つの行政資源の管理に関わる主たる事例を分
析の対象とした。本研究が捨象した事例分析が本研究に結論の修正を迫るも
のではないが、補完的・萌芽的に利用されている行政府内部の手続や組織に
ついて詳細に分析することは、本研究で析出できなかったEU行政管理の新
たな側面を明らかにする一助となるため、今後の潜在的な研究課題とした
い。

　もう一点は、本研究の一連の作業がEUのみに焦点を当てたものであり、
結論の外的妥当性について十分に検討できるだけの分析を含んでいない点で
ある。序章で示した通り、本研究は国際機構行政と国内行政の協働によって
成る現象としての国際行政について、その管理機能の様態を把握する試みと
位置付けられる。これと同時に、一部の事例において明確に指摘した通り、
EU行政の制度構築の過程では、加盟国からの制度移転も行われ、その点に
おいて本研究は比較行政研究の蓄積にも立脚したものである。国際行政研究
及び比較行政研究は、欧米圏の国家を対象とする分析が十分蓄積される一方
で、非ラテン文字言語が作業言語となる国家及びそのような国家を含む国際
機構に関する分析は相対的に不足している。本研究が創出した知見が、それ
らの事例においてどれほど妥当するかは、別稿にて追って検証されるべきで
あろう。

第3節　おわりに

　本書は、欧州委員会を中心とするEU行政の様態を、行政資源管理と正統
性の観点から分析したものであった。本章は本研究が設定した主問題及び補
助問題に対して与えた回答を提示するものであるとともに、本研究がEU研

220 終 章

究及び国際行政研究において長く議論されてきた複数の論点について暫定的な回答を示し、従来の議論の再考を迫る可能性を示すものでもあった。

　前節の通り、本研究は複数の点において限界を抱えているが、それらは特定の現象を記述的手法によって詳らかにする試みにおいて不可避のものであり、寧ろ今後の研究の可能性を裏付けるものであると言えよう。

　本研究は政治学のパラダイムだけでなく、国際行政研究のパラダイムシフトに照らしても、先駆的な問題関心に基礎付く研究とは認められないかもしれない。しかし、学術的関心からより一般性の高い仮説検証を行う際にも、また現実的関心から今後の国際公共政策、グローバル・ガバナンスの在り様に関する実践的提案を導出する際にも、現行制度を正確に描写しその成立の根拠について詳解することは不可欠であり、本研究は極めて限定的ながらそのような複数の要請に応えるものであったと言えよう。この点において、本研究と類似した関心に基づき同様の方法によって行われるある種古典的な国際行政学は、学術的潮流の変化によらず誠実に継続されなければならないのである。

あ と が き

　本書にしたためた論文は、筆者が早稲田大学大学院政治学研究科博士後期課程在学中に行った研究の成果をまとめ、2023年12月に提出した博士学位申請論文「リスボン条約以降のEU行政—欧州委員会による行政資源管理」に一部修正を加えたものである。博士学位申請論文の執筆にあたっては、学内外の多くの先生方に御指導を賜ったが、とりわけ論文審査委員をお引受けいただいた以下4名の先生方には、ここに格別の御礼を申し上げたい。

　メインアドバイザー（主査）であった早稲田大学政治経済学術院・福田耕治名誉教授には、学部2年次以来、国際行政及びEU・欧州統合研究の基礎に始まり、大学院生としての効果的な研究の進め方や、研究者に必要な心構えについて御教授いただき、未熟な筆者をゼロから育てていただいた。その中で、既に咲いている美しい花を摘むような研究ではなく、自ら種を蒔いて育てるように、時間を要しても一次資料を基礎とした実証的な研究を行うことの大切さを説いていただいた。福田先生は、その献身的な御指導で、何にも代え難い筆者の研究の礎を築いてくださり、その含蓄に富むお言葉で、自らの不甲斐無さに折れかけた筆者の心を幾度も救ってくださった。ここに記し、心より謝意を表したい。

　サブアドバイザー（副査）であった早稲田大学政治経済学術院・中村英俊教授には、博士後期課程進学以来5年に亘り、研究の骨子に関わる重要な御指摘を多数いただくとともに、本書にまとめた研究のみならず、今後の研究の展開についても忌憚のない御意見をいただいた。また、後述する筆者のベルギーでの研究も、中村先生のお取計らいなくしては実現しえなかった。多岐に亘る御指導、御支援に心より御礼申し上げる。

　また、論文の審査に際しては、法政大学法学部・坂根徹教授に学外より参与いただいた。坂根先生は、特に国際行政、調達行政の観点から、筆者の未熟な草稿に対して詳細且つ多数の御指摘をくださった。記して厚く御礼申し上げる。

更に、早稲田大学政治経済学術院・縣公一郎教授には 2022 年度より定期的な研究指導に与り、行政学的観点から建設的なコメントを多数頂戴した。また、筆者と研究関心を共有する国内外の研究者との交流の機会も多数御用意いただいた。ここに厚く御礼申し上げる。

顧みれば、上に御芳名を挙げた先生方から初期にいただいた御指導の内容を、筆者は十分正確に理解できていなかった部分もあった。先生方の御指導の真意を今になって理解し、自身の過去の不勉強を恥じるところも多いが、この反省を今後の研究の中で活かすことで、僅かでも学恩に報いることができればと思う次第である。

また、2022 年 2 月から 6 月には、ブリュッセル自由大学欧州研究所（Institut d'Études Européennes de l'Université Libre de Bruxelles）に訪問研究員（Visiting Researcher）として滞在し、研究の機会を得た。現地での研究に際しては、ラモーナ＝コーマン（Ramona Coman）教授に受入教員になっていただき、研究全体に関してコメントをいただくとともに、一次資料の取得方法等について詳細に御指導いただいた。また、フレデリック＝ポニャート（Frederik Ponjaert）先生には、研究上の指導に加え、筆者の慣れない現地滞在を多方面からお支えいただいた。この他、本研究の事例分析に関連する公文書の閲覧に際しては、欧州委員会図書館のアーキビストの方々に多大なる御尽力を賜った。謝意を表したい。

この他、本書にまとめた一連の研究について、所属ゼミの先輩・後輩には、筆者が自身で気付くことができなかった多くの点について御指摘いただいた。とりわけ、大道寺隆也先生（現・青山学院大学）とニコラス＝ペーテルス（Nicholas Peeters）先生（現・中部大学）には、研究の構想段階から有益な御助言を多数頂戴した。また、冒頭に示す各初出論文の英文要旨の作成や海外学会での発表申請に際しては、アンケ＝ケニス（Anke Kennis）氏に英文校閲をしていただいた。

また、早稲田大学政治経済学術院事務所の皆様には、特にコロナ禍において、筆者を含む学生の研究環境の維持に御尽力いただいた。ブリュッセル滞在中には、早稲田大学ブリュッセルオフィスのジャンルイ＝モーガット（Jean-Louis Moortgat）氏が、研究施設の継続的な利用を可能にして下さっ

た。記して御礼申し上げる。

　本書にまとめた一連の研究に際して、筆者は以下の助成を受け、研究費を執行した。

- ・早稲田大学政治経済学術院奨学金（2019 年度）
- ・早稲田大学大学院博士後期課程若手研究者養成奨学金（2019-2021 年度）
- ・JST 次世代研究者挑戦的研究プログラム「早稲田オープン・イノベーション・エコシステム挑戦的研究プログラム」課題番号：JPMJSP2128、採択課題名『EU 行政の管理機能を事例とした多次元ガバナンスの研究とその応用』（2021 年度）
- ・日本学術振興会 研究拠点形成事業（A. 先端拠点形成型）『流動化するグローバルなリベラル秩序における EU と日本：地域間研究の拠点形成』（研究代表者：中村英俊）課題番号：JSPSCCA20180002
- ・日本国際政治学会「院生・若手研究助成（国内旅費助成）」（2022 年度）
- ・早稲田大学個人研究費（2023 年度）
- ・早稲田大学 2023 年度特定課題研究助成費（研究基盤形成）『EU ジェンダー関連政策における欧州委員会による意思形成の過程と帰結に関する研究』課題番号：2023C-301
- ・令和 5 年度科学研究費助成事業（科研費）研究活動スタート支援『EU 域内公共政策を巡る欧州委員会の「意思の自律」とその諸相』課題番号：23K18765

　なお、本書の刊行にあたっては、早稲田大学現代政治経済研究所若手研究者出版助成費を受けた。

　本書の刊行にあたり、株式会社成文堂の阿部成一社長と飯村晃弘編集長に多大なる御助力を賜ったことも、併せて記し御礼申し上げたい。本書は筆者が初めて上梓する書籍であり、慣れない作業も多くあったが、終始寛容を以って丁寧なサポートをいただいた。無論、本書に残る一切の誤りは、全て筆者の責に帰される。

　また、筆者は学部 2 年次以降、早稲田大学政治経済学術院オナーズプログラム（学部を 3 年、修士課程を 1 年で修了する早期修了プログラム）の対象学生として、専門性の高い学習・研究の機会に早期から恵まれ、本書にまとめた博士学位申請論文を以て、同プログラム初の博士学位取得者となった。研究活動の過程で、偶然にも学年、研究領域ともに近い仲間であった岩本めぐみ

氏と寺田健人氏からは、折に付して筆者の研究に関わる示唆に富んだコメントをいただいた。両氏の存在は、自身の研究の進捗を顧みる緊張感の源であるとともに、極めて大きな心の支えでもあった。記して御礼申し上げたい。

　最後に、筆者が幼少の頃からその興味関心を尊重し、学業や芸術に取り組む多くのチャンスを与えてくれた両親に謝意を表し、本書を結ぶ。

参考文献一覧

日本語文献

安達栄司（2000）『国際民事訴訟法の展開―国際裁判管轄と外国判決承認の法理―』成文堂。

安達栄司（2007）「新しい EU の国際送達規則（2000 年 EC 送達規則）における送達瑕疵とその治癒の可否」『国際商事法務』第 35 巻 2 号、234-238 頁。

安達栄司（2009a）「EU 送達規則における翻訳要件」『国際商事法務』第 37 巻 2 号、238-241 頁。

安達栄司（2009b）「EU の新しい国際送達規則―改正の動向と新規則の翻訳―」、成城大学法学会編『21 世紀における法学と政治学の諸相』信山社、277-308 頁。

安達栄司（2013）「EU 民事訴訟法―その展開と研究の意義」、野村秀敏／安達栄司編『最新 EU 民事訴訟法判例研究 I』信山社。

植月献二（2011）「リスボン条約後のコミトロジー手続―欧州委員会の実施権限の行使を統制する仕組み―」『外国の立法』第 249 巻、3-28 頁。

浦川紘子（2013）「EU『自由・安全・司法の地域』における刑事司法協力関連立法の制度的側面―被疑者・被告人の権利に関する 2 つの指令を手掛かりとして―」『立命館国際地域研究』第 38 号、37-52 頁。

浦川紘子（2015）「欧州逮捕状制度と犯罪人引渡制度の手続的相違―『行政』、『司法』、『EU 機関』の役割を中心として―」『立命館国際地域研究』第 42 号、39-57 頁。

浦川紘子（2016）「欧州検察局の創設構想をめぐる現状と課題―EU 刑事司法協力の新たな局面―」『立命館国際地域研究』第 43 号、121-135 頁。

春日偉知郎（2020）「家庭関係事件の裁判の承認および執行をめぐる欧州連合（EU）の新たな試み―ブリュッセル II a 規則の全面改正と 1980 年ハーグ条約（子の返還手続）への対応―」『関西大学法学論集』第 70 巻 4 号、671-690 頁。

金井利之（2018）『行政学講義―日本官僚制を解剖する』筑摩書房。

川嶋周一（2007）「欧州共通農業政策の成立とヨーロッパ統合の政体化―コミトロジー・システムの成立・拡散の考察から」『政経論叢』第 76 巻 1・2 号、107-134 頁。

226　参考文献一覧

川嶋周一（2012a）「EU 規制力の史的形成」、遠藤乾／鈴木一人編『EU の規制力』
　　日本経済評論社、63-86 頁。

川嶋周一（2012b）「EU における専門性とテクノクラシー問題―コミトロジーとデ
　　モクラシーの関係をめぐって」、内山融／伊藤武／岡山裕編『専門性の政治学
　　―デモクラシーとの相克と和解』ミネルヴァ書房、131-169 頁。

久保木匡介（2007）「NPM から公共経営へ」、藤井浩司／縣公一郎編『コレーク行
　　政学』成文堂、25-49 頁。

西連寺隆行（2012）「EU における公正な裁判を受ける権利の発展」『比較法研究』
　　第 74 号、36-45 頁。

島村智子（2019）「欧州検察局（EPPO）の設置に関する規則―EU 財政における
　　不正対策の強化―」『外国の立法』第 280 号、49-86 頁。

城山英明（2013）『国際行政論』有斐閣。

曽我謙悟（2013）『行政学』有斐閣。

武田健（2004）「BSE 危機と EU 行政組織改革」『日本 EU 学会年報』第 24 号、
　　276-296 頁。

建石真公子（2012）「ヨーロッパ人権裁判所による『公正な裁判』保護の拡大―
　　『ヨーロッパ規範』の形成および手続き的保障による実体的権利の保護へ―」
　　『比較法研究』第 74 号、18-35 頁。

中西優美子（2009）「EU における権限の生成―民事司法協力分野における権限を
　　素材として―」『国際法外交雑誌』第 108 巻 3 号、349-378 頁。

中村民雄（2006）「EU 立法の『民主主義の赤字』論の再設定―多元的法秩序 EU
　　の視座から」『社会科学研究』第 57 巻 2 号、5-38 頁。

中村民雄／須網隆夫編著（2010）『EU 法基本判例集［第 2 版］』日本評論社。

西尾勝（2001）『行政学［新版］』有斐閣。

野村秀敏（2008）「EC 送達規則による複数の送達方法相互の関係」『国際商事法務』
　　第 36 巻 4 号、512-515 頁。

野村秀敏（2013）「擬制的内国送達と EC 送達規則」『国際商事法務』第 41 巻 9
　　号、1371-1377 頁。

野村秀敏（2019）「〈資料〉EU 司法裁判所民事手続規則関係判例概観（2018 年）」
　　『専修ロージャーナル』第 15 巻、191-237 頁。

八谷まち子（1999）「コミトロジー考察―だれが欧州統合を実施するのか」『政治
　　研究』第 46 巻、159-208 頁。

原田徹（2018）『EU における政策過程と行政官僚制』晃洋書房。

原田久（2022）『行政学』第 2 版、法律文化社。

福田耕治（1986）「EC 官僚制と加盟国の関係—人事政策をめぐる諸課題」『日本 EC 学会年報』第 6 号、105-131 頁。

福田耕治（1990）『現代行政と国際化—国際行政学への序説』成文堂。

福田耕治（1991）「EC 委員会の執行権強化と評議会手続—単一欧州議定書第 10 条の適用に関する一考察」『政治学論集』第 34 巻、31-54 頁。

福田耕治（1992）『EC 行政構造と政策過程』成文堂。

福田耕治（2003）『国際行政学—国際公益と国際公共政策』有斐閣。

福田耕治（2006）「EU におけるアカウンタビリティ—NPM による欧州ガバナンス改革とエージェンシーを事例として—」『早稲田政治經濟學雜誌』第 364 号、3-19 頁。

福田耕治（2007）「EU における政策評価と NPM 改革」『日本 EU 学会年報』第 27 号、75-97 頁。

福田耕治（2011）「リスボン条約に至る機構改革と民主的正統性」『日本 EU 学会年報』第 31 号、35-59 頁。

福田耕治（2012）『国際行政学—国際公益と国際公共政策［新版］』有斐閣。

福田耕治／坂根徹（2020）『国際行政の新展開—国連・EU・SDGs のグローバル・ガバナンス』法律文化社。

堀井里子（2013）「EU エージェンシー設立過程分析—EU 域外国境管理政策・フロンテクスを事例として」『一橋法学』第 12 巻 1 号、267-292 頁。

武藤博己（1998）「行政国家」、森田朗編『行政学の基礎』岩波書店、217-232 頁。

安江則子（2007）『欧州公共圏—EU デモクラシーの制度デザイン』慶応義塾大学出版会。

山本直（2016）「EU 不正防止政策と欧州不正防止局」、福田耕治編著『EU・欧州統合研究［改訂版］—Brexit 以降の欧州ガバナンス』成文堂、190-201 頁。

レナーテ・マインツ（1986）『行政の機能と構造—ドイツ行政社会学』（片岡寛光監修・縣公一郎訳）成文堂。

英語・仏語文献

Abjorensen, N. (2007) "Delegatus Non Potest Delegare: Defining the Role of Ministerial Advisors", *Democratic Audit of Australia, Discussion Paper 12/07*.

Adler-Nissen, R. (2016) "Towards a Practice Turn in EU Studies: The Everyday of European Integration", *Journal of Common Market Studies*, 54(1), pp.87-103.

Akins, M. E. (1976) "Thomas George Weiss. International Bureaucracy. Pp.vii,

187. Lexington, Mass. Lexington Books, 1975. $14.00.", *The Annals of the American Academy of Political and Social Science*, 424(1), pp.125-127.

Allio, L. (2010) "Keeping the Centre of Gravity Work: Impact Assessment, Scientific Advice and Regulatory Reform", *European Journal of Risk Regulation*, 1 (1), pp.76-81.

Badache, F. (2019) "A Representative Bureaucracy Perspective on Workforce Composition in International Organizations: The case of the United Nations secretariat", *Public Administration*, 98(2), pp.392-407.

Balint, T., Bauer, M. W. and Knill, C. (2008) "Bureaucratic Change in the European Administrative Space: The case of the European commission", *West European Politics*, 31(4), pp.677-700.

Ban, C. (2010) "Reforming the Staffing Process in the European Union Institutions: moving the sacred cow out of the road", *International Review of administrative Science*, 76(1), pp.5-24.

Ban, C. (2013) *Management and Culture in an Enlarged European Commission: from Diversity to Unity?*, Palgrave Macmillan.

Bartolini, S. (2008) "Taking 'Constitutionalism' and 'Legitimacy' Seriously", *European Governance Papers (EUROGOV): Discussion Paper*, No.1.

Bauer, M. W., Eckhard, S., Ege, J. and Knill, C. (2017) "A Public Administration Perspective on International Organizations", in Bauer, M. W., Knill, C. and Eckhard, S. (eds.) *International Bureaucracy: Challenges and Lessons for Public Administration Research*, Palgrave Macmillan, pp.1-12.

Bauer, M. W. and Ege, J. (2017) "A Matter of Will and Action: The Bureaucratic Autonomy of International Public Administrations", in Bauer, M. W., Knill, C. and Eckhard, S. (eds.) *International Bureaucracy: Challenges and Lessons for Public Administration Research*, Palgrave Macmillan, pp.13-42.

Bauer, M., Knill, C., and Eckhard, S. eds. (2017) *International Bureaucracy: Challenges and Lessons for Public Administration Research*, Palgrave Macmillan.

Benedetto, G. (2019a) "The European Parliament as a Budgetary Extractor since the Lisbon Treaty", *Journal of European Integration*, 41(3), pp.329-345.

Benedetto, G. (2019b) "The History of the EU Budget", European Parliament's Committee on Budgets, PE636.475.

Bergström, C. F. (2005) *Comitology: Delegation of Powers in the European Union and the Committee System*, Oxford University Press.

Booth, C. and Bennett, C. (2002) "Gender Mainstreaming in the European Union: Towards a New Conception and Practice of Equal Opportunities?", *The European Journal of Women's Studies*, 9(4), pp.430-446.

Bouckaert, G. (2023) "The neo-Weberian state: From ideal type model to reality?", *Max Weber Studies*, 23(1), pp.13-59.

Brandsma, G. J. (2013) *Controlling Comitology: Accountability in a Multi-Level System*, Palgrave Macmillan.

Brandsma, G. J. and Blom-Hansen, J. (2012) "Negotiating the Post-Lisbon Comitology System: Institutional Battles over Delegated Decision-Making", *Journal of Common Market Studies*, 50(6), pp.939-957.

Brandsma, G. J. and Blom-Hansen, J. (2017) *Controlling the EU Executive?: The Politics of Delegation in the European Union*, Oxford University Press.

Busuioc, E. M. (2013) *European Agencies: Law and Practices of Accountability*, Oxford University Press.

Busuioc, M. and Groenleer, M. (2012) "Wielders of supranational power? The Administrative behavior of the heads of European Union agencies", in Busuioc, M., Groenleer, M. and Trondal, J. (eds.) *The agency phenomenon in the European Union*, Manchester University Press, pp.128-151.

Chang, M. and Monar, J. eds. (2020) *The European Commission in the Post-Lisbon Era of Crisis: Between Political Leadership and Policy Management*, P.I.E. Peter Lang.

Cini, M. (1996) *The European Commission: Leadership, Organisation and Culture in the EU Administration*, Manchester University Press.

Cipriani, G. (2010) *The EU Budget: Responsibility without Accountability?*, Centre for European Policy Studies.

Coen, D. and Katsaitis, A. (2019) "Between cheap talk and epistocracy: The logic of interest group access in the European Parliament's committee hearings", *Public Administration*, 97(4), pp.754-769.

Coombes, D. (1970) *Politics and Bureaucracy in the European Community: A Portrait of the Commission of the E.E.C.*, Allyn and Unwin.

Cygan, A. (2013) *Accountability, Parliamentalism and Transparency in the EU: The Role of National Parliaments*, Edward Elgar.

Deckarm, R. (2017) "The countries they know best: how national principals influence European commissioners and their cabinets", *Journal of European Pub-*

lic Policy, 24(3), pp.447-466.

De Michelis, A. and Chantrine, A. (2003) "Memoirs of Eurostat: Fifty years serving Europe", Office for Official Publications of the European Communities.

Egeberg, M. and Heskestad, A. (2010) "The Denationalization of Cabinets in the European Commission", *Journal of Common Market Studies*, 48(4), pp.775-786.

Ellinas, A. A. and Suleiman, E. (2012) *The European Commission and Bureaucratic Autonomy: Europe's Custodians*, Cambridge University Press.

Egeberg, A., Martens, M. and Trondal, J. (2012) "Building Executive Power at the European level: On the role of European Union Agencies", in Busuioc, M., Groenleer, M. and Trondal, J. (eds.) *The agency phenomenon in the European Union: Emergence, institutionalization and everyday decision-making*, Manchester University Press, pp.19-41.

Endo, K. (1999) *The Presidency of the European Commission under Jacques Delors: The Politics of Shared Leadership*, Macmillan Press LDT.

Fouwels, M. (2022) "Cooperation between the European Commission and the European Public Prosecutor's Office: An Insider's Perspective" *EUCRIM: The European Criminal Law Association' Forum*, 2022/3, pp.204-206.

Fromage, D. (2018) "The European Parliament in the post-crisis era: An institution empowered on paper only?", *Journal of European Integration*, 40(3), pp.281-294.

Fromage, D. and van den Brink, T. (2018) "Democratic legitimation of EU economic governance: Challenges and opportunities for European legislatures", *Journal of European Integration*, 40(3), pp.235-248.

Gravier, M. (2008) "The 2004 Enlargement Staff Policy of the European Commission: The Case for Representative Bureaucracy", *Journal of Common Market Studies*, 46(5), pp.1025-1047.

Harlow, C. (2002) *Accountability in the European Union*, Oxford University Press.

Hartlapp, M. and Blome, A. (2021) "Women at the Top of the European Commission—Drivers and Barriers" European Policy Analysis—2021:6epa.

Héritier, A., Moury, C., Bischoff, C. and Bergström, C. F. (2013) *Changing Rules of Delegation: A Contest For Power in Comitology*, Oxford University Press.

Hood, C. (1991) "A Public Management for All Seasons?", *Public Administration*,

69(1), pp.3-19.

Horii, S. (2018) "Accountability, Dependency, and EU Agencies: The Hotspot Approach in the Refugee Crisis", *Refugee Survey Quarterly*, 37(2), pp.204-230.

Inchausti, F. G. (2012) "Electronic Service of Documents National and International Aspects", in Kengyel, M. and Nemessányi, Z. (eds.) *Electronic Technology and Civil Procedure: New Paths to Justice from Around the World*, Springer, pp.137-180.

Joana, J. and Smith, A. (2004) "The politics of collegiality: The non-portfolio dimension", in Smith, A. (ed.) *Politics and the European Commission: Actors, Interdependence, Legitimacy*, Routledge, pp.30-46.

Jordan, R. S. ed. (1971) *International Administration: its Evolution and Contemporary Applications*, Oxford University Press.

Kassim, H. (2006) "The Secretariat General of the Commission", in Spence, D. and Edwards, J. (eds.) *The European Commission*, 3rd edition, John Harper Publishing. pp.75-102.

Kassim, H., Peterson, J., Bauer, M. W., Connolly, S., Dehousse, R., Hooghe, L. and Thompson, A. (2013) *The European Commission of the Twenty-First Century*, Oxford University Press.

Kaunert, C. (2010) "The area of freedom, security and justice in the Lisbon Treaty: commission policy entrepreneurship?", *European Security*, 19(2), pp.169-189.

Kaunert, C., Occhipinti, J. D. and Léonard, S. eds. (2015) *Supranational governance of Europe's area of freedom, security and justice*, London, Routledge.

Knill, C. and Bauer, M. W. (2017) "Policy-making by international public administrations: concepts, causes and consequences", in Knill, C. and Bauer, M. W. (eds.) *Governance by International Public Administrations: Bureaucratic Influence and Global Public Policies*, Routledge, pp.1-11.

Kröger, S. (2019) "How limited representativeness weakens throughput legitimacy in the EU: The example of interest groups", *Public Administration*, 97(4), pp.770-783.

Laffan, B. and Lindner, J. (2015) "The Budget: Who Gets What, When, and How?", in Wallace, H., Pollack, M. A. and Young, A. R. (eds.) *Policy-Making in the European Union*, Seventh Edition, Oxford University Press, pp.220-

242.

Loveday, A. (1956) *Reflections on International Administration*, Clarendon Press.

Lynggaard, K., Manners, I. and Löfgren, K. eds. (2015) *Research Methods in European Union Studies*, Palgrave Macmillan.

Majone, G. ed. (1996) *Regulating Europe*, 1st edition, Routledge.

Maschl-Clausen, I. (2021) "The Permanent Chambers at the Heart of the EPPO's Decision-Making", *EUCRIM: The European Criminal Law Association' Forum*, 2021/1, pp.55-56.

McDonald, M. (1997) "Identities in the European Commission", in Nugent, N. (ed.) *At the Heart of the Union, Studies of the European Commission*, Macmillan Press LTD, pp.49-70.

Minto, R. and Mergaert L. (2018) "Gender mainstreaming and evaluation in the EU: comparative perspectives from feminist institutionalism", *International Feminist Journal of Politics*, 20(2), pp.204-220.

Mosher, F. C. (1968) *Democracy and the public service*, Oxford University Press.

Mulgan, R. (2003) *Holding Power to Account: Accountability in Modern Democracies*, Palgrave Macmillan.

Murdoch, Z., Connolly, S. and Kassim, H. (2017) "Administrative legitimacy and the democratic deficit of the European Union", *Journal of European Public Policy*, 25(3), pp.389-408.

Nedergaard, P. (2006) *European Union Administration: Legitimacy and Efficiency*, Martinus Nijhoff Publishers.

Papadopoulou, L. (2017) " 'All good things come in threes': from a double to a triple democratic legitimacy of the European Union", in Papadopoulou, L., Pernice, I. and Weiler, J. H. H. (eds.) *Legitimacy Issues of the European Union in the Face of Crisis*, Nomos, pp.61-94.

Pisani, E. (1956) "Administration de gestion, administration de mission", *Revue Française de Science Politique*, 6(2), pp.315-330.

Pollack, M. A. (2003) *The Engines of European Integration: Delegation, Agency, and Agenda Setting in the EU*, Oxford University Press.

Pollack, M. A. and Hafner-Burton, E. (2000) "Mainstreaming Gender in the European Union", *Journal of European Public Policy*, 7(3), pp.432-456.

Pollitt, C. and Bouckaert, G. (2017) *Public Management Reform: A Comparative Analysis-Into The Age of Austerity*, 4th Edition, Oxford University Press.

Ponzano, P. (2016) "The Reform of Comitology and Delegated Acts: An Executive's View", in Bergström, C. F. and Ritleng, D. (eds.) *Rulemaking by the European Commission: The New System for Delegation of Powers*, Oxford University Press, pp.37-54.

Scharpf, F. W. (1999) *Governing in Europe: Effective and Democratic?*, Oxford University Press.

Schmidt, V. A. (2013) "Democracy and legitimacy in the European Union revisited: input, output and throughput", *Political Studies*, 61(1), pp.2-22.

Schmidt, V. A. (2016) "Reinterpreting the rules 'by stealth' in times of crisis: a discursive institutionalist analysis of the European Central Bank and the European Commission", *West European Politics*, pp.1032-1052.

Schmidt, V. A. (2020) *Europe's Crisis of Legitimacy: Governing by Rules and Ruling by Numbers in the Eurozone*, Oxford University Press.

Schmidt, V. A. and Wood, M. (2019) "Conceptualizing throughput legitimacy: Procedural mechanisms of accountability, transparency, inclusiveness and openness in EU governance", *Public Administration*, 97(4), pp.727-740.

Schout, A. and Pereyra, F. (2011) "The Institutionalization of EU Agencies: Agencies as 'Mini Commissions'", *Public Administration*, 89(2), pp.418-432.

Schout, A. (2012) "Changing the EU's Institutional Landscape?: The Added Value of an Agency", in Busuioc, M., Groenleer, M. and Trondal, J. (eds.), *The agency phenomenon in the European Union: Emergence, institutionalization and everyday decision-making*, Manchester University Press, pp.63-83.

Schön-Quinlivan, E. (2011) *Reforming the European Commission*, Palgrave Macmillan.

Schwartz-Shea, P. and Yanow, D. (2012) *Interpretative Research Design: Concepts and Processes*, Routledge.

Spence, D. and Edwards, J. eds. (2006) *The European Commission*, 3rd edition, John Harper Publishing.

Spence, D. (2006a) "The Directorate General and the services: structures, functions and procedures", in Spence, D. and Edwards, G. (eds.) *The European Commission*, 3rd edition, John Harper Publishing, pp.128-155.

Spence, D. (2006b) "The President, the College and the cabinets", in Spence, D. and Edwards, J. (eds.) *The European Commission*, 3rd edition, John Harper Publishing, pp.25-74.

234   参考文献一覧

Spence, D. and Stevens, A. (2006) "Staff and Personnel Policy in the Commission", in Spence, D. and Edwards, J. (eds.) *The European Commission*, 3rd edition, John Harper Publishing, pp.173-208.

Strasser, D. (1991) *The Finances of Europe: The budgetary and financial law of the European Communities*, Seventh Edition.

Sverdrup, U. (2006) "Administering Information: Eurostat and Statistical Integration", in Egeberg, M. (ed.) *Multilevel Union Administration: The Transformation of Executive Politics in Europe*, Palgrave Macmillan, pp.103-123.

Trondal, J., Marcussen, M., Larsson, T. and Veggeland, F. (2010) *Unpacking International Organizations: The Dynamics of Compound Bureaucracies*, Manchester University Press.

Tsai, P. F. (2019) "Research on the Related Issues About the Service of Mutual Legal Assistance Documents Through Electronic Delivery", in Chen, J. L., Pang, A. C., Deng, D. J. and Lin, C. C. (eds.) *Wireless Internet*, Cham, Springer, pp.367-374.

Tsai, P. F. (2020) "The EU Judicial Legal Assistance through Electronic Delivery Document with Certain Research of Blockchain", *Journal of Internet Technology*, 21(6), pp.1829-1833.

Versluis, E. (2012) "Catalysts of compliance? The role of European Agencies in the implementation of EU legislation in Poland and Bulgaria", in Busuioc, M., Groenleer, M. and Trondal, J. (eds.) *The agency phenomenon in the European Union*, Manchester University Press, pp.172-190.

Von Oertzen, H. J. (1983) *XIXth International Congress of Administrative Science*, Kluwer Law International.

Wallace, H., Pollack, M. A. and Young, A. R. eds. (2015) *Policy-Making in the European Union*, 7th edition, Oxford University Press.

Wallace, H. (2000) "Analysing and Explaining Policies", in Wallace, H. and Wallace, W. (eds.) *Policy-Making in the European Union*, 4th edition, Oxford University Press, pp.65-81.

Weiss, T. G. (1975) *International Bureaucracy: Analysis of the Operation of Functional Global International Secretariats*, Lexingdon Books.

Weiss, T. G. (2013) *Global Governance: Why? What? Whither?*, Polity.

Weyembergh, A. and Briere, C. (2016) "Towards a European Public Prosecutor's Office (EPPO)", Study for the LIBE Committee.

Willis, J. (1943) "Delegatus Non Potest Delegare", *Canadian Bar Review*, 21(4), pp.257-264.

Wilson, J. Q. and Clark, P. B. (1961) "Incentive Systems: A Theory of Organizations," *Administrative Science Quarterly*, 6(2), pp.129-166.

Yataganas, X. A. (2001) "Delegation of Regulatory Authority in the European Union: The relevance of the American model of independent agencies", *Jean Monnet Working Paper 3/01*.

Zürn, M. (2000) "Democratic governance beyond the nation-state: The EU and other international institutions", *European Journal of International Relations*, 6(2), pp.183-221.

一次資料

Commission des Communautés Européennes (1970) "Projets d'ordre du jour, procès-verbal, questions écrites, procédures écrites et annexes n° 1-17, reunion n° 138 (13 et 14 octobre 1970)", COM (70) PV138 final.

Commission Européenne (1999) "Code de Conduite des Commissaires: Communication de M. le President", SEC (1999) 1479.

Council of Europe (1998) 'Gender Mainstreaming, Conceptual Frameworks, Methodology and Presentation of Good Practices', Final Report of Activities of the Group of Specialists on Mainstreaming, Strasbourg, Council of Europe.

Council of the European Union (2017) "Voting result-Council Regulation implementing enhanced cooperation on the establishment of the European Public Prosecutor's Office ("the EPPO") 3564th meeting of the Council of the European Union (Justice and Home Affairs) 12 and 13 October 2017, Luxembourg", ST_12661/17_INIT.

Council of the European Union (2019a) "Proposal for a Regulation of the European Parliament and of the Council amending Regulation (EC) No 1393/2007 of the European Parliament and of the Council on the service in the Member States of judicial and extrajudicial documents in civil or commercial matters (service of documents)", ST_14599/19_INIT.

Council of the European Union (2019b) "Letter regarding the proposal for an Inter-Institutional Agreement on a mandatory Transparency Register", ST_9578_2019_INIT.

Council of the European Union (2020) "Position of the Council at first reading in

236 参考文献一覧

view of the adoption of Regulation of the European Parliament and of the Council on the service in the Member States of judicial and extrajudicial documents in civil or commercial matters (service of documents) (recast)" ST_9890/2/20_REV2, ADD1.

Curia (1971) "Judgment of the Court of 25 May 1971. – Gabrielle Defrenne v Belgian State – Reference for a preliminary ruling: Conseil d'Etat – Belgium – Equal pay – Case 80-70", pp.445-453.

ENISA (2007) "Minutes of the ENISA 10th Management Board Meeting 22-23 March 2007 Heraklion".

EPPO (2021) "Consolidated Version of the College Decision 015/2020, Decision on the Permanent Chambers".

EPPO and Eurojust (2021) "Working Arrangement between the European Public Prosecutor's Office ('EPPO') and the European Union Agency for Criminal Justice Cooperation ('Eurojust')", 2021/00064.

EPPO and European Commission (2021) "Agreement establishing the modalities of cooperation between the European Commission and the European Public Prosecutor's Office".

EPPO and Europol (2021) "Working Arrangement Establishing Cooperative Relations between the European Public Prosecutor's Office and the European Union Agency for Law Enforcement Cooperation".

EQOP 02-97/rev DG V/D/5 (1997) Strategy Paper: Mainstreaming of Gender and Equal Opportunities Perspectives into All Community Policies: A Strategy for the Follow up to the Communication (COM) (96) 67 Final, January, Brussels: European Commission.

Eur-lex (2022) Consolidated text: Regulation No 31 (EEC), 11 (EAEC), laying down the Staff Regulations of Officials and the Conditions of Employment of Other Servants of the European Economic Community and the European Atomic Energy Community, 01962R0031-20200101.

European Commission (1977) "Report by the Study Group on the Role of Public Finance in European Integration—Volume 1: General Report", Economic and Financial Series No. A13.

European Commission (1994) "Protecting the Community's Financial Interest— the Fight Against Fraud: 1993 Annual Report", COM (1994) 94 final.

European Commission (1999) "Designing Tomorrow's Commission: A Review of the Commission's Organization and Operation".

European Commission (2001a) "Communication from the Commission to the Council, the European Parliament, the European Economic and Social Committee and the Committee of the Regions, Network and Information Security: Proposal for A European Policy Approach", COM (2001) 298 final.

European Commission (2001b) "European Governance—A White Paper", COM (2001) 428 final.

European Commission (2001c) "Green paper on criminal-law protection of the financial interests of the EC and the establishment of a European Prosecutor", COM (2001) 715 final.

European Commission (2002) "European Governance: Preparatory Work for The White Paper", Office for Official Publication of the European Communities.

European Commission (2003a) "Communication from the Commission: Progress Review of Reform", COM (2003) 40 final/2.

European Commission (2003b) "Proposal for a Regulation of the European Parliament and of the Council Establishing the European Network and Information Security Agency", COM (2003) 63 final.

European Commission (2003c) "Follow-up Report on the Green Paper on the criminal-law protection of the financial interests of the Community and the establishment of a European Prosecutor", COM (2003) 128 final.

European Commission (2004a) "Rules governing the composition of the Members' Cabinets and the Spokespersons", SEC (2004) 1485/6.

European Commission (2004b) "Report from the Commission to the Council, the European Parliament and the European Economic and Social Committee on the application of Council Regulation (EC) 1348/2000 on the service in the Member States of Judicial and Extrajudicial documents in civil or commercial matters", COM (2004) 603 final.

European Commission (2005a) "Communication from the Commission to the European Parliament and to the Council on the independence, integrity and accountability of the national and Community statistical authorities, Recommendation of the Commission on the independence, integrity and accountability of the national and Community statistical authorities", COM (2005) 217 final.

European Commission (2005b) "Proposal for a Regulation of the European Parliament and of the Council amending Council Regulation (EC) No 1348/2000 of 29 May 2000 on the service in the Member States of judicial and extrajudicial documents in civil or commercial matters", COM (2005) 305 final.

European Commission (2006) "Amended proposal for a Regulation of the European Parliament and of the Council on the service in the Member States of judicial and extrajudicial documents in civil or commercial matters ("Service of documents")", COM (2006) 751 final.

European Commission (2007a) "Communication from the Commission to the European Parliament and the Council on the evaluation of the European Network and Information Security Agency (ENISA)", COM (2007) 285 final.

European Commission (2007b) "Proposal for a Regulation of the European Parliament and of the Council on European Statistics", COM (2007) 625 final.

European Commission (2007c) "Proposal for a Regulation of the European Parliament and of the Council amending Regulation (EC) No 460/2004 establishing the European Network and Information Security Agency as regards its duration", COM (2007) 861 final.

European Commission (2008) "Proposal for a Regulation of the European Parliament and of the Council regarding public access to European Parliament, Council and Commission documents", COM (2008) 229 final.

European Commission (2010a) "Communication to the Commission of 3.2.2010: Rules governing the composition of the Members' Cabinets and the Spokespersons", SEC (2010) 104 final.

European Commission (2010b) "Proposal for a Council Regulation laying down the multiannual financial framework for the years 2007-2013", COM (2010) 72 final.

European Commission (2010c) "Proposal for a Regulation of the European Parliament and of the Council Concerning the European Network and Information Security Agency (ENISA)", COM (2010) 521 final.

European Commission (2011a) "Proposal for a Regulation of the European Parliament and of the Council amending Regulation (EC) No 1049/2001 regarding public access to European Parliament, Council and Commission documents", COM (2011) 137 final.

European Commission (2011b) "Proposal for a Council Regulation laying down the multiannual financial framework for the years 2014-2020", COM (2011)

参考文献一覧　　239

398 final.

European Commission (2012a) "Communication from the Commission to the European Parliament, the Council, the European Economic and Social Committee and the Committee of the Regions: A Simplification Agenda for the MFF 2014-2020", COM (2012) 42 final.

European Commission (2012b) "Amended proposal for a Council Regulation laying down the multiannual financial framework for the years 2014-2020", COM (2012) 388 final.

European Commission (2012c) "Communication from the Commission: Annual Growth Survey 2013", COM (2012) 750 final.

European Commission (2013a) "Communication from the Commission to the European Parliament, the Council, the European Central Bank, the European Economic and Social Committee and the Committee of the Regions: The EU Justice Scoreboard-A tool to promote effective justice and growth", COM (2013) 160 final.

European Commission (2013b) "Proposal for a Regulation of the European Parliament and of the Council : adapting to Article 290 of the Treaty on the Functioning of the European Union a number of legal acts providing for the use of the regulatory procedure with scrutiny", COM (2013) 451 final.

European Commission (2013c) "Proposal for a Regulation of the European Parliament and of the Council adapting to Article 290 of the Treaty on the Functioning of the European Union a number of legal acts in the area of Justice providing for the use of the regulatory procedure with scrutiny", COM (2013) 452 final.

European Commission (2013d) "Proposal for a Council Regulation on the establishment of the European Public Prosecutor's Office", COM (2013) 534 final.

European Commission (2013e) "Proposal for a Regulation of the European Parliament and of the Council on the European Union Agency for Criminal Justice Cooperation (Eurojust)", COM (2013) 535 final.

European Commission (2013f) "Proposal for a Regulation of the European Parliament and of the Council adapting to Article 290 and 291 of the Treaty on the Functioning of the European Union a number of legal acts providing for the use of the regulatory procedure with scrutiny", COM (2013) 751 final.

European Commission (2013g) "Report from the Commission To the European

Parliament, the Council and the European Economic and Social Committee on the application of Regulation (EC) No 1393/2007 of the European Parliament and of the Council on the service in the Member States of judicial and extrajudicial documents in civil or commercial matters (Service of documents)", COM (2013) 858 final.

European Commission (2014a) "Communication from the Commission To the European Parliament, the Council, the European Economic and Social Committee and the Committee of the Regions: The EU Justice Agenda for 2020 – Strengthening Trust, Mobility and Growth within the Union", COM (2014) 144 final.

European Commission (2014b) "Communication to the Commission-Rules governing the composition of the Cabinets of the Members of the Commission and of the Spokesperson's Service", C (2014) 9002.

European Commission (2014c) "Communication from the Commission to the European Parliament, the Council, the European Economic and Social Committee and the Committee of the Regions: Commission Work Programme 2015 – A New Start", COM (2014) 910 final.

European Commission (2015a) "Communication from the Commission to the European Parliament, the Council, the European Economic and Social Committee and the Committee of the Regions: A Digital Single Market Strategy for Europe", COM (2015) 192 final.

European Commission (2015b) "Communication from the Commission to the European Parliament and the Council: Proposal for an Interinstitutional Agreement on Better Regulation", COM (2015) 216 final.

European Commission (2015c) "Report from the Commission on the working of Committees during 2014", COM (2015) 418 final.

European Commission (2015d) "Communication from the Commission to the European Parliament, the Council, the European Economic and Social Committee and the Committee of the Regions: Commission Work Programme 2016 – No time for business as usual", COM (2015) 610 final.

European Commission (2016a) "Report from the Commission to the European Parliament, the Council and the European Economic and Social Committee on the activities of the European Judicial Network in civil and commercial matters", COM (2016) 129 final.

European Commission (2016b) "Proposal for a Regulation of the European Parliament and of the Council on ENISA, the "EU Cybersecurity Agency", and repealing Regulation (EU) 526/2013, and on Information and Communication Technology cybersecurity certification ("Cybersecurity Act")", COM (2016) 477 final.

European Commission (2016c) "Proposal for a Interinstitutional Agreement on a mandatory Transparency Register", COM (2016) 627 final.

European Commission (2016d) "Report from the Commission on the working of Committees during 2015", COM (2016) 772 final.

European Commission (2016e) "Proposal for a Regulation of the European Parliament and of the Council adapting a number of legal acts in the area of Justice providing for the use of the regulatory procedure with scrutiny to Article 290 of the Treaty on the Functioning of the European Union", COM (2016) 798 final.

European Commission (2016f) "Proposal for a Regulation of the European Parliament and of the Council adapting a number of legal acts providing for the use of the regulatory procedure with scrutiny to Articles 290 and 291 of the Treaty on the Functioning of the European Union", COM (2016) 799 final.

European Commission (2017a) "Proposal for a Regulation of the European Parliament and of the Council amending Regulation (EU) No 182/2011 laying down the rules and general principles concerning mechanisms for control by Member States of the Commission's exercise of implementing powers", COM (2017) 85 final.

European Commission (2017b) "Report from the Commission on the working of Committees during 2016", COM (2017) 594 final.

European Commission (2017c) "Communication from the Commission To the European Parliament, the Council, the European Economic and Social Committee and the Committee of the Regions: Commission Work Programme 2018 – An Agenda for a more united, stronger and more democratic Europe", COM (2017) 650 final.

European Commission (2017d) "White Paper on the Future of Europe: Reflections and scenarios for the EU27 by 2025", COM (2017) 2025 final.

European Commission (2017e) Untitled, C (2017) 5476 final.

European Commission (2017f) Untitled, C (2017) 5951 final.

242 参考文献一覧

European Commission (2018a) "Proposal for a Council Regulation laying down the multiannual financial framework for the years 2021 to 2027", COM (2018) 322 final.

European Commission (2018b) Proposal for a Regulation of the European Parliament and of the Council amending Regulation (EC) No 1393/2007 of the European Parliament and of the Council on the service in the Member States of judicial and extrajudicial documents in civil or commercial matters (service of documents), COM (2018) 379 final.

European Commission (2018c) "Communication from the Commission to the European Parliament, the European Council and the Council: Towards a swift agreement on a long-term budget for Europe's priorities", COM (2018) 814 final.

European Commission (2019a) "Communication from the Commission to the European Parliament, the European Council and the Council Roadmap to an agreement on the Union's long-term budget for 2021-2027 The European Commission's contribution to the European Council meeting on 20-21 June 2019", COM (2019) 295 final.

European Commission (2019b) "Communication from the President to the Commission: The Working Methods of the European Commission", P (2019) 2.

European Commission (2019c) "Communication from the President to the Commission: Rules governing the composition of the Cabinets of the Members of the Commission and of the Spokesperson's Service", P (2019) 3.

European Commission (2019d) "Communication from the Commission to the European Parliament, the European Council and the Council: Time to decide on the Union's financial framework for 2021-2027", COM (2019) 456 final.

European Commission (2020a) "Communication from the Commission To the European Parliament, the Council, the European Economic and Social Committee and the Committee of the Regions: Commission Work Programme 2020 - A Union that strives for more", COM (2020) 37 final.

European Commission (2020b) "Proposal for a Council Regulation amending Regulation (EU, Euratom) No 1311/2013 laying down the multiannual financial framework for the years 2014-2020", COM (2020) 174 final.

European Commission (2020d) "Report from the Commission to the European Parliament, the Council and the Court of Auditors: Evaluation of the Con-

参考文献一覧　　243

sumers, Health, Agriculture and Food Executive Agency, the Executive Agency for Small and Medium-Size Enterprises, the Innovation and Networks Executive Agency, the Education, Audiovisual and Culture Executive Agency, the Research Executive Agency and the European Research Council Executive Agency", COM (2020) 184 final.

European Commission (2020e) "Commission Staff Working Document: Evaluation of the Consumers, Health, Agriculture and Food Executive Agency (CHAFEA)- Accompanying the document: Report from the Commission to the European Parliament, the Council and the Court of Auditors Evaluation of the Consumers, Health, Agriculture and Food Executive Agency, the Executive Agency for Small and Medium-Size Enterprises, the Innovation and Networks Executive Agency, the Education, Audiovisual and Culture Executive Agency, the Research Executive Agency and the European Research Council Executive Agency", SWD (2020) 75 final.

European Commission (2020f) "Amended proposal for a Council Regulation laying down the multiannual financial framework for the years 2021 to 2027", COM (2020) 443 final.

European Commission (2020g) "Proposal for a Council Regulation amending Council Regulation (EU, Euratom) No 1311/2013 laying down the multiannual financial framework for the years 2014-2020", COM (2020) 446 final.

European Commission (2020h) "Communication from the Commission to the European Parliament, the European Council, the Council, the European Economic and Social Committee and the Committee of the Regions: Europe's moment: Repair and Prepare for the Next Generation", COM (2020) 456 final.

European Commission (2020i) "Communication from the Commission To the European Parliament pursuant to Article 294(6) of the Treaty on the Functioning of the European Union concerning the position adopted by the Council at first reading on the adoption of a Regulation of the European Parliament and of the Council amending Regulation (EC) No 1393/2007 of the European Parliament and of the Council on the service in the Member States of judicial and extrajudicial documents in civil or commercial matters (service of documents) and of a Regulation of the European Parliament and of the Council amending Council Regulation (EC) No 1206/2001 on cooperation between the courts of the Member States in the taking of evidence in civil or commercial matters", COM (2020) 695 final.

European Commission (2020j) "Questions and answers: the EU budget for external action in the next Multiannual Financial Framework", Brussels, 2 June 2020, QANDA/20/988.

European Commission (2020k) "The Communication to the Commission on the Governance in the European Commission", C (2020) 4240 final.

European Commission (2021a) "Annual Report on the application of the Code of Conduct for the Members of the European Commission in 2020", SEC (2021) 299.

European Commission (2021b) "Report from the Commission to the European Parliament and the Council on the working of committees during 2020", COM (2021) 544 final.

European Commission (2023a) "Human Resource Key Figures on Staff Members", 01/01/2023.

European Commission (2023b) "Eurostat—Organization Chart (English) as of 1 March 2023".

European Commission (2023c) "Proposal for a Regulation of the European Parliament and of the Council amending Regulation (EC) No 223/2009 on European statistics", COM (2023) 402 final.

European Commission (2023d) "Report from the Commission to the European Parliament and the Council on the working of committees during 2022", COM (2023) 664 final.

European Commission (2024) "Statistical Bulletin - HR - July 2024".

European Parliament (2005) "Position of the European Parliament adopted at first reading on 4 July 2006 with a view to the adoption of Regulation (EC) No .../2006 of the European Parliament and of the Council amending Council Regulation (EC) No 1348/2000 of 29 May 2000 on the service in the Member States of judicial and extrajudicial documents in civil or commercial matters", EP-PE_TC1-COD (2005) 0126.

European Parliament (2008) "European Parliament legislative resolution of 19 November 2008 on the proposal for a regulation of the European Parliament and of the Council on European Statistics", P6_TA (2008) 0548.

European Parliament (2012) "European Parliament resolution of 23 October 2012 in the interests of achieving a positive outcome of the Multiannual Financial Framework 2014-2020 approval procedure", P7_TA (2012) 360.

European Parliament (2013a) "European Parliament resolution of 12 June 2013 on the deadlock on the revision of Regulation (EC) No 1049/2001 (2013/2637 (RSP))", P7_TA (2013) 0271.

European Parliament (2013b) "European Parliament resolution of 3 July 2013 on the political agreement on the Multiannual Financial Framework 2014-2020", P7_TA (2013) 0304.

European Parliament (2014) "European Parliament legislative resolution of 25 February 2014 on the proposal for a regulation of the European Parliament and of the Council adapting to Article 290 of the Treaty on the Functioning of the European Union a number of legal acts providing for the use of the regulatory procedure with scrutiny (COM (2013) 0451-C7-0198/2013-2013/0218 (COD))", P7_TA (2014) 0114.

European Parliament (2016) "Public access to documents for the years 2014-2015: European Parliament resolution of 28 April 2016 on public access to documents (Rule 116(7)) for the years 2014-2015 (2015/2287 (INI))", P8_TA (2016) 0202.

European Parliament (2019) "European Parliament legislative resolution of 13 February 2019 on the proposal for a regulation of the European Parliament and the Council amending Regulation (EC) No 1393/2007 of the European Parliament and of the Council on the service in the Member States of judicial and extrajudicial documents in civil or commercial matters (service of documents)", P8_TA (2019) 0104.

European Parliament (2020a) "European Parliament resolution of 23 July 2020 on the conclusions of the extraordinary European Council meeting of 17-21 July 2020", P9_TA (2020) 0206.

European Parliament (2020b) "Recommendation on the draft Council regulation laying down the multiannual financial framework for the years 2021 to 2027", P9_A (2020) 0260.

European Parliament Committee on Institutional Affairs (1999a) "Report on improvements in the functioning of the Institutions without modification of the Treaties", A4-0158/99.

European Parliament Committee on Institutional Affairs (1999b) "Report of 30

246   参考文献一覧

March 1999 of the Committee on Institutional Affairs on the proposal for a
Council Decision laying down the procedures for the exercise of implement-
ing powers conferred on the Commission", A4-0169/99.

Europol (2009) "Ten Years of Europol: 1999-2009", Publications office of the Eu-
ropean Union.

Juncker, J. C. (2014) "A New Start for Europe: My Agenda for Jobs, Growth,
Fairness and Democratic Change: Political Guidelines for the next European
Commission", Strasbourg, 15 July 2014.

OJ (1962) 45, Regulation No 31 (EEC), 11 (EAEC), laying down the Staff Regu-
lations of Officials and the Conditions of Employment of Other Servants of
the European Economic Community and the European Atomic Energy Com-
munity.

OJ (1970) L94, Council Decision 70/243/ECSC, EEC, Euratom on the Replace-
ment of Financial Contributions from Member States by the Communities'
own Resources.

OJ (1975) L45, Council Directive 75/117/EEC of 10 February 1975 on the ap-
proximation of the laws of the Member States relating to the application of
the principle of equal pay for men and women.

OJ (1976) L39, Council Directive 76/207/EEC of 9 February 1976 on the imple-
mentation of the principle of equal treatment for men and women as re-
gards access to employment, vocational training and promotion, and working
conditions.

OJ (1979) L6, Council Directive 79/7/EEC of 19 December 1978 on the progres-
sive implementation of the principle of equal treatment for men and women
in matters of social security.

OJ (1994) L61, Commission Decision of 23 February 1994 setting up an advisory
committee for the coordination of fraud prevention (94/140/EC).

OJ (1997) L52, Council Regulation (EC) No 322/97 of 17 February 1997 on Com-
munity Statistics.

OJ (1997) L112, Commission Decision of 21 April 1997 on the role of Eurostat as
regards the production of Community statistics (97/281/EC).

OJ (1999) L136, Commission Decision of 28 April 1999 establishing the European
Anti-fraud Office (OLAF) (1999/352/EC, ECSC, Euratom).

OJ (2000) L13, Directive 1999/93/EC of the European Parliament and of the

参考文献一覧　247

Council of 13 December 1999 on a Community framework for electronic signatures.

OJ (2001) L145, Regulation (EC) No 1049/2001 of the European Parliament and of the Council of 30 May 2001 regarding public access to European Parliament, Council and Commission documents.

OJ (2002) L63, Council Decision of 28 February 2002 setting up Eurojust with a view to reinforcing the fight against serious crime (2002/187/JHA).

OJ (2002) L108, Directive 2002/19/EC of the European Parliament and of the Council of 7 March 2002 on access to, and interconnection of, electronic communications networks and associated facilities (Access Directive).

OJ (2002) L162, Council Framework Decision of 13 June 2002 on Joint Investigation Teams (2002/465/JHA).

OJ (2004) C107, Opinion No 2/2004 of the Court of Auditors of the European Communities on the 'single audit' model (and a proposal for a Community internal control framework) (2004/C107/01).

OJ (2004) L124, Council Regulation (EC, Euratom) No 723/2004 of 22 March 2004 amending the Staff Regulations of officials of the European Communities and the Conditions of Employment of other servants of the European Communities.

OJ (2004) L369, Commission Decision of 15 December 2004 setting up an executive agency, the 'Executive Agency for the Public Health Programme', for the management of Community action in the field of public health—pursuant to Council Regulation (EC) No 58/2003 (2004/858/EC).

OJ (2005) C53, The Hague Programme: Strengthening Freedom, Security and Justice in the European Union.

OJ (2006) L200, Council Decision of 17 July 2006 amending Decision 1999/468/EC laying down the procedures for the exercise of implementing powers conferred on the Commission (2006/512/EC).

OJ (2006) L264, Regulation (EC) No 1367/2006 of the European Parliament and of the Council of 6 September 2006 on the application of the provisions of the Aarhus Convention on Access to Information, Public Participation in Decision-making and Access to Justice in Environmental Matters to Community institutions and bodies.

OJ (2007) L324, Regulation (EC) No 1393/2007 of the European Parliament and

248 参考文献一覧

of the Council of 13 November 2007 on the service in the Member States of judicial and extrajudicial documents in civil or commercial matters (service of documents), and repealing Council Regulation (EC) No 1348/2000.

OJ (2007) C306, Treaty of Lisbon Amending the Treaty on European Union and the Treaty Establishing the European Community (2007/C306/01).

OJ (2008) L173, Commission Decision of 20 June 2008 amending Decision 2004/858/EC in order to transform the 'Executive Agency for the Public Health Programme' into the 'Executive Agency for Health and Consumers' (2008/544/EC).

OJ (2008) L293, Regulation (EC) No 1007/2008 of the European Parliament and of the Council of 24 September 2008 amending Regulation (EC) No 460/2004 establishing the European Network and Information Security Agency as regards its duration (Text with EEA relevance).

OJ (2009) L87, Regulation (EC) No 223/2009 of the European Parliament and of the Council of 11 March 2009 on European statistics and repealing Regulation (EC, Euratom) No 1101/2008 of the European Parliament and of the Council on the transmission of data subject to statistical confidentiality to the Statistical Office of the European Communities, Council Regulation (EC) No 322/97 on Community Statistics, and Council Decision 89/382/EEC, Euratom establishing a Committee on the Statistical Programmes of the European Communities (Text with relevance for the EEA and for Switzerland).

OJ (2010) C115, The Stockholm Programme—An Open and Secure Europe Serving and Protecting Citizens.

OJ (2010) L311, Regulation (EU, Euratom) No 1080/2010 of the European Parliament and of the Council of 24 November 2010 amending the Staff Regulations of Officials of the European Communities and the Conditions of Employment of Other Servants of those Communities.

OJ (2011) L55, Regulation (EU) 2011/182 of the European Parliament and of the Council of 16 February 2011 laying down the rules and general principles concerning mechanisms for control by Member States of the Commission's exercise of implementing powers.

OJ (2012) L251, Commission Decision of 17 September 2012 on Eurostat (2012/504/EU).

OJ (2013) L158, Council Regulation (EU) No 517/2013 of 13 May 2013 adapting certain regulations and decisions in the fields of free movement of goods, freedom of movement for persons, company law, competition policy, agriculture, food safety, veterinary and phytosanitary policy, transport policy, energy, taxation, statistics, trans-European networks, judiciary and fundamental rights, justice, freedom and security, environment, customs union, external relations, foreign, security and defence policy and institutions, by reason of the accession of the Republic of Croatia.

OJ (2013) L165, Regulation (EU) No 526/2013 of the European Parliament and of the Council of 21 May 2013 concerning the European Union Agency for Network and Information Security (ENISA) and repealing Regulation (EC) No 460/2004 (Text with EEA relevance).

OJ (2013) L287, Regulation (EU, Euratom) No 1023/2013 of the European Parliament and of the Council of 22 October 2013 amending the Staff Regulations of Officials of the European Union and the Conditions of Employment of Other Servants of the European Union.

OJ (2013) L347, Council Regulation (EU, Euratom) No 1311/2013 of 2 December 2013 laying down the multiannual financial framework for the years 2014–2020.

OJ (2014) L277, Agreement between the European Parliament and the European Commission on the transparency register for organisations and self-employed individuals engaged in EU policy-making and policy implementation.

OJ (2014) L343, Commission Decision of 25 November 2014 on the publication of information on meetings held between Members of the Commission and organisations or self-employed individuals (2014/839/EU, Euratom).

OJ (2014) L257, Regulation (EU) No 910/2014 of the European Parliament and of the Council of 23 July 2014 on electronic identification and trust services for electronic transactions in the internal market and repealing Directive 1999/93/EC.

OJ (2015) C80, Withdrawal of Commission Proposals (2015/C 80/08).

OJ (2015) L123, Regulation (EU) 2015/759 of the European Parliament and of the Council of 29 April 2015 amending Regulation (EC) No 223/2009 on European statistics (Text with relevance for the EEA and Switzerland).

OJ (2016) L123, Interinstitutional Agreement between the European Parliament, the Council of the European Union and the European Commission on Better

250 　参考文献一覧

Law-Making - Interinstitutional Agreement of 13 April 2016 on Better Law-Making.

OJ (2016) L194, Directive (EU) 2016/1148 of the European Parliament and of the Council of 6 July 2016 concerning measures for a high common level of security of network and information systems across the Union.

OJ (2017) L198, Directive (EU) 2017/1371 of the European Parliament and of the Council of 5 July 2017 on the fight against fraud to the Union's financial interests by means of criminal law.

OJ (2017) L283, Council Regulation (EU) 2017/1939 of 12 October 2017 implementing enhanced cooperation on the establishment of the European Public Prosecutor's Office ('the EPPO').

OJ (2018) C65, Commission Decision of 31 January 2018 on a Code of Conduct for the Members of the European Commission (2018/C 65/06).

OJ (2019) C62, Opinion of the European Economic and Social Committee on a) Proposal for a Regulation of the European Parliament and of the Council amending Council Regulation (EC) No 1206/2001 of 28 May 2001 on cooperation between the courts of the Member States in the taking of evidence in civil or commercial matters (COM (2018) 378 final—2018/203 (COD)) and on b) Proposal for a Regulation of the European Parliament and of the Council amending Regulation (EC) No 1393/2007 of the European Parliament and of the Council on the service in the Member States of judicial and extrajudicial documents in civil or commercial matters (service of documents) (COM (2018) 379 final—2018/204 (COD)).

OJ (2019) C223, Interinstitutional Agreement: Non-Binding Criteria for the application of Articles 290 and 291 of the Treaty on the Functioning of the European Union—18 June 2019 (2019/C 223/01).

OJ (2019) C250, Joint Statement by the Parliament, the Council and the Commission relating to Regulation (EU) 2019/1243 of the European Parliament and of the Council of 20 June 2019 adapting a number of legal acts providing for the use of the regulatory procedure with scrutiny to Articles 290 and 291 of the Treaty on the Functioning of the European Union (2019/C 250/01).

OJ (2019) L151, Regulation (EU) 2019/881 of the European Parliament and of the Council of 17 April 2019 on ENISA (the European Union Agency for Cybersecurity) and on information and communications technology cybersecurity certification and repealing Regulation (EU) No 526/2013 (Cybersecurity Act) (Text with EEA relevance).

OJ (2019) L198, Regulation (EU) 2019/1243 of the European Parliament and of the Council of 20 June 2019 adapting a number of legal acts providing for the use of the regulatory procedure with scrutiny to Articles 290 and 291 of the Treaty on the Functioning of the European Union (Text with EEA relevance).

OJ (2020) L204, "Regulation (EU) 2020/873 of the European Parliament and of the Council of 24 June 2020 amending Regulations (EU) No 575/2013 and (EU) 2019/876 as regards certain adjustments in response to the COVID-19 pandemic".

OJ (2020) L405, Regulation (EU) 2020/1784 of the European Parliament and of the Council of 25 November 2020 on the service in the Member States of judicial and extrajudicial documents in civil or commercial matters (service of documents) (recast).

OJ (2020) LI433, Council Regulation (EU, Euratom) 2020/2093 of 17 December 2020 laying down the multiannual financial framework for the years 2021 to 2027.

OJ (2020) L437, Regulation (EU, Euratom) 2020/2223 of the European Parliament and of the Council of 23 December 2020 amending Regulation (EU, Euratom) No 883/2013, as regards cooperation with the European Public Prosecutor's Office and the effectiveness of the European Anti-Fraud Office investigations.

OJ (2021) L50, Commission Implementing Decision (EU) 2021/173 of 12 February 2021 establishing the European Climate, Infrastructure and Environment Executive Agency, the European Health and Digital Executive Agency, the European Research Executive Agency, the European Innovation Council and SMEs Executive Agency, the European Research Council Executive Agency, and the European Education and Culture Executive Agency and repealing Implementing Decisions 2013/801/EU, 2013/771/EU, 2013/778/EU, 2013/779/EU, 2013/776/EU and 2013/770/EU.

OJ (2022) L87, Commission Implementing Regulation (EU) 2022/423 of 14 March 2022 laying down the technical specifications, measures and other requirements for the implementation of the decentralised IT system referred

252 参考文献一覧

to in Regulation (EU) 2020/1784 of the European Parliament and of the Council.

OJ (2023) L58, Definitive adoption (EU, Euratom) 2023/278 of the European Union's annual budget for the financial year 2023.

OLAF and EPPO (2021) "Working Arrangement between The European Anti-Fraud Office ("OLAF") and the European Public Prosecutor's Office ("EPPO")".

Spierenburg, D. (1979) "Proposals for Reform of the Commission of the European Communities and its Services", Report made at the request of the Commission by an Independent Review Body under the chairmanship of Mr Dirk Spierenburg, Brussels, 24 September 1979.

Traité de Rome (CEE): Traité instituant la Communauté Économique Européenne et documents annexes.

World Economic Forum (2022) World Gender Gap Report: Insight Report 2022 July.

Web サイト等（特段の記載がない限り、最終閲覧日は 2024 年 6 月 29 日）

「民事又は商事に関する裁判上及び裁判外の文書の外国における送達及び告知に関する条約」URL: https://assets.hcch.net/docs/70d08271-6234-49e6-be53-c9a34ac4840d.pdf

ENISA "Structure and Organization", URL: https://www.enisa.europa.eu/about-enisa/structure-organization

EPPO "Structure and characteristics", URL: https://www.eppo.europa.eu/en/structure-and-characteristics

EPPO "Background", URL: https://www.eppo.europa.eu/en/background

EPPO "Ongoing EPPO investigation into the acquisition of COVID-19 vaccines in the EU", 14 October 2022, URL: https://www.eppo.europa.eu/en/news/ongoing-eppo-investigation-acquisition-covid-19-vaccines-eu

Euractiv "Lobbyist's SMS-gate suit against von der Leyen not yet processed", 7 June 2023, URL: https://www.euractiv.com/section/politics/news/lobbyists-sms-gate-suit-against-von-der-leyen-not-yet-processed/

European Commission "Consumers, Health, Agriculture and Food Executive Agency", URL: https://wayback.archive-it.org/org-1495/20210325154346/https://ec.europa.eu/chafea/about/mission_en.htm

参考文献一覧　253

European Commission "Commission Staff", URL: https://commission.europa.eu/
about-european-commission/organisational-structure/commission-staff_en

European Commission "Education, Youth, Sport and Culture", URL: https://
commission.europa.eu/about-european-commission/departments-and-
executive-agencies/education-youth-sport-and-culture_en#leadership-and-
organisation（2023 年 1 月 5 日最終閲覧）

European Commission "Remarks by Executive Vice-President Dombrovskis,
Commissioner Schmit and Commissioner Gentiloni at the press conference
of the 2024 European Semester: Spring Package", 19 June 2024, URL:
https://ec.europa.eu/commission/presscorner/detail/en/statement_24_3381,

European Commission "Secretariat General―Organization Chart 2023-07", URL:
https://commission.europa.eu/system/files/2023-07/sg-organisational-chart-
en.pdf（2023 年 9 月 1 日最終閲覧）

European Parliament "Tampere European Council 15 and 16 October 1999: Presi-
dency Conclusions", URL: https://www.europarl.europa.eu/summits/tam_
en.htm#c

European Parliament "Daily Notebook: 04-05-99（1）", URL: https://www.europarl.
europa.eu/press/sdp/journ/en/1999/n9905041.htm

European Personnel Selection Office "How to Apply", URL: https://epso.europa.
eu/en/how-apply（2020 年 12 月 9 日最終閲覧）

European Personnel Selection Office "Staff Categories", URL: https://epso.europa.
eu/en/eu-careers/staff-categories

European Union "Search all EU institutions and bodies", URL: https://european-
union.europa.eu/institutions-law-budget/institutions-and-bodies/institutions-
and-bodies-profiles_en

European Union "Types of Institutions and Bodies" URL: https://european-union.
europa.eu/institutions-law-budget/institutions-and-bodies/types-institutions-
and-bodies_en

Eurostat "History", URL: https://ec.europa.eu/eurostat/web/main/about-us/
history

OLAF "History", URL: https://anti-fraud.ec.europa.eu/about-us/history_en

執筆者紹介

福 田 智 洋（ふくだ ともひろ）

1995 年生まれ
2018 年 3 月　早稲田大学政治経済学部卒業
2019 年 3 月　早稲田大学大学院政治学研究科修士課程修了
2022 年 2 月　ブリュッセル自由大学欧州研究所訪問研究員（至同 6 月）
2023 年 4 月　早稲田大学政治経済学術院助手
2024 年 3 月　早稲田大学大学院政治学研究科博士後期課程修了　博士（政治学）早稲田大学
2024 年 4 月　早稲田大学政治経済学術院助教（至現在）

現代 EU の行政管理

2024 年 12 月 23 日　初版第 1 刷発行

著　者　福　田　智　洋
発 行 者　阿　部　成　一

〒 169-0051　東京都新宿区西早稲田 1-9-38
発 行 所　株式会社　成 文 堂
電話 03（3203）9201 ㈹　FAX03（3203）9206
https://www.seibundoh.co.jp

印刷　藤原印刷　製本　弘伸製本　　　　検印省略
© 2024　T. Fukuda　　Printed in Japan
ISBN978-4-7923-3449-9 C3031

定価（本体 5,000 円＋税）